高等院校"十三五"规划教材

Excel在财务与会计中的应用

主 编 纪峰 王黎 钱英

微信扫码　申请资源

南京大学出版社

前 言

在大数据时代,数据的存储、整合、加工、分析、挖掘、应用等无疑决定着企业的未来发展,其中的核心就是使用数据并让数据发挥最大价值。Excel 是 Microsoft 公司推出的 Office 组件中的电子表格软件,它是我们日常办公不可或缺的数据处理工具,同时实践证明,在会计核算、财务管理、数据分析和财务辅助决策等方面具有强大功能。因此可以毫不夸张地说,在我们日常财务工作中如果有一半的时间在操作会计信息系统,那么另一半时间必定是在运用 Excel 处理各种表格与数据。因此学好 Excel 对于我们财务人员来说是提高工作效率与质量的重要保证。

近年来,不少财经院校将 Excel 引入到专业教学过程中,也是基于实践工作中对数据处理高效率应用的要求。虽然全国计算机等级考试已成为各高校对学生的基本要求,其中包括 Excel 的基础应用,但就其内容上来看,与财务会计专业应用还是存在较大区别的,这本教材旨在解决这一问题,将会计与财务的知识与 Excel 的应用紧密地结合起来。

本书结合大量的实例介绍了以 Excel 为工具建立各种会计与财务模型的方法。以项目实训的方式设置了 13 个项目内容,第 1 章首先介绍了 Excel 操作的基本知识,其余各章分别介绍运用 Excel 的公式、函数、图表,以及使用单变量求解工具、规划求解工具、模拟运算表、窗体控件等,建立各种财务管理模型以及动态图表显示的方法。本书所介绍的财务管理模型包括财务分析模型、筹资分析模型、投资决策模型、流动资金管理模型、利润管理模型、财务预测模型等,这些模型均具有很强的实用性,可以高效地解决多种财务管理问题。

本书具有以下特点:

(1) 注重对读者职业能力分模块进行培养。通过会计核算模块提升 Excel 的基本操作技能,再将财务管理中的决策模型运用 Excel 函数来实现,提升了对函数理解和决策模型设计的能力。在模型的设计中强调如何设计及构思,使读者能够在虚拟的计算机环境下建立适合企业财务管理需求的分析和决策模型。

(2) 与实际应用紧密结合。全书涵盖了会计核算与财务管理的主要内容,并解决了过去在财务管理理论中许多手工计算解决的问题,特别是项目投资决策、筹资决策模型、目标利润模型、利润最大化模型和财务预测模型等,具有很强的实用性。

(3) 具有可操作性和前瞻性。基于 Excel 的财务分析具有灵活、简便的特性,可以满足个性化、多层次、多纬度的财务分析需求,不仅能弥补通用财务软件和管理信息系统财务分析功能薄弱的现状,而且能大大提高财务分析的作用和效率。

(4) 微视频教学提高了学习效率。本教材所有的例题操作都通过微视频的方式将例题的操作过程直观地体现出来,提高了学习效率(须用书院校教师扫描扉页二维码申请)。

(5) 采用项目化的知识结构体系。本书改变传统教科书的课堂教学模式,不是"从入门到精通",而是采用任务驱动模式,以实训项目的方式推动整个教学目标的实现,通过分析将问题细化,最后分步求解,并在求解过程中对所涉及的一些相关知识及操作进行详细说明,从而使读者更好地理解怎样将这些概念和函数运用到实际的数据处理工作中。

本书可以作为大中专院校会计学专业和经济管理类其他专业学生的教材或参考书,也可供企事业单位从事财务与会计及相关领域工作的各类人员阅读和使用。

参与本书资料收集及编排的人员还有陈琴、曹梦灵、孟凡荣、杨雯、毛颖、梅婧娴和费思佳。在本书的编辑和出版过程中,作者得到了南京大学出版社编辑武坦的大力支持和帮助,在此向他表示衷心的感谢,同时也向参与本书编审的其他人员致以诚挚的谢意。此外,作者在编写本书的过程中还参考了大量的文献资料,在此一并向这些文献的作者表示感谢。

由于时间仓促,加之作者水平有限,不足之处在所难免,恳请广大读者批评指正。我们的电子邮箱是 yctcjf@126.com,电话:051588233216。

纪　峰

盐城师范学院商学院

2019 年 6 月

目 录

项目一 Excel 的基本操作

项目目标

1. 了解 Excel 的基本知识，如启动与退出 Excel 2010、熟悉 Excel 2010 的工作界面等。
2. 熟练掌握创建并管理工作簿的操作方法，如新建、保存、关闭、打开工作簿等。
3. 熟练掌握输入与编辑数据的操作方法，如选择单元格、输入数据、快速填充数据、删除与修改数据等。
4. 熟练掌握数据排序与筛选以及页面的设置与打印。
5. 掌握单元格与工作表的应用。

1.1 Excel 2010 基本知识

Excel 2010 是 Microsoft 公司推出的 Office 2010 办公软件的核心组件之一。Excel 的功能非常强大，可以使用它制作出不同部门所需的表格，如人事部所需的档案管理表和人员调动表等；销售部门所需的产品价格表和销售业绩表等；财务部门所需的会计凭证和会计报表等。下面首先讲解启动与退出 Excel 2010 的方法。

1.1.1 启动与退出 Excel 2010

要使用 Excel 2010，必须先启动 Excel 2010；在其中执行完毕相应的操作后，可退出 Excel 2010。

1. 启动 Excel 2010

启动 Excel 2010 的方法主要有以下 3 种：

（1）**通过"开始"菜单启动**。在桌面左下角单击"开始"按钮，选择"所有程序"→"Microsoft Office"→"Microsoft Excel 2010"菜单命令，如图 1-1 所示。

（2）**双击桌面快捷图标启动**。安装 Office 2010 组件后，系统并不会自动地在桌面上创建 Excel 2010 快捷图标，此时可手动添加，其方法为在桌面左下角单击"开始"按钮，选择"所有程序"→"Microsoft Office"菜单命令，在其子菜单的"Microsoft Excel 2010"命令上单击鼠标右键，在弹出的快捷菜单中选择"发送到"→"桌面快捷方式"菜单命令，完成后在桌面上可看到 Excel 2010 快捷图标，如图 1-2 所示。双击该图标即可启动 Excel 2010。

（3）**双击 Excel 文件启动**。在计算机中找到保存的 Excel 文件，然后双击需要打开的 Excel 文件，如图 1-3 所示，即可启动 Excel 2010 并打开该文件。

图 1-1　通过"开始"　　　图 1-2　双击桌面　　　图 1-3　双击 Excel 文件启动
菜单启动　　　　　　　　快捷图标启动

2. 退出 Excel 2010

完成表格数据的编辑后,即可关闭打开的窗口并退出 Excel 程序。退出 Excel 2010 的方法主要有以下几种:

(1) 在 Excel 2010 工作界面中选择"文件"→"退出"菜单命令。

(2) 在标题栏右侧单击"关闭"按钮或按 Alt＋F4 组合键。

(3) 在桌面任务栏的工作簿控制按钮上单击鼠标右键,在弹出的快捷菜单中选择"关闭窗口"命令。

1.1.2　熟悉 Excel 2010 的工作界面

启动 Excel 2010 后即可进入 Excel 2010 的工作界面,熟悉该工作界面对表格数据的编辑非常重要。Excel 2010 的工作界面主要由快速访问工具栏、标题栏、"文件"菜单、功能选项卡与功能区、编辑栏、"帮助"按钮、工作表编辑区、状态栏和视图栏组成,如图 1-4 所示。下面分别介绍各组成部分的功能:

(1) **快速访问工具栏**。默认情况下,快速访问工具栏中只显示 Excel 中常用的"保存"按钮、"撤消"按钮和"恢复"按钮,单击相应的按钮可快速执行所需的操作。

(2) **标题栏**。主要用来显示文档名和程序名。在标题右侧有一个窗口控制按钮组,在其中单击"最小化"按钮可缩小窗口到任务栏并以图标按钮显示;单击"最大化"按钮可满屏显示窗口。

(3) **"文件"菜单**。包含了对表格执行操作的命令集,如"保存""打开""关闭""新建""打印"等命令,选择相应的命令后,在"文件"菜单右侧还可以预览窗格,这样在同一界面中就可以查到最终效果。

(4) **功能选项卡与功能区**。功能选项卡与功能区是对应的关系,单击某个选项卡即可开展相应的功能区,在功能区中有许多自动适应窗口大小的工具栏,每个工具栏中为用户提供了相应的组,每个组中包含了不同的命令、按钮或下拉列表框等,如图 1-5 所示。有的组右下角还显示了一个"对话框编辑器"按钮,单击该按钮将打开相关的对话框或任务窗格进行更详细的设置。

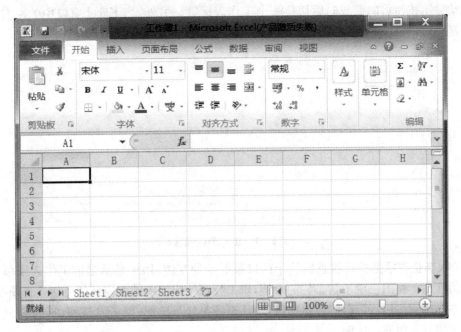

图 1-4 Excel 2010 工作界面

图 1-5 功能选项卡与功能区

（5）"帮助"按钮。单击"帮助"按钮可打开"Excel 帮助"窗口，在其中单击所需的主题超链接，或在下拉列表框中输入需查找的帮助信息，然后单击"搜索"按钮，在打开的窗口中再单击下级超链接，可详细查看相应的帮助信息。

（6）编辑栏。用来显示和编辑当前活动单元格中数据或公式。默认情况下，编辑栏中包含名称框、"插入函数"按钮和编辑框，但在单元格中输入数据或插入公式与函数时，编辑栏中的"取消"按钮和"输入"按钮将显示出来，如图 1-6 所示。

图 1-6 编辑栏

（7）工作表编辑区。Excel 编辑数据的主要场所，包括行号与列标、单元格、滚动条、工作表标签等，如图 1-7 所示。其中行号用"1,2,3,…"阿拉伯数字表示，列标用"A,B,C,…"大写英文字母表示，一般情况下，"列标＋行号"表示单元格地址，如位于 A 列 1 行的单元格可表示为 A1 单元格；工作表标签用来显示工作表的名称，如"Sheet1""Sheet2""Sheet3"等，单击相应的工作表标签，即可选择并切换到所需的工作表。在工作表标签左侧单击◀或▶工作表标签滚动显示按钮，当前工作表标签将返回到最左侧或最右侧的工作表标签，单击◀或▶工作表标签滚动显示按钮将向前或向后切换一个工作表标签。另外,当 Excel 窗口中的左右内容不能完全显示时,可拖动水平滚动条。

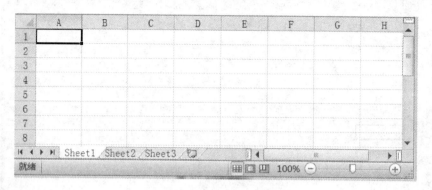

图 1－7　工作表编辑区

(8) **状态栏与视图栏**。状态栏位于窗口最低端的左侧,用于显示当前工作表或单元格区域的相关信息。视图栏位于状态栏的右侧,单击视图按钮组中的相应按钮可切换视图模式;单击当前显示比例按钮,可打开"显示比例"对话框调整显示比例;单击◯按钮、⊕按钮或者拖动滑块◻可调节页面显示比例。

1.1.3　认识工作簿、工作表、单元格

工作簿、工作表、单元格是 Excel 中的主要操作对象。一个工作簿中包含了一张或多张工作表,工作表由排列成行或列的单元格组成,由此可见,单元格依附在工作簿中。因此工作簿、工作表、单元格三者之间存在着包含与被包含的关系。

(1) **工作簿**。工作簿是用来存储和处理数据的主要文档,也称为电子表格。在计算机中工作簿以文件的形式独立存在,Excel 2010 创建的文件扩展名为".xlsx"。默认情况下,新建的工作簿以"工作簿 1"命名,若继续新建工作簿将以"工作簿 2""工作簿 3"等命名,且工作簿名称将显示在标题栏的文档名处。

(2) **工作表**。工作表是 Excel 的工作场所,用来显示和分析数据,它总是存储在工作簿中。默认情况下,一张工作簿中只包含 3 张工作表,分别以"Sheet1""Sheet2""Sheet3"命名。

(3) **单元格**。单元格是 Excel 中存储数据的最基本元素,它通过行号和列标进行命名和引用。单个单元格地址可表示为"列标＋行号";而多个连续的单元格则称为"单元格区域",其地址表示为"单元格:单元格",如 A1 单元格与 D7 单元格之间连续的单元格可表示为 A1:D7单元格区域。

1.2　工作表与单元格

1.2.1　操作工作表

为了有效、合理地管理 Excel 工作表的数量和其中的内容,可对工作表执行相应的操作,如可以将多个工作表放置到同一个工作簿中,并分别为其重命名;也可以将一个工作表中的数据移动或复制到多个工作表中使用等。

1. 选择工作表

默认情况下,打开工作簿后系统将自动选择 Sheet1 工作表,若需对其他工作表进行编辑,则需先选择所需的工作表。选择工作表的方法有以下几种:

(1) **选择一张工作表**。单击需选择的工作表标签,如果看不到所需标签,可单击标签滚动按钮将其显示出来,然后再单击该标签。

(2) **选择相邻工作表**。单击第一个工作表标签,然后按住 Shift 键不放并单击需要选择的最后一个工作表标签,即可选择这两张工作表及其之间的所有工作表。

(3) **选择不相邻工作表**。单击第一个工作表标签,然后按住 Ctrl 键不放,单击不相邻的任意一个工作表标签,即可选择不相邻的工作表。

(4) **选择工作簿中的所有工作表**。在任意一个工作表标签上单击鼠标右键,在弹出的快捷菜单中选择"选定全部工作表"命令,即可选择同一工作簿中的所有工作表。

> **知识提示**:选择多张工作表后,在窗口的标题栏中将显示"[工作组]"字样。若要取消选择工作中的多张工作表,可单击任意一个工作表。若看不到未选择的工作表,在选择工作表的标签上单击鼠标右键,在弹出的快捷菜单上选择"取消组合工作表"命令即可。

2. 插入工作表

当工作表数量不够使用时,可增加工作表的数量。插入工作表的方法有以下 3 种:

(1) 在工作表标签后单击"插入工作表"按钮,或直接按 Shift+F11 组合键都可快速插入新的工作表。默认情况下,插入工作表后工作表标签名称将依次以"Sheet4""Sheet5""Sheet6"等命名。

(2) 选择一张或多张工作表,在"开始"→"单元格"组中单击"插入"按钮下方的"下拉"按钮,在打开的下拉列表中选择"插入工作表"选项可插入与选择工作表相同个数的工作表,且插入的工作表将出现在选择的工作表之前。

(3) 在工作表标签上单击鼠标右键,在弹出的快捷菜单中选择"插入"命令,在打开的"插入"对话框的"常用"选项卡中选择"工作表"选项,可插入新的空白工作表;在"电子表格方案"选项卡中选择相应的选项,可插入基于模板的工作表,完成后单击"确定"按钮。

3. 删除工作表

在工作簿中删除一些多余的工作表可以节省计算机资源并有效地利用工作表数量。删除工作表的方法有以下 2 种:

(1) 选择需删除的工作表,在"开始"→"单元格"组中单击"删除"按钮下方的"下拉"按钮,在打开的下拉列表中选择"删除工作表"选项即可。

(2) 在需删除的工作表标签上单击鼠标右键,在弹出的快捷菜单中选择"删除"命令也可删除所选的工作表。

4. 重命名工作表

默认情况下,工作表的名称为"Sheet1""Sheet2""Sheet3"等,为了便于记忆和查询,可为工作表重命名,但是在同一个工作簿中不能有两个相同名称的工作表。重命名工作表的方法有以下 3 种:

(1) 双击需重命名的工作表标签,此时该工作表的名称自动呈黑底白字显示,直接在呈可编辑状态的工作表标签中输入相应的名称,完成后按 Enter 键。

(2) 选择需重命名的工作表,在"开始"→"单元格"组中单击"格式"按钮,在下拉列表的"组织工作表"栏中选择"重命名工作表"选项,然后输入相应的名称,完成后按 Enter 键。

(3) 在需重命名的工作表标签上单击鼠标右键,在弹出的快捷菜单中选择"重命名"命令,然后输入相应的名称,完成后按 Enter 键。

> **知识提示**:在 Excel 中,为了更明显地区分和查找所需工作表,还可将工作表名称突出显示,即设置工作表标签颜色。其方法为:选择所需的工作表,在"开始"→"单元格"组中单击"格式"按钮,在打开的下拉列表中选择"工作表标签颜色"选项。或在工作表标签上单击鼠标右键,在弹出的快捷菜单中选择"工作表标签颜色"命令,在其子菜单中选择所需的颜色,完成后单击其他工作表标签即可。

5. 移动和复制工作表

移动工作表是在原表格的基础上改变工作表的位置,复制工作表是在原表格的基础上快速添加多个同类型的表格。根据移动或复制工作表的位置不同,分为两种情况:一是在同一工作簿中移动或复制;二是在不同工作簿之间移动或复制。

(1) 在同一工作簿中移动或复制。

为了提高工作效率,避免重复制作相同的工作表,在同一工作簿中可将一个工作表移动或复制到另一位置。移动与复制工作表的方法主要有以下两种:

① 选择需移动或复制的工作表,在"开始"→"单元格"组中单击"格式"按钮,在打开的下拉列表的"组织工作表"栏中选择"移动或复制工作表"选项,在打开的"移动或复制工作表"对话框中选择移动或复制工作表的位置。若要复制工作表,还需单击选中"建立副本"复选框,完成后单击"确定"按钮。

② 将鼠标光标移到需移动或复制的工作表标签上,按住鼠标左键不放,若复制还需按住 Ctrl 键,当鼠标光标变成 ℞ 形状时,将其拖动到目标位置,此时工作表标签上有一个符号将随鼠标光标移动,释放鼠标后在目标位置处即可看到移动或复制的工作表。

(2) 在不同工作簿中移动或复制。

要在不同工作簿之间移动或复制工作表,首先需打开源工作簿和目标工作簿,然后在源工作簿的工作表标签上单击鼠标右键,在弹出的快捷菜单中选择"移动或复制工作表"命令,在打开的"移动或复制工作表"对话框的"将选定工作表移至工作簿"下拉列表框中选择目标工作簿,在"下列选定工作表之前"列表框中选择具体位置,若要复制工作表,还需单击选中"建立副本"复选框,完成后单击"确定"按钮即可将相应的工作表移动或复制到其他工作簿中。

6. 隐藏与显示工作表

为了使工作表中的数据不轻易地被他人查看,可隐藏相关的工作表,待需要查看时再将其显示出来。隐藏和显示工作表的方法如下:

(1) **隐藏工作表**。选择需隐藏的工作表,在"开始"→"单元格"组中单击"格式"按钮。在打开的下拉列表的"可见性"栏中选择"隐藏和取消隐藏"→"隐藏工作表"选项即可。

(2) **显示工作表**。在"开始"→"单元格"组中单击"格式"按钮,在打开的下拉列表的"可见性"栏中选择"隐藏和取消隐藏"→"取消隐藏工作表"选项,在打开的"取消隐藏"对话框中选择需显示的工作表,单击"确定"按钮即可将所选的工作表显示出来。

1.2.2　操作单元格

在 Excel 中编辑数据时难免会对单元格进行编辑操作,如插入与删除单元格、合并与拆分单元格、调整单元格行高与列宽、隐藏与显示单元格等。

1. 插入与删除单元格

插入单元格是指在已有表格数据的所需位置插入新的单元格,如插入一个单元格、插入整行或整列单元格,而删除单元格是指在工作表中删除多余的单元格、行或列。

插入单元格与删除单元格的方法类似,可先选择要插入或删除的单元格地址,然后执行相应的操作。其主要方法有如下两种:

(1) **快速插入或删除单元格**。在“开始”→“单元格”组中直接单击“插入”按钮或“删除”按钮可快速插入或删除单元格;若单击“插入”按钮或“删除”按钮右侧的“下拉”按钮,在打开的下拉列表中选择“插入工作表行”选项或“删除工作表行”选项可快速插入或删除整行,选择“插入工作表列”命令或“删除工作表列”命令可快速插入或删除整列。

(2) **通过对话框插入或删除**。在“开始”→“单元格”组中单击“插入”按钮或“删除”按钮右侧的“下拉”按钮,在打开的下拉列表中选择“插入单元格”选项或“删除单元格”选项,在打开的“插入”对话框或“删除”对话框中单击选中相应的单选项,完成后单击“确定”按钮也可插入或删除所需的单元格。

> **知识提示**:在需要插入或删除单元格的位置单击鼠标右键,在弹出的快捷菜单中选择“插入”或“删除”命令也可打开“插入”或“删除”对话框。另外,选择某行或列后,在其上单击鼠标右键,在弹出的快捷菜单中选择“插入”或“删除”命令也可快速插入或删除整行或整列单元格。

2. 合并与拆分单元格

在编辑表格数据时,常常需要合并与拆分工作表中的单元格,如将首行的多个单元格合并以突出显示工作表的表题等;当合并后的单元格不能满足要求时,则可拆分合并后的单元格。

要合并与拆分单元格,可先选择要合并的单元格区域,在“开始”→“对齐方式”组中单击“合并后居中”按钮右侧的“下拉”按钮,在打开的下拉列表中选择相应的选项。

下面对合并与拆分单元格的相关选项的含义与作用进行介绍:

(1) **“合并后居中”选项**。表示将所选的单元格区域合并为一个单元格,且其中的数据居中显示。

(2) **“跨越合并”选项**。表示将所选的多行单元格区域中的每行分别进行合并。

(3) **“合并单元格”选项**。表示只将所选的单元格区域合并为一个单元格。

(4) **“取消单元格合并”选项**。表示将合并的单元格拆分为原来的单元格。

> **知识提示**:若选择要合并的单元格区域,单击“合并后居中”按钮可快速合并单元格,居中显示数据;若选择合并后的单元格,再次单击“合并后居中”按钮则可拆分合并后的单元格。

3. 调整单元格行高和列宽

默认状态下,单元格的行高和列宽是固定不变的,但是当单元格中的数据太多而不能完全显示时,则可调整单元格的行高或列宽使单元格的内容完全显示出来。调整单元格行高或列宽的方法主要有以下 3 种：

（1）**拖动鼠标调整行高与列宽**。将鼠标光标移至行号或列标间的间隔线处，当鼠标光标变为✛或╋形状时单击，在鼠标光标右侧将显示具体的高度和宽度数据，然后按住鼠标左键不放，拖动至适合的距离后释放鼠标即可。它是调整单元格行高和列宽最快捷的方法。

（2）**精确设置行高与列宽**。选择需调整行高或列宽的单元格，在"开始"→"单元格"组中单击"格式"按钮，在打开的下拉列表的"单元格大小"栏中选择"行高"或"列宽"选项，在打开的"行高"对话框或"列宽"对话框的文本框中输入精确的数值，完成后单击"确定"按钮。

（3）**自动调整行高与列宽**。选择需调整行高或列宽的单元格，在"开始"→"单元格"组中单击"格式"按钮，在打开的下拉列表的"单元格大小"栏中选择"自动调整行高"或"自动调整列宽"选项，系统可自动将单元格大小调整为刚好完全显示单元格中的内容。

> **知识提示**：单击"格式"按钮下方的"下拉"按钮，在打开的下拉列表中的"单元格大小"栏中选择"默认列宽"选项，在打开的对话框中可设置 Excel 默认的列宽值。

4. 隐藏和显示单元格

在工作簿中除了可以隐藏或显示工作表外，还可隐藏或显示表格中的某行或某列单元格，待需要时再将隐藏的行或列重新显示出来。隐藏或显示单元格的方法如下：

（1）**隐藏单元格**。选择需隐藏的行或列，在"开始"→"单元格"组中单击"格式"按钮，在打开的下拉列表的"可见性"栏中选择"隐藏和取消隐藏"→"隐藏行"选项或选择"隐藏和取消隐藏"→"隐藏列"选项即可隐藏所选行或列。

（2）**显示单元格**。选择整个工作表，在"开始"→"单元格"组中单击"格式"按钮，在打开的下拉列表的"可见性"栏中选择"隐藏和取消隐藏"→"取消隐藏行"选项或选择"隐藏和取消隐藏"→"取消隐藏列"选项即可将隐藏的行或列重新显示出来。

> **操作技巧**：将鼠标光标移到隐藏了行或列的行号或列标间的间隔线上，然后拖动鼠标至隐藏的数据能完全显示时释放鼠标，也可将隐藏的行或列重新显示出来。

1.3 输入并编辑 Excel 数据

要在 Excel 表格中输入相应的数据，必须先选择所需的单元格或单元格区域，完成后对输入有误的数据还可以进行删除、修改、移动与复制、查找与替换等编辑操作。

1.3.1 输入数据

在 Excel 中可以输入不同类型的数据，如文本、数字、日期与时间、符号等。下面分别讲解不同类型数据的输入方法。

1. 输入文本与数字

文本与数字是 Excel 表格中的重要数据，文本用来说明并解释表格中的其他数据，数字用来直观地表示表格中各类数据的具体数值，如序列编号、产品价格、销售数量等。在单元格中

输入文本与数字的方法相同,主要有以下 3 种:

(1) **选择单元格输入**。单击需输入文本或数字的单元格,然后切换到相应的输入法,输入文本或数字后按 Enter 键或单击其他单元格即可。

(2) **双击单元格输入**。双击需输入文本或数字的单元格,将文本插入点定位到其中,然后在所需的位置输入相应的文本或数字,完成后按 Enter 键或单击其他单元格即可。此方法适合用来编辑单元格中的某个数据。

(3) **在编辑栏中输入**。选择需输入文本或数字的单元格,然后将鼠标光标移至编辑栏中单击,并在文本插入点处输入所需的数据,完成后单击✔按钮或按 Enter 键即可。此方法适合用来输入或编辑较长的数据。

2. 输入日期与时间

在单元格中除了输入文本与数字外,还可以输入日期与时间。默认情况下,输入的日期格式为"2017－9－30",时间格式为"0:00"。输入日期与时间的方法主要有以下两种:

(1) **输入指定的日期与时间**。在工作表中选择需输入指定的日期与时间的单元格,然后输入形如"2017－9－30"或"2017/9/30"的日期格式,或形如"0:00"的时间格式,完成后按 Enter 键系统将自动显示为默认格式。

(2) **输入系统当前的日期与时间**。在工作表中选择需输入当前日期与时间的单元格,按 Ctrl＋:组合键系统将自动输入当天日期,按 Ctrl＋Shift＋:组合键系统将自动输入当前时间,完成后按 Enter 键完成输入。

3. 输入符号

在工作表中还可以插入相应的符号,如★、β、☑等,可以通过"符号"对话框进行输入,其具体操作如下:

(1) 选择需要输入符号的单元格,在"插入"→"符号"组中单击"符号"按钮。

(2) 在打开的"符号"对话框的"符号"选项卡中选择所需的符号,如图 1－8 所示,也可单击"特殊字符"选项卡,在其中选择所需的特殊字符,如图 1－9 所示,然后单击"插入"按钮插入一个所选的符号;若多次单击"插入"按钮则插入多个所选的符号;若需输入其他符号,可继续选择所需的符号,单击"插入"按钮。

(3) 完成后单击"关闭"按钮关闭"符号"对话框,返回工作表中可看到插入符号后的效果。

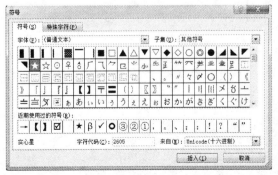

图 1－8　在"符号"对话框中选择符号

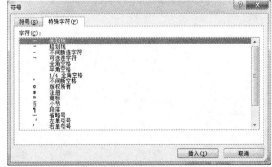

图 1－9　在"符号"对话框中选择特殊字符

操作技巧：在输入法状态条的 ▦ 图标上单击鼠标右键，在弹出的快捷菜单中选择软键盘类型，在打开的软键盘中选择所需的特殊符号也可以将其插入到表格中。

1.3.2 移动与复制数据

1. 移动数据

当需要调整单元格之间相应数据的位置，或在其他单元格中编辑相同的数据时，可利用 Excel 的移动与复制功能快速修改数据，避免重复输入，以减少工作量。

移动数据是指将原位置的数据粘贴到新位置，同时删除原位置的数据。移动数据的方法有以下 3 种：

（1）选择要移动数据的单元格，在"开始"→"剪贴板"组中单击"剪切"按钮，选择目标单元格，单击"粘贴"按钮即可。

（2）将鼠标光标移动到所选单元格的边框上，当鼠标光标变成"十"字形状时，按住鼠标左键不放，拖动至目标单元格后释放鼠标也可移动数据。

（3）选择要移动数据的单元格，按 Ctrl＋X 组合键，然后选择目标单元格，按 Ctrl＋V 组合键也可移动数据。

2. 复制数据

复制数据是指将原位置的数据粘贴到新位置，同时保留原位置的数据。复制数据与移动数据的方法相似，主要有以下 3 种：

（1）选择要复制数据的单元格，在"开始"→"剪贴板"组中单击"复制"按钮，然后选择目标单元格，单击"粘贴"按钮可直接粘贴复制的数据。若单击"粘贴"按钮下方的"下拉"按钮，在打开的下拉列表中选择相应的选项，如图 1-10 所示，可将复制的数据根据需要进行粘贴，如粘贴公式、粘贴数值、其他粘贴选项等。

（2）将鼠标光标移动到所选单元格的边框上，按住 Ctrl 键，当鼠标光标变成"十"字形状时，如图 1-11 所示，按住鼠标左键不放拖动至目标单元格后释放鼠标也可复制数据。

（3）选择要复制数据的单元格，按 Ctrl＋C 组合键，然后选择目标单元格，按 Ctrl＋V 组合键也可复制数据。

图 1-10 "粘贴"菜单

图 1-11 拖动单元格复制数据

> **知识提示**：完成数据的复制，在目标单元格的右下角将出现"粘贴选项"按钮 (Ctrl)▼，单击该按钮，在打开的下拉列表中也可选择相应的选项，复制的数据将根据需要进行粘贴，如粘贴公式、粘贴数值、其他粘贴选项等。

1.3.3 查找与替换数据

1. 查找数据

在查阅或编辑表格数据时，利用 Excel 的"查找"功能可以快速找到所有符合条件的数据。查找数据的具体操作如下：

（1）在"开始"→"编辑"组中单击"查找和选择"按钮，在打开的下拉列表中选择"查找"选项。

（2）在打开的"查找和替换"对话框的"查找内容"下拉列表框中输入要查找的内容，单击 查找下一个(F) 按钮，在工作表中将以所选单元格位置开始查找第一个符合条件的数据所在的单元格，并选中该单元格，如图 1-12 所示。

（3）若单击 查找全部(I) 按钮，在"查找和替换"对话框的下方区域将显示所有符合条件数据的具体信息，如图 1-13 所示，完成后单击 按钮关闭对话框。

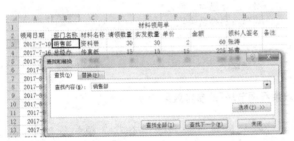

图 1-12 查找第一个符合条件的数据

图 1-13 查找所有符合条件的数据

2. 替换数据

如果需要修改工作表中查找到的所有数据，可利用 Excel 的"替换"功能快速地将符合条件的内容替换成指定的内容。替换数据的具体操作如下：

（1）在"开始"→"编辑"组中单击"查找和选择"按钮，在打开的下拉列表中选择"替换"菜单或查找数据后直接在"查找和替换"对话框中单击"替换"选项卡。

（2）在打开的"查找和替换"对话框的"替换"选项卡的"查找内容"下拉列表框中输入要查找的内容，在"替换为"下拉列表框中输入要替换的内容，如图 1-14 所示，单击 替换(R) 按钮可替换选择的第一个符合条件的单元格数据；单击 全部替换(A) 按钮可替换所有符合条件的单元格数据，且在打开的提示对话框中将提示替换的数量，单击 确定 按钮即可完成替换，如图 1-15 所示。

（3）返回"查找与替换"对话框单击 按钮完成替换操作。

图 1-14 输入查找与替换内容　　　　图 1-15 提示替换的数量

1.3.4 课堂案例——创建银行存款余额调节表

本案例将创建"银行存款余额调节表"工作簿,在其中输入相应的数据,然后执行修改、复制、查找、替换等编辑操作,完成后保存并退出工作簿,其参考效果如图 1-16 所示。

	A	B	C	D	E	F
1	银行存款余额调节表					
2	开户行及账号					
3	项目		金额	项目		金额
4	企业银行存款日记账余额			银行对账单余额		
5	加:银行已收、企业未收款			加:企业已收、银行未收款		
6	减:银行已付、企业未付款			减:企业已付、银行未付款		
7	调节后的存款余额			调节后的存款余额		
8						
9	主管		会计		出纳	
10				编制单位		

图 1-16 "银行存款余额调节表"的参考效果

职业素养:银行存款余额调节表是在银行对账单余额与企业账面存款余额的基础上,各自加上对方已收、本单位未收账项数额,减去对方已付、本单位未付账项数额,以调整双方余额使其一致的一种工具。银行存款余额调节表是一种对账记录的工具,并不是凭证,如果余额相等,表明企业和银行的账目可能没有差错;反之,说明记账有错误,应进一步查明原因,予以更正。

(1)在桌面左下角单击"开始"按钮,选择"所有程序"→"Microsoft Office"→"Microsoft Excel 2010"菜单命令启动 Excel 2010,如图 1-17 所示。

(2)选择 A1 单元格,输入表题文本"银行存款余额调节表",然后按 Enter 键。用相同的方法依次选择相应的单元格,输入所需的数据,如图 1-18 所示。

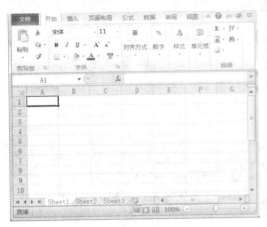

图 1-17 启动 Excel 2010

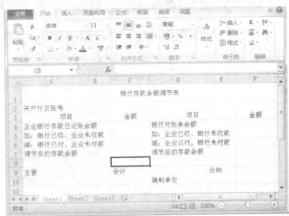

图 1-18 输入数据

(3) 选择 A3:C7 单元格区域,将鼠标光标移到所选区域的边框上,按住 Ctrl 键,此时鼠标光标变成"十"字形状,按住鼠标左键不放拖动至 F7 单元格,完成后释放鼠标即可复制所选单元格区域中的数据到相应的单元格中,如图 1-19 所示。

(4) 选择 D4 单元格,在编辑栏中选择"企业银行存款日记帐余额"文本,然后输入"银行对账单余额"文本,如图 1-20 所示,用相同的方法将 D5 和 D6 单元格中的"银行"文本修改为"企业",将"企业"文本修改为"银行"。

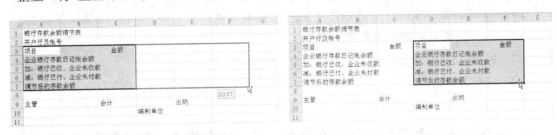

图 1-19 复制数据

图 1-20 修改数据

(5) 选择 A1 单元格,在"开始"→"编辑"组中单击"查找和选择"按钮,在打开的下拉列表中选择"替换"选项。

(6) 在打开的"查找和替换"对话框的"替换"选项卡的"查找内容"下拉列表框中输入查找内容"帐",在"替换为"下拉列表框中输入替换内容"账",单击 全部替换(A) 按钮替换所有符合条件的单元格数据,在打开的提示对话框中将提示替换的数量,然后单击 确定 按钮,如图

1-21 所示,返回"查找与替换"对话框单击 × 按钮。

图 1-21 替换数据

> **知识提示:** 在编辑数据的过程中若将正确的数据修改错了,可执行撤消与恢复操作。要撤消与恢复数据,可在快速访问工具栏中单击"撤消"按钮或"恢复"按钮,撤消或恢复上一步操作;也可连续单击该按钮撤消或恢复多步操作;或单击该按钮右侧的"下拉"按钮,在打开的下拉列表中选择某一步操作撤消或恢复到指定的某步操作。另外,按 Ctrl+Z 组合键或按 Ctrl+Y 组合键也可执行撤消或恢复操作。

(7)返回工作表,在快速访问工具栏中单击"保存"按钮。

(8)在打开的"另存为"对话框左侧的列表框中依次选择保存路径,在"文件名"下拉列表框中输入文件名称"银行存款余额调节表",完成后单击"保存"按钮,如图 1-22 所示。

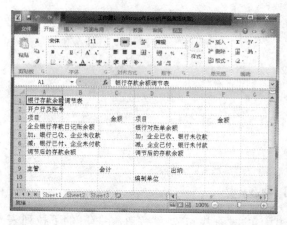

图 1-22 保存工作簿

(9)完成表格数据的输入与编辑后,在标题栏右侧单击"关闭"按钮退出 Excel 2010,如图 1-23 所示。

图 1-23 退出 Excel 2010

1.4 设置 Excel 表格格式

Excel 表格只是表现数据的方式，为了使表格数据显示更直观，可以在不改变数据本身的前提下设置单元格格式更改数据的外观。

1.4.1 设置字符格式

Excel 中数据的默认字体为宋体，字号为 11 号。用户可根据需要设置单元格中数据的字体、字号、字形、字体颜色等字符格式。

1. 通过字体组设置

在工作表中选择要设置字体格式的单元格、单元格区域、文本或字符后，在"开始"→"字体"组中，如图 1-24 所示，单击相应的按钮或在其下拉列表框中选择相应的选项可快速设置字体格式；也可单击"对话框启动器"按钮，在打开的"设置单元格格式"对话框的"字体"选项卡中进行更详细的设置，如不同样式的下划线、字体的特殊效果（如删除线、上标和下标）等，如图 1-25 所示。

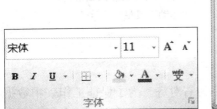

图 1-24 "字体"组

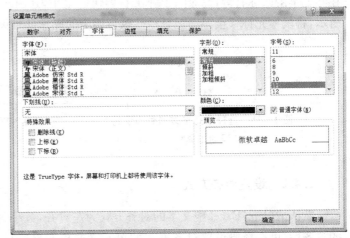

图 1-25 通过"设置单元格格式"对话框设置字体

"字体"组中相应按钮及下拉列表框的作用如下：

（1）**设置字体**。字体指数据的外观，如宋体、黑体、楷体等。不同的字体，其外观也不同。

要设置字体,可在"字体"下拉列表框中选择计算机中已安装的各种字体。

(2)**设置字号**。字号指字体的大小。Excel 支持两种字号表示方法:一种为中文,如初号、一号、三号等,编号越小,数据就越大;另一种为数字,如 10、10.5、15 等,字号越大,数据就越大。要设置字号,可在"字号"下拉列表框中选择相应的字号,也可单击"增大字号"按钮或"减小字号"按钮,直到"字号"下拉列表框中显示所需的字号即可。

(3)**设置字形**。字形指数据的一些特殊外观,如加粗、倾斜、添加下划线等。要设置字形,可单击"加粗"按钮加粗显示所选字符;单击"倾斜"按钮倾斜显示所选字符;单击"下划线"按钮为所选字符添加当前显示的下划线效果;单击"下划线"按钮右侧的"下拉"按钮,在打开的下拉列表中可选择其他下划线效果。

(4)**设置字体颜色**。默认的数据颜色为黑色,通过设置字体颜色可以突出重点,使表格更生动。要设置字体颜色,可单击"字体颜色"按钮为所选字符设置当前显示字体颜色;单击"字体颜色"按钮右侧的"下拉"按钮,在打开的下拉列表中可选择其他字体颜色。

操作技巧:选择单元格或单元格区域后,单击鼠标右键,在弹出的快捷菜单中选择"设置单元格格式"命令,或直接按 Ctrl+1 组合键,也可打开"设置单元格格式"对话框。

2. 通过"浮动工具栏"设置

通过浮动工具栏也可设置字体、字号、字形、字体颜色等,浮动工具栏中的相应按钮及下拉列表框的作用与"字体"组中相同。浮动工具栏主要有如下两种表现形式:

(1)**对单元格中的部分数据进行设置**。双击需要设置字体格式的单元格,将文本插入点定位到单元格中,拖动鼠标选择单元格中需要设置字体格式的数据,此时将出现一个半透明的"浮动工具栏",如图 1-26 所示,将鼠标光标移至浮动工具栏并执行相应的操作即可为所选的数据设置字体格式。

(2)**对单元格中的所有数据进行设置**。选择需要设置字体格式的单元格或单元格区域,在其上单击鼠标右键,此时除了弹出右键快捷菜单,还将出现一个"浮动工具栏",如图 1-27所示,将鼠标光标移至浮动工具栏并执行相应的操作即可设置字体格式。

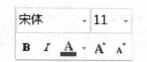
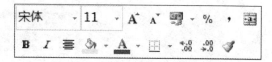

图 1-26　选择单元格数据后出现的　　　　图 1-27　右键选择单元格后出现的
　　　　　"浮动工具栏"　　　　　　　　　　　　　　"浮动工具栏"

1.4.2　设置对齐方式

默认情况下,Excel 中文本的对齐方式为左对齐,数字为右对齐。为了保证工作表中数据的整齐性,可选择要设置对齐方式的单元格或单元格区域,在"开始"→"对齐方式"组(见图1-28)中单击相应的按钮设置不同的对齐方式;也可单击"对话框启动器"按钮,在打开的"设置单元格格式"对话框的"对齐方式"选项卡中更详细地设置数据的对齐方式、字符缩进量、文本排列方向和角度等,如图 1-29 所示。

图 1-28 "对齐方式"组　　　　**图 1-29 通过"设置单元格格式"对话框设置对齐方式**

"对齐方式"组中相应按钮的作用如下：

（1）**设置对齐方式**。单击 ≡ 按钮，使数据靠单元格顶端对齐；单击 ≡ 按钮，使数据在单元格中上下居中对齐；单击 ≡ 按钮，使数据靠单元格底端对齐；单击 ≡ 按钮，使数据靠单元格左端对齐；单击 ≡ 按钮，使数据在单元格中左右居中对齐；单击 ≡ 按钮，使数据靠单元格右端对齐。

（2）**设置文本方向**。单击 ≫ ▾ 按钮，在打开的下拉列表中可选择不同的文本方向选项，如逆时针角度、顺时针角度、竖排文字等。

（3）**设置换行显示**。单击 自动换行 按钮，可将单元格中不能完全显示的内容换行显示。

（4）**设置字符缩进量**。单击 ≣ 按钮可减少字符缩进量，单击 ≣ 按钮可增加字符缩进量。每单击一次减少或增加 4 个字符。

1.4.3 设置数字格式

Excel 中的数字格式包括"常规""数值""货币""会计专用""日期""百分比""分数"等类型，用户可根据需要设置所需的数字格式。要设置数字格式，首先要选择设置数字格式的单元格和单元格区域，然后在"开始"→"数字"组（见图 1-30）中执行相应的操作；也可单击"对话框启动器"按钮，在打开的"设置单元格格式"对话框的"数字"选项卡的"分类"列表框中选择不同的数字格式，如数值、货币、日期等，在右侧设置数据的具体类型等，在下方的提示文字中查看所选数字格式的应用范围，如图 1-31 所示，在"分类"列表框中选择"自定义"选项，在右侧的"类型"栏下的列表框中选择所需的数字格式，并在其文本框中自定义数字格式后的效果。

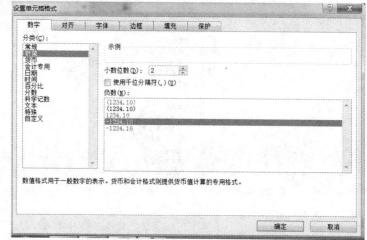

图 1－30　"数字"组　　　　　图 1－31　通过"设置单元格格式"对话框设置数字格式

"数字"组中相应按钮及下拉列表框的作用如下：

（1）**设置常规格式**。在"常规"下拉列表框中可以选择"常规"选项取消设置的数字格式，也可选择其他选项设置货币、日期、时间、百分比、分数等数字格式。

（2）**设置货币样式**。单击"货币样式"按钮，将所选单元格的数据显示为中文的货币样式；单击"货币样式"按钮右侧的"下拉"按钮，在打开的下拉列表框中可选择不同国家的货币样式。

（3）**设置百分比样式**。单击"百分比样式"按钮，将所选单元格的数据显示为百分比样式。

（4）**设置千位分隔样式**。单击"千位分隔样式"按钮，将所选单元格的数据显示为千位分隔符样式。

（5）**设置小数位数**。单击"增加小数位数"按钮，将增加所选单元格中数据的小数位数；单击"减少小数位数"按钮，将减少所选单元格中数据的小数位数。

1.4.4　设置边框与填充颜色

为了使制作的表格轮廓更清晰，更具层次感，底纹效果更美观，可设置单元格的边框与填充颜色。

1．设置边距

在 Excel 中不仅可以为单元格添加默认的边框样式，还可以手动设置边框，以及为单元格自定义边框的线条样式、线条颜色、边框位置等。

（1）**添加默认的边框样式**。在"开始"→"字体"组中单击▦按钮可为所选单元格或单元格区域添加当前显示的边框样式，单击▦按钮右侧的▾按钮，在打开的下拉列表（见图 1－32）的"边框"栏中选择任一种边框样式可快速设置边框，若选择"无框线"选项可撤消单元格边框样式的显示状态。

（2）**手动绘制边框**。在"边框"下拉列表的"绘制边

图 1－32　"边框"下拉列表

框"栏中选择相应的选项,可手动绘制边框或边框网格,并设置线条颜色与线型。例如,绘制一个红色的双线条边框,可先选择"线条颜色"为"红色","线型"为"双线条",然后选择"绘图边框"选项,此时鼠标光标变为♂形状,在需要绘制边框的单元格中按住鼠标左键不放,拖动到所需位置后释放鼠标,如图1-33所示,完成后双击鼠标退出边框绘制状态即可。

(3) **自定义边框样式**。在"边框"下拉列表中若选择"其他边框"命令,可打开"设置单元格格式"对话框的"边框"选项卡,如图1-34所示,在"线条"栏中可设置线条样式和颜色,在"预置"栏中可选择需设置单元格边框的构架,在"边框"栏中可精确设置各个位置上的单元格边框,完成后单击 确定 按钮即可。

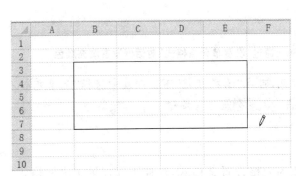

图1-33 绘制边框　　　　图1-34 通过"设置单元格格式"对话框设置边框

知识提示:要擦除已绘制的边框,可在"边框"下拉列表的"绘制边框"栏中选择"擦除"选项,此时鼠标光标变为♂形状,用鼠标光标单击已绘制的边框样式,或选择已绘制的边框样式区域即可。

2. 设置填充颜色

要设置单元格或单元格区域的填充颜色,其方法有如下两种:

(1) **快速设置填充颜色**。在"开始"→"字体"组中单击 ♠ 按钮可为所选单元格或单元格区域应用当前显示的填充颜色;单击 ♠ 按钮右侧的 ▾ 按钮,在打开的下拉列表中可根据需要选择相应的填充颜色,如图1-35所示。

(2) **通过"设置单元格格式"对话框设置**。在"设置单元格格式"对话框中单击"填充"选项卡,在"背景色"栏的颜色块中可选择所需的颜色;单击 其他颜色(B)... 按钮,在打开的对话框中可选择更多的颜色;单击 填充效果(I)... 按钮,在打开的对话框中可设置渐变颜色、预设效果、底纹样式等;在"图案颜色"下拉列表框中可选择图案的颜色;在"图案样式"下拉列表框中可选择图案样式,完成后单击"确定"按钮,如图1-36所示。

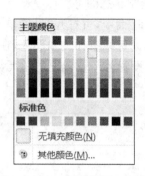

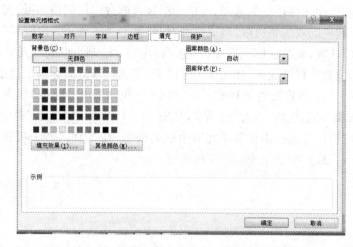

图 1-35 "填充颜色"下拉列表　　图 1-36　通过"设置单元格格式"对话框设置填充颜色

知识提示：要删除单元格中添加的填充颜色，可在"填充颜色"下拉列表中选择"无填充颜色"选项，或在"设置单元格格式"对话框中单击　无颜色　按钮。

1.4.5 套用表格样式

Excel 提供的套用表格格式功能可以快速为表格设置其格式，这样不仅保证了表格格式质量，而且提高了工作效率。默认情况下，套用表格格式有浅色、中等深浅和深色 3 大类型供用户选择。套用表格格式的具体操作如下：

（1）选择需套用表格格式的单元格区域，在"开始"→"样式"组中单击"套用表格格式"按钮，在打开的下拉列表框中选择所需的格式，如图 1-37 所示。

（2）在打开的"套用表格式"对话框中确认套用表格格式的单元格区域，如图 1-38 所示，然后单击　确定　按钮即可快速套用表格格式。

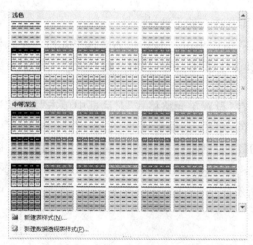

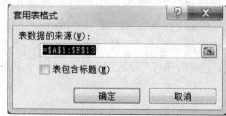

图 1-37 "套用表格格式"下拉列表　　图 1-38 "套用表格式"对话框

1.4.6　设置背景工作表

默认情况下,Excel 工作表中的数据呈白底黑字显示。为了使工作表更美观,除了为其填充颜色外,还可插入喜欢的图片作为背景。

设置工作表背景的方法很简单,可在"页面布局"→"页面设置"组中单击"背景"按钮,在打开的"工作表背景"对话框左侧的列表框中选择背景图片的保存路径,在中间区域选择所需的背景图片,完成后单击"插入"按钮应用设置。

1.4.7　课堂案例——创建设备报价表

本案例将为"设备报价表"设置字体格式、对齐方式、数字格式、边框与填充颜色,使表格效果更美观,表格轮廓更清晰。完成后的参考效果如图 1-39 所示。

序号	设备名称	单位	数量	单价(万元)	金额(万元)	备注
				设备报价表		
001	CNC数控刻花机	台	3	￥28.00		
002	自动精密磨光机	台	2	￥12.00		
003	全自动封边机	台	2	￥15.00		
004	手动封边机	台	1	￥3.50		
005	叉车设备	台	1	￥8.00		
006	自动拆铝机	台	3	￥26.00		
007	大型排孔钻	台	3	￥9.50		
008	精密锯板机	台	3	￥4.20		
009	精密切割机	台	2	￥1.50		
合计						

图 1-39　"设备报价表"的参考效果

(1) 打开 Excel 2010,选择 A1 单元格,输入"设备报价表",合并 A1:G1 单元格,再依次输入表格中相应的素材文字;选择 A1 单元格,在"开始"→"字体"组的"字体"下拉列表框中选择"方正兰亭粗黑简体"选项,在"字号"下拉列表框中选择"16"选项,然后在"字体"组的右下角单击"对话框启动器"按钮。

(2) 打开"设置单元格格式"对话框的"字体"选项卡,在"下划线"下拉列表框中选择"会计用双下划线"选项,在"颜色"下拉列表框中选择"深红"选项,完成后单击"确定"按钮,如图 1-40 所示。

图 1-40　设置表题的字体格式

（3）选择 A2:G2 单元格区域，在"字体"组的"字号"下拉列表框中选择"12"选项，然后单击 **B** 按钮加粗显示表头文字，如图 1-41 所示。

（4）选择 A2:G12 单元格区域，在"对齐方式"组中单击 ≡ 按钮使所选区域的数据居中显示，然后在"对齐方式"组的右下角单击"对话框启动器"按钮。

（5）打开"设置单元格格式"对话框的"对齐"选项卡，在"文本控制"栏中单击选中"缩小字体填充"复选框使单元格

图 1-41　设置表头的字体格式

数据根据单元格的大小自动缩小字体显示，完成后单击"确定"按钮，如图 1-42 所示。

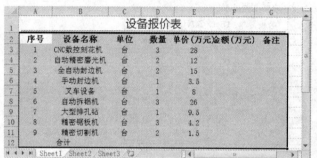

图 1-42　设置对齐方式

（6）选择 B3:F12 单元格区域，在"数字"组中直接单击"货币样式"按钮，将所选单元格的数据显示为中文的货币样式，如图 1-43 所示。

（7）选择 A3:A11 单元格区域，在"数字"组的右下角单击"对话框启动器"按钮，在打开的"设置单元格格式"对话框的"数字"选项卡的"分类"列表框中选择"自定义"选项，在右侧的"类型"栏下的文本框中输入数据"000"，如图 1-44 所示，完成后单击"确定"按钮即可将所选区域中的数据设置为"0"开头的数据。

图 1-43　设置货币格式　　　　　图 1-44　自定义以"0"开头的数字

操作技巧：在输入以"0"开头的数据前，先在英文状态下输入单引号"'"，或将所选的单元格区域的数字格式设置为"文本"类型，然后再输入以"0"开头的数据，即可以文本形式存储数据。

(8) 选择 A2:G12 单元格区域，在"字体"组中单击 按钮右侧的 按钮，在打开的下拉列表中选择"其他边框"选项，如图 1-45 所示。

(9) 打开"设置单元格格式"对话框的"边框"选项卡，在"样式"列表框中选择"——————"选项，在"预置"栏中单击"外边框"按钮 ，继续在"样式"列表框中选择"- - - - - - -"选项，在"颜色"下拉列表框中选择"紫色"选项，在"预置"栏中单击"内部"按钮 ，完成后单击"确定"按钮，如图 1-46 所示。

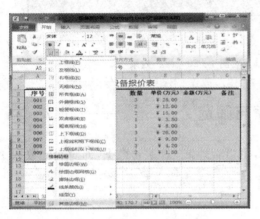
图 1-45　打开"边框"下拉列表

图 1-46　设置边框

(10) 单击"全选"按钮 选择所有单元格，然后在"字体"组中单击 按钮右侧的 按钮，在打开的下拉列表中选择"白色，背景 1"选项，如图 1-47 所示。

(11) 选择 A2:G12 单元格区域，在"字体"组的右下角单击"对话框启动器"按钮，在打开的"设置单元格格式"对话框中单击"填充"选项卡，然后单击 填充效果(I)... 按钮，如图 1-48 所示。

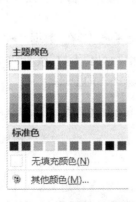
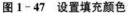
图 1-47　设置填充颜色

图 1-48　打开"填充效果"对话框

(12) 在打开的"填充效果"对话框的"颜色 2"下拉列表框中选择"橙色，强调文字颜色 6，淡色 40%"选项，在"底纹样式"栏中单击选中"中心辐射"单选项，如图 1-49 所示，完成后依次单击"确定"按钮。返回工作表中调整行高与列宽后的效果如图 1-50 所示。

序号	设备名称	单位	数量	单价(万元)	金额(万元)	备注
				设备报价表		
001	CNC数控刻花机	台	3	￥28.00		
002	自动精密磨光机	台	2	￥12.00		
003	全自动封边机	台	2	￥15.00		
004	手动封边机	台	1	￥3.50		
005	叉车设备	台	1	￥8.00		
006	自动拆铝机	台	2	￥26.00		
007	大型排孔钻	台	1	￥9.50		
008	精密锯板机	台	3	￥4.20		
009	精密切割机	台	2	￥1.50		
合计						

图 1-49　设置渐变的填充效果　　　　　　图 1-50　最终效果

1.5　数据排序与筛选

为了使表格中的数据更整齐,查阅起来更方便,可以管理 Excel 表格数据,即对表格数据进行筛选、排序、分类汇总等操作。

1.5.1　数据的筛选

在数据量较多的表格中当需要查看具有某些特定条件的数据时,如只显示金额在 5 000元以上的产品名称、成绩在 90 分以上的考试人员等,此时可使用数据筛选功能快速将符合条件的数据显示出来,而隐藏表格中的其他数据。

数据筛选功能是管理 Excel 表格数据时常用的操作之一,数据筛选的方法有 3 种:自动筛选、自定义筛选和高级筛选。

1. 自动筛选

自动筛选数据就是根据用户设定的筛选条件,自动将表格中符合条件的数据显示出来,而将表格中的其他数据进行隐藏。

自动筛选的方法非常简单,只需在工作表中选择要进行筛选的表头数据,在"数据"→"排序和筛选"组中单击"筛选"按钮 ,完成后即可在表头的各字段名右侧显示出"下拉"按钮,单击该按钮,在打开的下拉列表中选择筛选条件,则表格中将显示出符合筛选条件的记录。

> **知识提示**:要取消已设置的数据筛选状态,显示表格中的全部数据,只需在工作表中再次单击"筛选"按钮 即可。

2. 自定义筛选

自定义筛选是在自动筛选的基础上进行操作的,即在自动筛选后的需自定义的字段名右侧单击"下拉"按钮,在打开的下拉列表中选择相应的选项,即确定筛选条件后在打开的"自定义自动筛选方式"对话框中设置自定义的筛选条件,然后单击"确定"按钮完成操作,如图1-51所示。

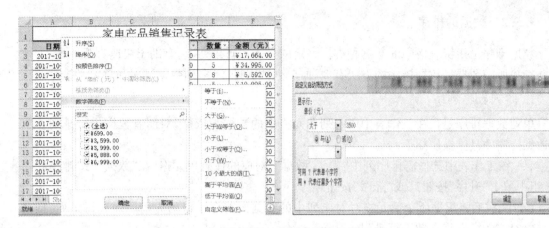

图 1-51　自定义筛选数据

> **知识提示**：在"自定义自动筛选方式"对话框左侧的下拉列表框中只能执行选择操作，而右侧的下拉列表框可选择或直接输入数据。在输入筛选条件时，可使用通配符代替字符或字符串，如用"?"代表任意单个字符，用"*"代表任意多个字符。

3. 高级筛选

由于自动筛选是根据 Excel 提供的条件进行数据筛选，若要根据自己设置的筛选条件对数据进行筛选，则需使用高级筛选功能。高级筛选功能可以筛选出同时满足两个或两个以上约束条件的记录。高级筛选的具体操作如下：

（1）在工作表的空白单元格中输入设置的筛选条件，然后选择需要进行筛选的单元格区域。

（2）在"数据"→"排序和筛选"组中单击"高级"按钮。

（3）在打开的"高级筛选"对话框中选择存放筛选结果的位置，在"条件区域"参数框中输入或选择设置条件所在的单元格区域，然后单击"确定"按钮完成操作，如图 1-52 所示。

	A	B	C	D	E	F
1			家电产品销售记录表			
2	日期	销售员	产品名称	单价（元）	数量	金额（元）
3	2017-10-9	王利云	电视机	¥ 5,888.00	3	¥17,664.00
4	2017-10-10	莫小皓	空调	¥ 6,999.00	5	¥34,995.00
8	2017-10-17	钱斌	电视机	¥ 5,888.00	15	¥88,320.00
10	2017-10-19	张海波	电视机	¥ 5,888.00	6	¥ 35,328.00
15	2017-10-25	钱斌	空调	¥ 6,999.00	8	¥ 55,992.00
16	2017-10-26	王利云	空调	¥ 6,999.00	10	¥ 69,990.00
19						
20	单价（元）	金额（元）				
21	>5000	>15000				

图 1-52　数据的高级筛选

> **知识提示**：在"高级筛选"对话框中单击选中"在原有区域显示筛选结果"单选项可在原有区域中显示筛选结果；单击选中"将筛选结果复制到其他位置"单选项可在"复制到"参数框中设置存放筛选结果的单元格区域；单击选中"选择不重复的记录"复选框，当有多行满足条件时将只显示或复制唯一行，排除重复的行。

1.5.2 数据的排序

数据排序是指将表格中的数据种类按一定的方式重新排列,它有助于快速直观地显示、组织并查找所需数据。数据排序的方法有 3 种:单列数据排序、多列数据排序和自定义排序。

1. 单列数据排序

单列数据排序是指在工作表中以一列单元格中的数据为依据,对所有数据进行排列。单列数据排序的具体操作如下:

(1) 在工作表中选择需排序列中"表头"数据下对应的任意单元格,在"数据"→"排序和筛选"组中单击"升序"按钮 或"降序"按钮 。

(2) 完成后将根据所选单元格对对应列中的数据按首个字母的先后顺序进行排列,且其他与之对应的数据将自动进行排列。

知识提示:若在工作表中选择需排序列中"表头"数据下对应的单元格区域,将打开"排序提醒"对话框,提示需要扩展选定区域或只对当前选定区域进行排序。若只对当前选定区域进行排序,其他与之对应的数据将不自动进行排序。

2. 多列数据排序

多列数据排序是指按照多个条件对数据进行排序,即在多列数据中进行排序。在多列数据排序过程中,要以某个数据为依据进行排列,该数据称为关键字。以关键字进行排序,对应其他列中的单元格数据将随之发生改变。多列数据排序的具体操作如下:

(1) 在工作表中选择多列数据对应的单元格区域,且应先选择关键字所在的单元格,然后在"数据"→"排序和筛选"组中单击"升序"按钮 或"降序"按钮 。

(2) 完成后将自动以该关键字进行排序,未选择的单元格区域将不参与排序。

知识提示:单列数据排序可以保持工作表中数据的对应关系;而多列数据排序可能会打乱整个工作表中数据的对应关系。因此,用户在使用多列数据排序时应注意数据的对应关系是否发生变化。

3. 自定义排序

当单列数据排序和多列数据排序都不能满足实际需要时,可利用 Excel 提供的自定义排序功能设置多个关键字对数据进行排序,还可以以其他关键字对相同排序的数据进行排序。自定义排序的具体操作如下:

(1) 在工作表中选择需要排序的任意一个单元格或单元格区域,在"数据"→"排序和筛选"组中单击"排序"按钮。

(2) 在打开的"排序"对话框中默认只有一个主要关键字,用户可根据需要单击"添加条件"按钮添加次要关键字,并在"排序依据"和"次序"下拉列表框中选择相应的选项,

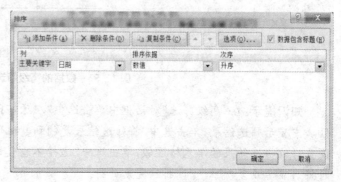

图 1-53 "排序"对话框

也可单击 ✕ 删除条件(D) 按钮删除不需要的次要关键字,如图 1-53 所示。

（3）完成后单击"确定"按钮,工作表中的数据即可根据设置的排序条件进行排序。

知识提示:在"排序"对话框中单击 选项(O)… 按钮,可在打开的"排序选项"对话框中设置以行、列、字母或笔画等方式进行排序。

1.5.3　数据的分类汇总

数据的分类汇总是指当表格中的记录愈来愈多,且出现相同类别的记录时,可按某一字段进行排序,然后将相同项目的记录集合在一起,分门别类地进行汇总。

1. 创建分类汇总

分类汇总是按照表格数据中的分类字段进行汇总,同时还需要设置分类的汇总方式和汇总项。其具体操作如下:

（1）先对工作表中的数据以汇总选项进行排序,选择需要进行分类汇总单元格区域中的任意一个单元格,在"数据"→"分级显示"组中单击"分类汇总"按钮。

（2）在打开的"分类汇总"对话框的"分类字段"下拉列表框中选择要进行分类汇总的字段名称;在"汇总方式"下拉列表框中选择计算分类汇总的汇总函数,如"求和"等;在"选定汇总项"列表框中单击选中需要进行分类汇总的选项的复选框,如图 1-54 所示。

（3）单击"确定"按钮,其汇总后的结果将显示在相应的科目数据下方,如图 1-55 所示。

图 1-54　"分类汇总"对话框　　　　图 1-55　数据的分类汇总

知识提示:在"分类汇总"对话框中单击选中"每组数据分页"复选框可按每个分类汇总自动分页;单击选中"汇总结果显示在数据下方"复选框可指定汇总行位于明细行的下面;单击 全部删除(R) 按钮可删除已创建好的分类汇总。

2. 显示或隐藏分类汇总

创建数据的分类汇总后,在工作表的左侧将显示不同级别分类汇总的按钮,单击相应的按钮可分别显示或隐藏汇总项和相应的明细数据。

（1）**隐藏明细数据**:在工作表的左上角单击 1 按钮将隐藏所有项目的明细数据,只显示合计数据;单击 2 按钮将隐藏相应项目的明细数据,只显示相应项目的汇总项;而单击白按钮将隐藏明细数据,只显示汇总项。

(2) **显示明细数据**:在工作表的左上角单击[3]按钮将显示各项目的明细数据,也可单击[+]按钮将折叠的明细数据显示出来。

知识提示:在"数据"→"分级显示"组中单击"显示明细数据"或"隐藏明细数据"按钮也可显示或隐藏单个分类汇总的明细行。

1.5.4 课堂案例——创建管理费用明细表

本案例将对"费用明细表"以费用项目为关键字进行排序,然后分类汇总各个项目金额,完成后的参考效果如图1-56所示。

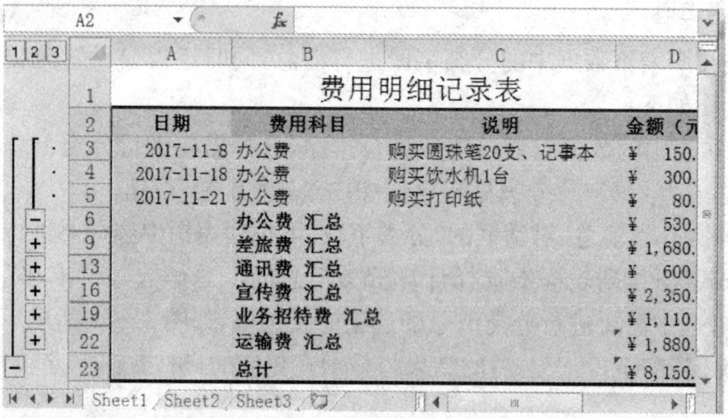

	A	B	C	D
1	费用明细记录表			
2	日期	费用科目	说明	金额(元
3	2017-11-8	办公费	购买圆珠笔20支、记事本	¥ 150.
4	2017-11-18	办公费	购买饮水机1台	¥ 300.
5	2017-11-21	办公费	购买打印纸	¥ 80.
6		办公费 汇总		¥ 530.
9		差旅费 汇总		¥ 1,680.
13		通讯费 汇总		¥ 600.
16		宣传费 汇总		¥ 2,350.
19		业务招待费 汇总		¥ 1,110.
22		运输费 汇总		¥ 1,880.
23		总计		¥ 8,150.

图1-56 费用明细记录表的参考效果

职业素养:管理费用明细表用来反映在一定会计期间,企业管理部门在报告期内为组织和管理企业生产经营活动所发生的各项费用及其构成情况。利用管理费用明细表可以分析管理费用的构成及其增减变动情况,考核各项管理费用计划的执行情况。

(1) 打开Excel 2010,选择A1单元格,输入"费用明细记录表",合并A1:D1单元格,再依次输入表格中相应的素材文字,如图1-57所示。

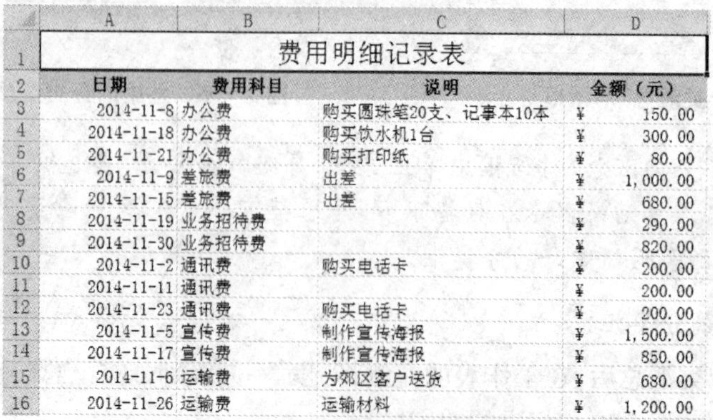

	A	B	C	D
1	费用明细记录表			
2	日期	费用科目	说明	金额(元)
3	2014-11-8	办公费	购买圆珠笔20支、记事本10本	¥ 150.00
4	2014-11-18	办公费	购买饮水机1台	¥ 300.00
5	2014-11-21	办公费	购买打印纸	¥ 80.00
6	2014-11-9	差旅费	出差	¥ 1,000.00
7	2014-11-15	差旅费	出差	¥ 680.00
8	2014-11-19	业务招待费		¥ 290.00
9	2014-11-30	业务招待费		¥ 820.00
10	2014-11-2	通讯费	购买电话卡	¥ 200.00
11	2014-11-11	通讯费		¥ 200.00
12	2014-11-23	通讯费	购买电话卡	¥ 200.00
13	2014-11-5	宣传费	制作宣传海报	¥ 1,500.00
14	2014-11-17	宣传费	制作宣传海报	¥ 850.00
15	2014-11-6	运输费	为郊区客户送货	¥ 680.00
16	2014-11-26	运输费	运输材料	¥ 1,200.00

图1-57 费用明细记录表的数据素材

(2) 选择B3单元格,在"数据"→"排序和筛选"组中单击"升序"按钮,将工作表中的数据以"费用项目"列为依据进行升序排列,如图1-58所示。

（3）选择 A2:D16 单元格区域，在"数据"→"分级显示"组中单击"分类汇总"按钮，如图 1-59 所示。

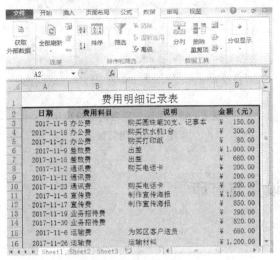

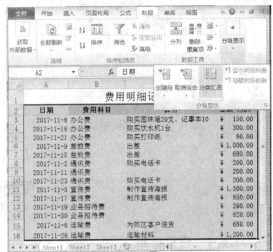

图 1-58　以"费用项目"为依据排序　　　　　图 1-59　选择分类汇总区域

（4）在打开的"分类汇总"对话框的"分类字段"下拉列表框中选择"费用科目"选项，在"选定汇总项"列表框中单击选中"金额（元）"复选框，如图 1-60 所示。

（5）单击"确定"按钮，工作表中的数据将按照费用项目汇总合计金额，如图 1-61 所示。

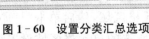

图 1-60　设置分类汇总选项　　　　　图 1-61　分类汇总后的效果

（6）在工作表的左上角单击 ① 按钮隐藏所有项目的合计数据，如图 1-62 所示。

（7）单击 ② 按钮显示出相应项目的汇总项，并单击"办公费"汇总项左侧对应的 ⊞ 按钮显示出该项目的明细数据，如图 1-63 所示。

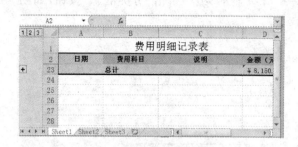

图 1－62　隐藏明细数据

图 1－63　显示各项目的汇总项和
指定项目的明细数据

1.6　页面设置与打印

1.6.1　设置页面

页面设置是指对需打印表格的页面进行合理的布局和格式设置，如设置页边距、纸张方向、纸张大小、页眉/页脚等。在工作表中可分别在"页面布局"→"页面设置"组和"页面设置"对话框中设置页面。

1. 通过"页面设置"组设置

在"页面布局"→"页面设置"组中可执行如下操作：

（1）**设置页边距**。单击"页边距"按钮，在打开的下拉列表中可选择已定义好的"普通""宽""窄"3种页边距样式，也可选择"自定义页边距"选项，在打开的"页面设置"对话框的"页边距"选项卡中自定义页边距。

（2）**设置纸张方向**。单击"纸张方向"按钮，在打开的下拉列表中可选择"纵向"或"横向"选项的纸张方向。

（3）**设置纸张大小**。单击"纸张大小"按钮，在打开的下拉列表中可选择已定义好的纸张大小，也可选择"其他纸张大小"选项，在打开的"页面设置"对话框的"页面"选项卡中自定义纸张大小。

（4）**设置打印区域**。在工作表中选择需要打印的单元格区域，然后单击"打印区域"按钮，在打开的下拉列表中选择"设置打印区域"选项，可将所选的单元格区域设置为打印区域，且设置的打印区域以虚线框显示，完成后再选择"取消打印区域"选项，可取消设置的打印区域。

2. 通过"页面设置"对话框设置

在"页面布局"→"页面设置"组右下角单击"对话框启动器"按钮，可打开"页面设置"对话框，如图1－64所示，在其中可进行详细的页面设置。

（1）**设置页面**：在"页面"选项卡的"方向"栏中可设置纸张的排列方向；在"缩放"栏中可设置表格的缩放比例与纸张尺寸；在"纸张大小"下拉列表框中可选择打印纸张的规格，如A4、B5等。

（2）**设置页边距**：在"页边距"选项卡中可以设置表格数据距页面上、下、左、右各边的距离，以及表格在页面中的居中方式等。

（3）**设置页眉/页脚**：在"页眉/页脚"选项卡的"页眉"和"页脚"下拉列表框中可选择一种预设页眉和页脚样式，也可单击 自定义页眉(C)... 或 自定义页脚(U)... 按钮，在打开的"页眉"或"页脚"对话框中自定义喜欢的页眉与页脚样式，完成后单击"确定"按钮。

（4）**设置打印标题与区域**：在"工作表"选项卡的"打印区域"文本框中可设置工作表的打印区域；在"顶端标题行"文本框中可设置固定打印的顶端标题，在"左端标题行"文本框中可设置固定打印的左端标题，完成后即可以报表的形式打印区域数据。

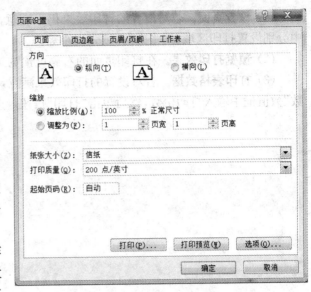

图 1-64 通过"页面设置"对话框设置

知识提示：在"页面设置"对话框的各选项卡中分别单击 打印(P)... 按钮或 打印预览(W) 按钮可打开打印页面预览并重新设置打印效果。

1.6.2 预览并打印表格数据

为了确保设置以及打印的准确性，在打印表格数据之前可以选择"文件"→"打印"菜单命令打开打印页面，如图 1-65 所示，在其中预览打印效果，满意后即可开始打印。页面设置、预览、打印表格的方法分别介绍如下：

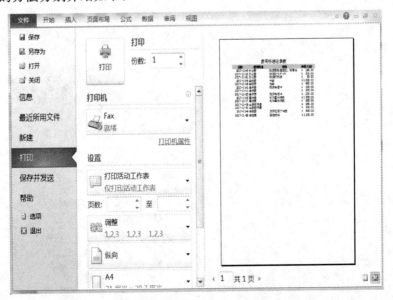

图 1-65 打印页面

（1）**设置页面**。若对设置的打印效果仍不满意，可继续在打印页面中间区域的"设置"栏中分别设置打印区域、纸张方向、纸张大小等。

（2）**预览打印效果**。在打印页面的右侧可预览工作表的打印效果。

（3）**打印表格数据**。若对设置的打印效果满意，可在打印页面中间区域的"打印"栏的"份数"数值框中输入打印份数，然后单击"打印"按钮 连接打印机开始打印。

项目二　Excel 在账务处理程序中的应用

项目目标

1. 掌握记账凭证表格的设计。
2. 掌握科目汇总表的设计与数据的关联。
3. 掌握科目余额表的设计与数据的关联。
4. 掌握会计账簿表格的设计与数据的关联。

2.1　记账凭证的模板设计与应用

2.1.1　相关知识

1. 记账凭证的含义与意义

记账凭证,又称记账凭单,是指会计人员根据审核无误的原始凭证,按照经济业务的内容加以归类,并据以确定会计分录后填制的会计凭证,作为登记账簿的直接依据。为了将类别繁多、数量庞大、格式不一的原始凭证,按照反映的不同经济业务进行归类和整理,需要填制具有统一格式的记账凭证,确定会计分录并将相关的原始凭证附在后面。

记账凭证的作用主要是确定会计分录,进行账簿登记,反映经济业务的发生或完成情况,监督企业经济活动,明确相关人员的责任。

2. 记账凭证的分类

记账凭证按其适用的经济业务,分为专用记账凭证和通用记账凭证两类。

1) 专用记账凭证

专用记账凭证是用来专门记录某一类经济业务的记账凭证。专用凭证按其所记录的经济业务与现金和银行存款的收付有无关系,又分为收款凭证、付款凭证和转账凭证3种。

(1) 收款凭证。收款凭证是用来记录现金和银行存款等货币资金收款业务的凭证。它是根据现金和银行存款收款业务的原始凭证填制的。

(2) 付款凭证。付款凭证是用来记录现金和银行存款等货币资金付款业务的凭证。它是根据现金和银行存款付款业务的原始凭证填制的。

收款凭证和付款凭证是用来记录货币收付业务的凭证,它们既是登记现金日记账、银行存款日记账、明细分类账及总分类账等账簿的依据,也是出纳人员收、付款项的依据。出纳人员不能依据现金、银行存款收付业务的原始凭证收付款项,必须根据会计主管人员或指定人员审核批准的收款凭证和付款凭证收付款项,以加强对货币资金的管理,有效地监督货币资金的使用。

(3) 转账凭证。转账凭证是用来记录与现金、银行存款等货币资金收付款业务无关的转账业务的凭证,它是根据有关转账业务的原始凭证填制的。转账凭证是登记总分类账及有关明细分类账的依据。

2) 通用记账凭证

通用记账凭证是用来记录各种经济业务的记账凭证。在经济业务比较简单的单位,为了简化凭证可以使用通用记账凭证,记录所发生的各种经济业务。

3. 记账凭证的内容与要求

1) 记账凭证的基本内容

记账凭证是登记账簿的依据,为了保证账簿记录的正确性,记账凭证必须具备以下基本内容:① 填制凭证的日期;② 凭证编号;③ 经济业务摘要;④ 会计科目;⑤ 金额;⑥ 所附原始凭证张数;⑦ 填制凭证人员、稽核人员、记账人员、会计机构负责人、会计主管人员签名或者盖章。收款和付款记账凭证还应当由出纳人员签名或者盖章。

2) 记账凭证的填制要求

记账凭证的填制除要做到内容完整、书写清楚和规范外,还必须符合下列要求:

(1) 除结账和更正错账可以不附原始凭证外,其他记账凭证必须附原始凭证。

(2) 记账凭证可以根据每张原始凭证填制,或根据若干张同类原始凭证汇总填制,也可根据原始凭证汇总表填制;但不得将不同内容和类别的原始凭证汇总填制在一张记账凭证上。

(3) 记账凭证应连续编号。凭证应由主管该项业务的会计人员,按业务发生的顺序并按不同种类的记账凭证采用"字号编号法"连续编号,如银收字 1 号、现收字 2 号、现付字 1 号、银付字 2 号。如果一笔经济业务需要填制两张以上(含两张)记账凭证的,可以采用"分数编号法"编号,如转字 $4\frac{1}{3}$ 号、转字 $4\frac{2}{3}$ 号、转字 $4\frac{3}{3}$ 号。为便于监督,反映付款业务的会计凭证不得由出纳人员编号。

(4) 填制记账凭证时若发生错误,应当重新填制。已经登记入账的记账凭证在当年内发现填写错误时,可以用红字填写一张与原内容相同的记账凭证,在摘要栏注明"注销某月某日某号凭证"字样,同时再用蓝字重新填制一张正确的记账凭证,注明"订正某月某日某号凭证"字样。如果会计科目没有错误,只是金额错误,也可以将正确数字与错误数字之间的差额另编一张调整的记账凭证,调增金额用蓝字,调减金额用红字。发现以前年度记账凭证有错误的,应当用蓝字填制一张更正的记账凭证。

(5) 记账凭证填制完成后,如有空行,应当自金额栏最后一笔金额数字下的空行处至合计数上的空行处画线注销。

2.1.2 实验案例

【例 2 - 1】制作记账凭证。

利用 Excel 2010 为×公司制作记账凭证,记账凭证的界面如图 2 - 1 所示。

图 2-1 记账凭证界面

【实验步骤】

(一) 相关格式设置

(1) 打开"账务处理"工作簿,点击左下角"插入工作表"标签,并将新的工作表重命名为"记账凭证"。

(2) 在单元格 B3 中输入"记账凭证",加粗显示文本,合并并居中区域 B3:L3,设置字体为"宋体",字号为"20",在"记账凭证"四字中间各加一个空格,按 Ctrl+1 设置单元格格式,添加会计用双下划线,如图 2-2 所示。

(3) 合并并居中区域 D5:J6,按 Ctrl+1 设置单元格格式,转到"数字"选项卡,在"分类"列表框中选择"日期",在"类型"列表框中选择"＊2001 年 3 月 14 日"格式,完成对日期格式的设置,如图 2-3 所示。

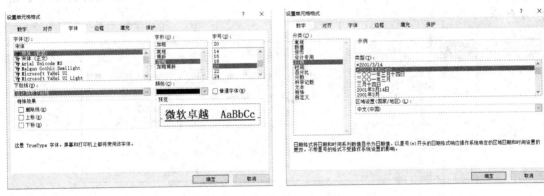

图 2-2 设置单元格格式   图 2-3 设置日期格式

(4) 在单元格 L5、L6 中分别输入"字""号",居中显示文本。

(5) 选择单元格 K5,居中显示文本,选择"数据"→"数据工具"→"数据有效性"命令,打开"数据有效性"→"设置"选项卡,在"允许"下拉列表中选择"序列",在"来源"文本框中输入"现,转,银"(英文状态的逗号),如图 2-4 所示。

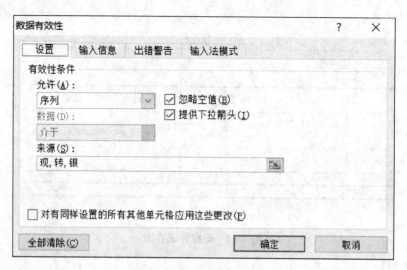

图 2-4 数据有效性设置

（6）在单元格 B7、D7、D8、F8 中分别输入"摘要""会计科目""总账科目"和"明细科目"，合并并居中区域 B7:C8、区域 D7:G7、区域 D8:E8 和区域 F8:G8。

（7）在单元格 H7、J7 中分别输入"借方金额""贷方金额"，合并并居中区域 H7:I8 和区域 J7:K8。

（8）选择区域 B7:K8，加粗显示文本，设置字号为"12"。选择区域 H9:K14，设置字号为"12"，单击"开始"→"数字"→"千分位分隔符按钮"，设置借方金额和贷方金额的数字格式。

（9）在单元格 L7 输入"√"，合并并居中区域 L7:L8。在单元格 M7 输入"附件"，合并并底端对齐区域 M7:M10，点击单击"开始"→"对齐方式"→"方向"→"竖排文字"，如图 2-5 所示。

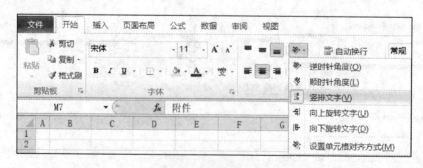

图 2-5 "附件"格式设置

（10）在单元格 M12 输入"张"，合并并顶端对齐区域 M12:M15。

（11）在单元格 B15 输入"合计"，合并并居中区域 B15:C15，加粗显示文本，设置字号为"12"。

（12）在单元格 B16、D16、F16、H16、J16 中分别输入"会计主管:""记账:""出纳:""审核:"和"制表:"。

（13）将单元格指针移动到列字母之间，变成左右拉伸形状之后，单击并拖动，将单元格区域 B 列至 M 列调整到合适的宽度；选中区域 B9:C14，按 Ctrl+1 组合键，打开"设置单元格格式"对话框,转到"对齐"选项卡,在"文本控制"类别中勾选"缩小字体填充"复选框。

(14)选中区域B7:L14,按Ctrl+1组合键,打开"设置单元格格式"对话框,单击"边框"选项卡,在"预置"类别中单击"内部"增加内部边框线,在"样式"中选择粗边框线样式,添加上下粗边框线,如图2-6所示。

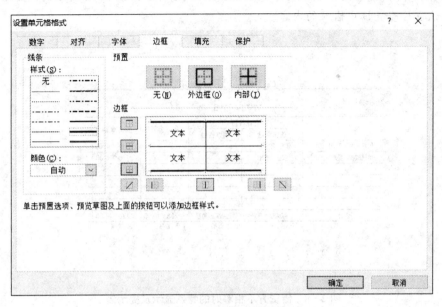

图2-6　设置单元格格式

(15)选中区域B15:L15,参照(14)中的步骤设置边框线。

(16)合并并居中单元格D9:E9、D10:E10、D11:E11、D12:E12、D13:E13、D14:E14。合并并居中单元格F9:G9、F10:G10、F11:G11、F12:G12、F13:G13、F14:G14。

(17)合并并居中单元格H9:I9、H10:I10、H11:I11、H12:I12、H13:I13、H14:I14。合并并居中单元格J9:K9、J10:K10、J11:K11、J12:K12、J13:K13、J14:K14。

(18)合并并居中单元格D15:G15、H15:I15、J15:K15,如图2-7所示。

图2-7　合并单元格

（二）提示借贷不相等

用户在输入数据时难免出错，对于这些凭证的错误用手工的方式去检查是很难发现的。可以在凭证审核界面设置条件格式或者提示语，当凭证合计栏处的借方金额合计数与贷款金额合计数不相等时，就会用很明显的方式显示出来，或者弹出如图2-8所示的提示语言，提醒用户再次认真检查凭证中输入的内容。

图 2-8　借贷方不相等时的特殊显示及提示语

1. 设置条件格式

当借方金额合计数与贷款金额合计数不相等时，就会用很明显的方式显示出来，具体操作步骤如下：

（1）选择单元格J15，选择"开始"→"样式"→"条件格式"→"新建规则"命令，打开如图2-9所示的"新建格式规则"对话框。

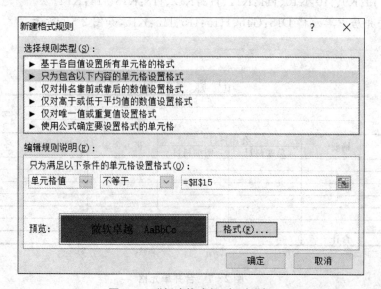

图 2-9　"新建格式规则"对话框

（2）在"选择规则类型"列表中选择"只为包含以下内容的单元格设置格式"。在"编辑规则说明"中，将判断条件"介于"改为"不等于"，单击右边折叠按钮，选中单元格 H15，完成对规则的设定。

（3）单击图 2-9 中"格式"按钮，打开如图 2-10 所示的"设置单元格格式"对话框。转到"填充"选项卡，选择背景为红色，完成对条件格式的设置。

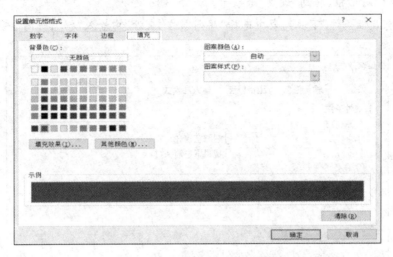

图 2-10 "设置单元格格式"对话框

（4）点击"确定"按钮，关闭对话框，返回工作表界面。

2. 借贷不相等时的提示信息

当借方金额合计数与贷方金额合计数不相等时，在凭证下方弹出提示语，提醒用户再次认真核对。操作步骤如下：

（1）选中区域 C19:J20，合并并居中，设置字体为"华文行楷"，字号为"20"，行高"20"，字体颜色为"紫色"。

（2）在公式栏内输入以下公式，如图 2-11 所示。

=IF(C5=C6,IF(H15=J15,"借贷平衡,请继续审核其他项目","借贷方金额不相等,请再次核对审查"),"")

图 2-11 判断借贷平衡公式

(三) 审核标记录入

用户审核凭证无误后,需要输入审核标记"√",可对此列设置数据有效性,创建下拉列表,方便用户输入此标记,具体步骤如下:

(1) 选中单元格 L9,选择"数据"→"数据工具"→"数据有效性"→"数据有效性"命令,打开"数据有效性"对话框,转到"设置"选项卡。

(2) 在"有效性条件"下拉列表中选择"序列",在"来源"中输入"√",如图 2-12 所示。

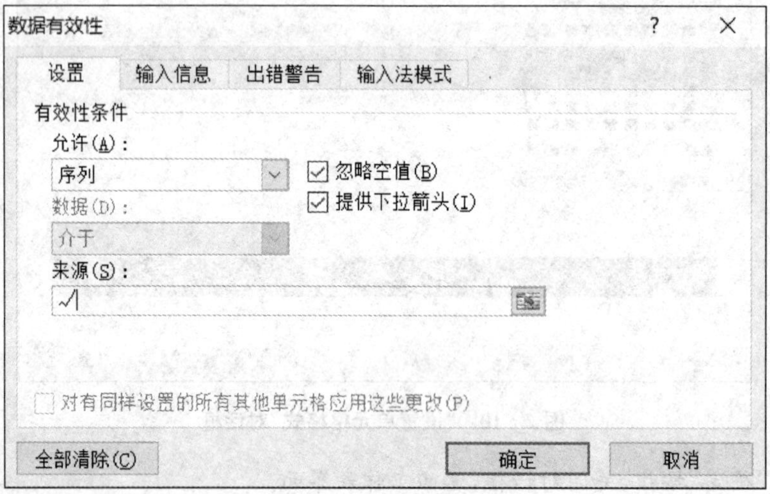

图 2-12　数据有效性设定

(3) 将鼠标移动到 L9 单元格的右下角,待指针变成实心后,单击并拖动单元格 L14,将此单元格中的数据有效性复制到该列的其他行单元格中。

2.1.3　函数介绍

1. IF 函数

如果指定条件的计算结果为 TRUE,IF 函数将返回某个值;如果该条件的计算结果为 FALSE,则返回另一个值。例如,如果 A1 大于 10,公式:=IF(A1>10,"大于 10","不大于 10")将返回"大于 10";如果 A1 小于等于 10,则返回"不大于 10"。

2. ACCRINT 函数

返回定期付息证券的应计利息。

1) 语法

ACCRINT(issue,first_interest,settlement,rate,par,frequency,[basis],[calc_method])

2) 要点

应使用 DATE 函数输入日期,或者将日期作为其他公式或函数的结果输入。例如,使用函数 DATE(2008,5,23)输入 2008 年 5 月 23 日。如果日期以文本形式输入,则会出现问题。

3）ACCRINT 函数语法的参数

（1）Issue 必需。有价证券的发行日。

（2）First_interest 必需。有价证券的首次计息日。

（3）Settlement 必需。有价证券的结算日。有价证券结算日是在发行日之后，有价证券卖给购买者的日期。

（4）Rate 必需。有价证券的年息票利率。

（5）Par 必需。证券的票面值。如果省略此参数，则 ACCRINT 使用￥10,000。

（6）Frequency 必需。年付息次数。如果按年支付，frequency＝1；按半年期支付，frequency＝2；按季支付，frequency＝4。

（7）Basis 可选。要使用的日计数基准类型。

Basis	日计数基准
0 或省略	US(NASD)30/360
1	实际/实际
2	实际/360
3	实际/365
4	欧洲 30/360

（8）calc_method 可选。一个逻辑值，指定当结算日期晚于首次计息日期时用于计算总应计利息的方法。如果值为 TRUE(1)，则返回从发行日到结算日的总应计利息。如果值为 FALSE(0)，则返回从首次计息日到结算日的应计利息。如果不输入此参数，则默认为 TRUE。

4）说明

（1）Microsoft Excel 可将日期存储为可用于计算的序列号。默认情况下，1900 年 1 月 1 日的序列号是 1，而 2008 年 1 月 1 日的序列号是 39448，这是因为它距 1900 年 1 月 1 日有 39 448 天。

（2）issue、first_interest、settlement、frequency 和 basis 将被截尾取整。

（3）如果 issue、first_interest 或 settlement 不是有效日期，则 ACCRINT 将返回 ♯VALUE! 错误值。

（4）如果 rate≤0 或 par≤0，则 ACCRINT 将返回错误值♯NUM!。

（5）如果 frequency 不是数字 1、2 或 4，则 ACCRINT 将返回错误值♯NUM!。

（6）如果 basis＜0 或 basis＞4，则 ACCRINT 将返回错误值♯NUM!。

（7）如果 issue≥settlement，则 ACCRINT 将返回错误值♯NUM!。

函数 ACCRINT 的计算公式如下：

$$ACCRINT = par \times \frac{rate}{frequency} \times \sum_{L1}^{NC} \frac{A_i}{NL_i}$$

式中，A_i——奇数期内第 i 个准票息期的应计天数。

NC——奇数期内的准票息期期数。如果该数含有小数位,则向上进位至最接近的整数。

NL_i——奇数期内准票息期的正常天数。

5) 示例

(1) 打开 Excel,假定有以下数据,现需要计算出应付利息。

(2) 选择公式→插入函数→ACCRINT 函数,将弹出如下对话框,输入数据。

(3) 点击"确定",应付利息(17.5)就算出来了。

3. ACCRINTM 函数

返回到期一次性付息有价证券的应计利息。

1) 语法

ACCRINTM(issue,settlement,rate,par,[basis])

2) 要点、ACCRINTM 函数语法的参数

同 ACCRINT 函数。

3) 说明

(1) Microsoft Excel 可将日期存储为可用于计算的序列数。默认情况下,1900 年 1 月 1 日的序列号是 1,而 2008 年 1 月 1 日的序列号是 39448,这是因为它距 1900 年 1 月 1 日有 39 448 天。Microsoft Excel for the Macintosh 使用另外一个默认日期系统。

(2) Issue、settlement 和 basis 将被截尾取整。

(3) 如果 issue 或 settlement 不是有效日期,函数 ACCRINTM 返回错误值♯VALUE!。

(4) 如果利率为 0 或票面价值为 0,函数 ACCRINTM 返回错误值♯NUM!。

(5) 如果 basis<0 或 basis>4,函数 ACCRINTM 返回错误值♯NUM!。

(6) 如果 issue≥settlement,函数 ACCRINTM 返回错误值♯NUM!。

ACCRINTM 的计算公式如下:

$$ACCRINTM = par \times rate \times \frac{A}{D}$$

式中,A——按月计算的应计天数。在计算到期付息的利息时指发行日与到期日之间的天数;

    D——年基准数。

4) 示例

张某购买了价值为 30 000 元的短期债券,其发行日为 2017 年 4 月 1 日,到期日为

2017年9月20日,债券利率为9%,以实际天数/360为日计数基准,那么该债券的到期利息为多少?

(1) 打开Excel,输入数据,现需要计算出应计利息。

(2) 选择公式→插入函数→ACCRINTM函数,将弹出如下对话框,输入数据。

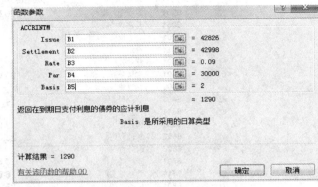

(3) 点击"确定",应计利息(1290)就算出来了。

2.2　科目汇总表的模板设计与应用

2.2.1　相关知识

1. 科目汇总表的含义与意义

科目汇总表,又称记账凭证汇总表,是企业定期对全部记账凭证进行汇总后,按照不同的会计科目分别列示各账户借方发生额和贷方发生额的一种汇总凭证。

依据"有借必有贷,借贷必相等"的基本原理,科目汇总表中的借方发生额合计与贷方发生额合计数应该相等,因此,科目汇总表具有试算平衡的作用。

2. 科目汇总表账务处理程序概述

科目汇总表账务处理程序,是指根据记账凭证定期编制科目汇总表,再根据科目汇总表登记总分类账的一种账务处理程序。在会计核算中,科目汇总表账务处理程序是应用较为广泛的一种账务处理程序,适用于经济业务较多的单位。其优点是减轻了登记总分类账的工作量,易于理解,方便学习,并可做到试算平衡;缺点是不能反映各个账户之间的对应关系,不利于对账目进行检查。

2.2.2　实验案例

【例2-2】编制科目汇总表。

利用Excel 2010为×公司编制如图2-13所示的3月份科目汇总表。

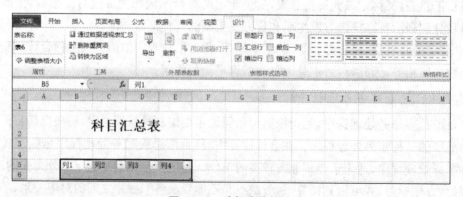

科目代码	会计科目	本期借方发生额	本期贷方发生额
6001	主营业务收入	330,000.00	330,000.00
6051	其它业务收入	-	-
6101	公允价值变动损益	-	-
6111	投资收益	-	-
6301	营业外收入	-	-
6401	主营业务成本	190,290.50	190,290.50
6402	其它业务成本	-	-
6403	营业税金及附加	4,250.00	4,250.00
6411	利息支出	-	-
6601	销售费用	2,000.00	2,000.00
6602	管理费用	23,600.00	29,600.00
6603	财务费用	-	-
6701	资产减值损失	468.00	468.00
6711	营业外支出	6,000.00	6,000.00
6801	所得税费用	25,312.88	25,312.88
6901	以前年度损益调整	-	-
合计	67	1,908,404.81	1,908,404.81

图 2-13　科目汇总表结构

【实验步骤】

（一）相关格式设计

（1）打开"账务处理"工作簿，点击左下角"插入工作表"标签，并将新的工作表重命名为"科目汇总表"。

（2）如图 2-14 所示，在单元格 B2 中输入"科目汇总表"，合并并居中区域 B2:E2，字体设置为"宋体"，加粗，字号为"20"，行高为"40"，在"设置单元格格式"中添加会计用双下划线。

图 2-14　选择表格样式

（3）选择区域 D3:D4，字号"16"，按 Ctrl+1 组合键，打开"设置单元格格式"对话框，转到"数字"选项卡，在"分类"列表框中选中"日期"，在"类型"列表框中选择"2001 年 3 月"格式。

（4）选择单元格 E4，设置字体为"楷体"，字号为"12"。

（5）选择区域 B5:E5，点击"开始"→"样式"→"套用表格样式"命令，在下拉菜单中选择表格样式"浅色 1"，再点击表格样式中的第一个样式"无"。

　　(6) 在单元格 B5、D5、E5、F5 中分别输入"科目代码""会计科目""本期借方发生额""本期贷方发生额",选择区域 B5:E5,居中显示文本,设置字体为"12",行高为"20",将单元格指针移动到 B 列至 E 列的字母之间,适当调整各列的宽度,如图 2-15 所示。

　　(7) 选择区域 B5:E6,按 Ctrl+F3 组合键,打开"名称管理器",点击"新建"将表名改为"科目汇总表",如图 2-16 所示。

图 2-15　文字输入

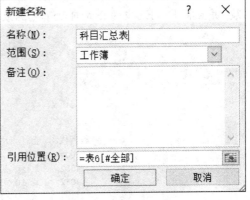

图 2-16　修改表名称

　　(8) 选择"科目代码"列,单击"居中显示"按钮,选择"本期借方发生额"列和"本期贷方发生额"列,字号为"12",转到"开始"选项卡,在"数字"功能区中单击"千分位分隔符"按钮,设置借方金额和贷方金额的数字格式。

(二) 编制科目汇总表

　　科目汇总表的创建基于记账凭证汇总表,用户可以先构建科目汇总表表格结构,然后在表中填充公式。下面以×公司为例,介绍编制科目汇总表的方法。

　　(1) 激活"科目汇总表"工作表,选择单元格 D3,在公式栏内输入:=记账凭证汇总表! A2,显示科目汇总表的年、月信息(若未出现日期,重新设置单元格日期格式),如图 2-17 所示。

图 2-17　设置科目汇总表年月信息

　　(2) 选择单元格 E4,在公式栏内输入:="汇字第"&MONTH(D3)&"号"。

　　(3) 选择单元格 D6,在公式栏中输入:=SUMIF(记账凭证汇总表! $I$4:$I$110,C6,记账凭证汇总表! $K$4:$K$110)。

　　(4) 选择单元格 E6,在公式栏中输入:=SUMIF(记账凭证汇总表! $I$4:$I$110,

C6,记账凭证汇总表! $L$4：$L$110)。

（5）激活"会计科目"工作表，单击单元格"科目代码"，点击"开始"→"编辑"→"排序和筛选"中的"升序"。由于总账科代码是 4 位，而明细科目代码为 6 位，所以对会计科目表按科目代码排序后，所有的总账科目会自动显示在明细科目上方。

（6）选择区域 B3：C69，按 Ctrl＋C 组合键。

（7）激活"科目汇总表"工作表，单击单元格 B6，按 Ctrl＋V 组合键，表格区域会自动扩展，并且将 D6、E6 中的公式自动填充到表格的扩展区域内，如图 2-18 所示。

图 2-18　引用会计科目并自动填充公式

（8）点击单元格 B5，选择"表格工具"→"设计"→"表格样式选项"命令，在"表样式选项"功能组中选择"汇总行"复选框，如图 2-19 所示，科目汇总表的末端添加汇总行。

图 2-19　添加汇总行

（9）选择单元格 B73，输入"合计"，选择单元格 D73，单击右下端的"下拉"按钮，在弹出的下拉列表中选择"求和"选项，显示该列中数值的总和；用同样的方法选择单元格 E73 的"求和"选项，单元格 C73 的"计数"选项，如图 2-20 所示。

67	6602	无 平均值	23,600.00	29,600.00
68	6603	计数	-	-
69	6701	数值计数	468.00	468.00
70	6711	最大值 最小值	6,000.00	6,000.00
71	6801	求和	25,312.88	25,312.88
72	6901	标准偏差 方差 其他函数...	-	-
73	合计	67	1,908,404.81	1,908,404.81

图 2－20　设置"合计"选项的各项

(10) 选择区域 B73:E73,居中显示该区域内的所有数据,完成对科目汇总表的创建。

2.2.3　函数介绍

1. MONTH 函数

返回以序列号表示的日期中的月份。月份是介于 1(一月)到 12(十二月)之间的整数。

2. AMORDEGRC 函数

返回每个结算期间的折旧值。该函数主要为法国会计系统提供。如果某项资产是在该结算期的中期购入的,则按直线折旧法计算。

1) 语法

AMORDEGRC(cost,date_purchased,first_period,salvage,period,rate,[basis])

2) 要点

应使用 DATE 函数输入日期,或者将函数作为其他公式或函数的结果输入。例如,使用函数 DATE(2008,5,23)输入 2008 年 5 月 23 日。如果日期以文本形式输入,则会出现问题。

3) AMORDEGRC 函数语法的参数

(1) Cost 必需。资产原值。

(2) Date_purchased 必需。购入资产的日期。

(3) First_period 必需。第一个期间结束时的日期。

(4) Salvage 必需。资产在使用寿命结束时的残值。

(5) Period 必需。期间。

(6) Rate 必需。折旧率。

(7) Basis 可选。要使用的年基准。

4) 说明

(1) Microsoft Excel 可将日期存储为可用于计算的序列数。默认情况下,1900 年 1 月 1 日的序列号是 1,而 2008 年 1 月 1 日的序列号是 39448,这是因为它距 1900 年 1 月 1 日有 39 448 天。Microsoft Excel for the Macintosh 使用另外一个默认日期系统。

(2) 此函数返回折旧值,截止到资产生命周期的最后一个期间,或直到累积折旧值大于资产原值减去残值后的成本价。

（3）折旧系数如下：

资产的生命周期（1/rate）	折旧系数
3 到 4 年	1.5
5 到 6 年	2
6 年以上	2.5

（4）最后一个期间之前的那个期间的折旧率将增加到 50%，最后一个期间的折旧率将增加到 100%。

（5）如果资产的生命周期在 0 到 1、1 到 2、2 到 3 或 4 到 5 之间，将返回 ♯NUM! 错误值。

5）示例

某资产原值 1 000 万元，购入日期为 2016.1.1，第一个期间结束日期为 2017.12.31，报废时的残值 100 万元，期间为 1，折旧率为 15%，以一年 365 天计算。

（1）打开 Excel，输入数据，现需要计算出第一个结束期间的折旧。

（2）选择公式→插入函数→AMORDEGRC 函数，弹出对话框，输入数据：Cost = B1、Date_purchased = B2、First_period = B3、Salvage = B4、Period=B5。

（3）点击"确定"，第一个结束期间的折旧就算出来了。

	A	B
1	资产原值（万元）	1000
2	购入日期	2016-1-1
3	第一个期间结束日期	2017-12-31
4	预计净残值（万元）	100
5	期间	1
6	折旧率	15%
7	使用的年基准	3
8	第一个期间的折旧	

2.3 科目余额表的模板设计与应用

2.3.1 相关知识

科目余额表是用来记录本期所有会计科目的发生额和余额的表格。它不仅是科目汇总表的进一步延伸，能够反映某会计期间相关会计科目的期初余额、本期发生额、期末余额，为编制会计报表提供更完善的数据，而且更有试算平衡的功能，以此判断本期记录的分录是否准确。

2.3.2 实验案例

【例 2-3】编制科目余额表

利用 Excel 2010 为×公司编制如图 2-21 所示的 3 月份科目余额表。

科目余额表

2017年3月

科目代码	会计科目	性质	期初余额		本期发生额		期末余额	
			借方	贷方	借方	贷方	借方	贷方
1001	现金	1	19,740.00	-	64,300.00	69,100.00	14,940.00	-
1002	银行存款	1	567,892.50	-	309,500.00	143,702.05	733,690.45	-
4104	利润分配	2	-	-	161,400.00	161,400.00	-	-
5001	生产成本	1	-	-	24,400.00	24,400.00	-	-
5101	制造费用	1	-	-			-	-
5301	研发支出	1	-	-	330,000.00	330,000.00	-	-
6001	主营业务收入	2	-	-			-	-
6051	其它业务收入	2	-	-			-	-
6101	公允价值变动损益	2	-	-			-	-
6111	投资收益	2	-	-			-	-
6301	营业外收入	2	-	-			-	-
6401	主营业务成本	1	-	-	190,290.50	190,290.50	-	-
6402	其它业务成本	1	-	-			-	-
6403	营业税金及附加	2	-	-	4,250.00	4,250.00	-	-
6411	利息支出	2	-	-			-	-
6601	销售费用	2	-	-	2,000.00	2,000.00	-	-
6602	管理费用	2	-	-	26,600.00	26,600.00	-	-
6603	财务费用	2	-	-			-	-
6701	资产减值损失	2	-	-	468.00	468.00	-	-
6711	营业外支出	2	-	-	6,000.00	6,000.00	-	-
6801	所得税费用	2	-	-	25,312.88	25,312.88	-	-
6901	以前年度损益调整	2	-	-			-	-
汇总			7,229,784.50	7,229,784.50	1,908,404.81	1,908,404.81	7,400,351.95	7,400,351.95

图 2-21　科目余额表

【实验步骤】

（一）相关格式设计

（1）在"账务处理"工作表中单击"工作表插入"标签，插入一张工作表，双击"工作表"标签，命名为"科目余额表"，如图 2-22 所示。

图 2-22　创建"科目余额表"

（2）在单元格 B2 中输入"科目余额表"，合并并居中区域 B2:I2，加粗，设置行高为"40"，字体为"宋体"，字号为"20"。

（3）选择区域 B3:I3，合并并居中，设置字号为"12"，行高为"20"。按 Ctrl＋1 组合键，打开"设置单元格格式"对话框，转到"数字"选项卡，在"分类"列表框中选择"日期"，在"类型"列表框中选择"2017 年 3 月"格式，完成对日期格式的设置。

（4）在单元格 B4、C4、D4、F4、H4 中分别输入"科目代码""会计科目""期初余额""本期发生额""期末余额"，相对应分别合并并居中区域 B4:B5、C4:C5、D4:E4、F4:G4、H4:I4。

（5）在单元格 D5、E5、F5、G5、H5、I5 中分别输入"借方""贷方""借方""贷方""借方""贷方"，居中显示文本。

（6）选择区域 B4:I5，设置字号为"12"，行高为"20"。

（7）选择 B 列，设置列宽为"10"；选择 C 列，设置列宽为"20"；选择 D 列至 I 列，设置列宽为"15"。

(8) 选择 D 列至 I 列,设置字号为"12",单击"千分位分隔符"按钮。

(9) 激活"会计科目表",选择区域 B3:C69,按 Ctrl+C 组合键;激活"科目余额表",单击单元格 B6,按 Ctrl+V 组合键,复制科目代码及会计科目。

(10) 选择区域 B6:I72,选择"插入"→"表格"→"表格"命令,弹出"创建表"对话框,如图 2-23 所示,单击"确定"按钮,关闭对话框,返回工作表界面。

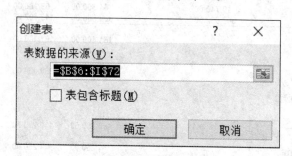

图 2-23 "创建表"对话框

(11) 选择"表格工具"→"设计"→"表格设计选项"命令,在"表格样式选项"功能组中勾选"汇总行"复选框,在表格中添加汇总行一列,在"表格样式选项"功能组中选择样式"无",如图 2-24 所示。

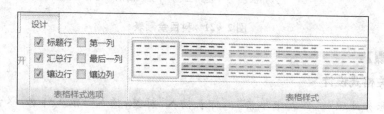

图 2-24 设计表格样式

(12) 单击单元格 D74,单击右端的下拉箭头,在弹出的下拉列表中选择"求和";用同样的方法为 E74、F74、G74、H74、I74 选择该列内数字汇总类型,即"求和"。

(13) 通过以上步骤完成对科目余额表结构的设置,效果如图 2-25 所示。

图 2-25 "科目余额表"结构

（二）设置日期

选择单元格 B3,打开"设置单元格格式"对话框,选择"2017 年 3 月"格式,在公式栏中输入"＝记账凭证汇总表! A2",显示科目余额表的年、月信息,如图 2 - 26 所示。

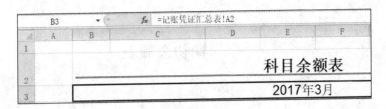

图 2 - 26　引用年月信息

（三）期初余额表设置

在科目余额表中显示所有科目的期初余额,所以需要添加期初余额表,创建步骤如下:

（1）在"账务处理"工作表中单击插入工作表,插入一张工作表,双击"工作表"标签,命名为"期初余额表",如图 2 - 27 所示。

图 2 - 27　新建期初余额表

（2）在单元格 B2 中输入"期初余额表",设置字体为"宋体"加粗,字号为"20",合并并居中区域 B2:E2,设置行高为"40"。

（3）选择区域 B3:E3,设置字号为"12",按 Ctrl＋1 组合键,打开"设置单元格格式"对话框,转到"数字"选项卡,在"分类"列表框中选择"日期",在"类型"列表框中选择"2017 年 3 月"格式,完成对日期格式的设置。

（4）在单元格 B4、C4、D4、E4 中分别输入"科目代码""会计科目""期初借方""期初贷方",居中显示文本,效果如图 2 - 28 所示。

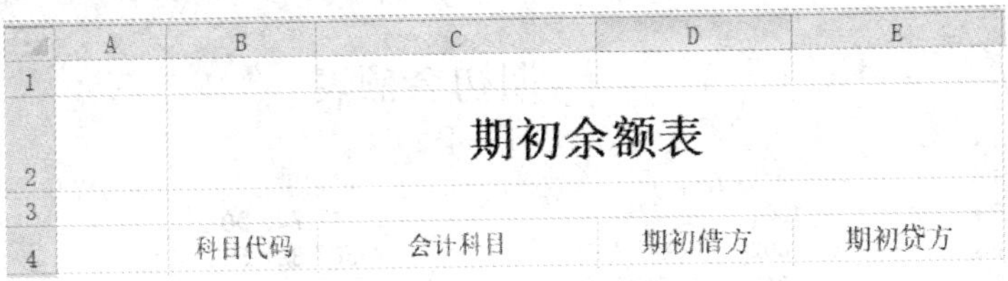

图 2 - 28　输入有关文本

（5）选择 B 列,单击"字体"功能区中的"居中显示",选择 D 列和 E 列,设置字号为"12",选择"开始"→"数字"命令,在"数字"功能区中单击"千分位分隔符"按钮,设置借方金额和贷方金额的数字格式。

（6）将单元格指针移动到 B 列至 E 列的列字母之间,待变成左右拉伸形状之后,单击并拖动,将单元格区域 B 列至 E 列调整到合适的宽度。

（7）激活"会计科目"工作表,选择区域 B3:C69,按 Ctrl＋C 组合键;激活"期初余额表",单击单元格 B5,按 Ctrl＋V 组合键,将总账科目代码及科目名称复制到期初余额表中。

（8）选择区域 B5：E71，选择"表格工具"→"设计"→"表格设计选项"命令，在"表格样式选项"功能组中勾选"汇总行"复选框，在表格中添加汇总行一列，在"表格样式选项"功能组中选择样式"无"，效果如图 2-29 所示。

	A	B	C	D	E
1					
2			期初余额表		
3					
4		科目代码	会计科目	期初借方	期初贷方
5		列1	列2	列3	列4
6		1001	现金		
7		1002	银行存款		
8		1012	其它货币资金		
9		1101	交易性金融资产		
10		1121	应收票据		
11		1122	应收账款		
12		1123	预付账款		
13		1131	应收股利		
14		1221	其他应收款		
15		1231	坏账准备		
16		1403	原材料		
17		1405	库存商品		
18		1406	发出商品		

图 2-29 粘贴的科目代码和会计科目

（9）单击单元格 D74 单击右端的下拉箭头，在弹出的下拉列表中选择"求和"；单击单元格 E74 单击右端的下拉箭头，在弹出的下拉列表中选择"求和"。

（10）选择单元格 B3，在公式栏中输入：＝记账凭证汇总表！A2，显示期初余额表的年、月信息。

（11）在单元格 B4、C4、D4、E4 中分别输入"科目代码""会计科目""期初借方""期初贷方"，字号为"12"，居中显示文本，删除单元格 B4 所在行，效果如图 2-30 所示。

	A	B	C	D	E
1					
2			期初余额表		
3			2017年3月		
4		科目代码	会计科目	期初借方	期初贷方
5		1001	现金	19,740.00	
6		1002	银行存款	567,892.50	
7		1012	其它货币资金		
8		1101	交易性金融资产		
9		1121	应收票据	32,000.00	
10		1122	应收账款	136,392.00	
11		1123	预付账款	9,500.00	
12		1131	应收股利		
13		1221	其他应收款	12,000.00	

图 2-30 输入相关文本

（12）选择单元格 B2：E72，按 Ctrl＋F3 组合键，打开"名称管理器"，将表名改为"总账期初余额表"，如图 2-31 所示。

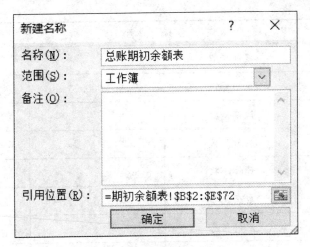

图 2 - 31 创建"总账期初余额表"

(13) 在创建的期初余额表内,依次输入表 2-1 中的数据。

表 2 - 1

期初余额表			
2017 年 3 月			
科目代码	会计科目	期初借方	期初贷方
1001	现金	19 740.00	
1002	银行存款	567 892.50	
1012	其他货币资金		
1101	交易性金融资产		
1121	应收票据	32 000.00	
1122	应收账款	136 392.00	
1123	预付账款	9 500.00	
1131	应收股利		
1221	其他应收款	12 000.00	
1231	坏账准备		681.96
1403	原材料	97 500.00	
1405	库存商品	422 760.00	
1511	长期股权投资	82 000.00	
1512	长期股权投资减值准备		
1521	投资性房地产		
1601	固定资产	5 200 000.00	

2017 年 3 月			
1602	累计折旧		1 280 000.00
1701	无形资产	650 000.00	
2001	短期借款		160 000.00
2202	应付账款		23 400.00
2203	预收账款		15 000.00
2221	应交税费		50 102.05
2231	应付利息		2 000.00
4001	实收资本		5 000 000.00
4101	盈余公积		450 000.00
4103	本年利润		248 600.49

（14）用同样的方法建立明细科目的期初余额表，依次输入表 2-2 中的数据，在名称管理器中将表更名为"明细期初余额表"。

表 2-2

明细期初余额表			
2017 年 3 月			
科目代码	会计科目	期初借方	期初贷方
112201	阳光公司	25 600	
112202	万昌公司	110 792	
140301	甲材料	47 200	
140302	乙材料	50 300	
140501	A 产品	192 580	
140502	B 产品	230 180	
220201	恒昌公司		23 400
222101	应交增值说		10 373.89
222102	应交所得税		38 647.28
222104	应交城市维护建设税		768.34
222105	应交教育附加费		312.54

（四）期初余额的调用

由于科目余额表中的会计科目和期初余额表中的会计科目都是从会计科目表中复制过来的,所以结构和位置都固定,这样期初余额就可以直接从期初余额表中调用(如果单位经济业务发生多期,期初余额则可以从上期的科目余额表的期末余额中调用)。

操作步骤如下:

(1)激活"科目余额表",单击单元格D7,在公式栏内输入"＝";激活"期初余额表"工作表内的单元格D5,按Enter键,返回"科目余额表",公式栏内显示公式:＝期初余额表! D5,如图2-32所示。

图2-32　引用期初余额表数据

(2)单击单元格E7,在公式栏内输入"＝";激活"期初余额表"工作表内的单元格E5,按Enter键,返回"科目余额表",公式栏内显示公式"＝期初余额表! E5"。

（五）本期发生额的计算

科目余额表中的本期发生额可以从本期科目汇总表中调用,也可以参照创建科目汇总表,用SUMIF函数汇总符合条件的总账科目发生额。用函数汇总的优点在于,如果科目汇总表插入一个新的会计科目后,相对引用的地址会发生变化,而函数是直接从记账凭证中汇总得出的数据,不受其他格式变动的限制,可靠性更强。

用函数计算本期发生额的具体步骤如下。

(1)选择单元格F7,输入公式:

＝SUMIF(记账凭证汇总表! ＄I＄4：＄I＄110,C7,记账凭证汇总表! ＄K＄4：＄K＄110)

(2)选择单元格G7,输入公式:

＝SUMIF(记账凭证汇总表! ＄I＄4：＄I＄110,C7,记账凭证汇总表! ＄L＄4：＄L＄110)

（六）期末余额的计算

期末余额表中的所有会计科目分为五类:资产、负债、所有者权益、成本和损益。根据会计核算的规则,资产/成本类的期末余额＝期初余额＋本期借方发生额－本期贷方发生额,负债/所有者权益的期末余额＝期初余额＋本期贷方发生额－本期借方发生额,损益类无余额。所以计算期末余额时,首先需要判断总账会计科目的性质,然后在"科目余额表"中添加辅助列,计算期末余额。

1. 判断会计科目的性质

为方便计算,我们将资产、成本类的会计科目性质设置为"1";负债、所有者权益的会计科目性质设置为"2";损益由本期发生额等于本期贷方发生额,所以期末余额为0,但为方便计算,将其科目性质设置为"1"。除此之外,在资产类中,有部分科目的增加额是在贷方计算的,如"坏账准备""长期股权投资减值准备"等科目,需要对这些科目的性质做特殊处理,设置为

"2",具体内容已在"会计科目"工作表中设置完成。

2. 计算科目余额表的期末余额

(1) 激活"科目余额表",选择D列,右键单击鼠标,在打开的快捷菜单中选择"插入"命令,插入一列,选择区域D4:D5,合并并居中,输入"性质",调整列宽。

(2) 选择单元格D7,在公示栏内输入:

=VLOOKUP([@列1],会计科目！B1:E114,3)

(3) 选择单元格I7,在公示栏内输入:

=IF(D7=1,E7+G7−H7,"")

(4) 选择单元格J7,在公示栏内输入:

=IF(D7=2,F7+H7−G7,"")

(七) 转换为普通区域

由于创建表格时,自动添加了一行如图2-33所示的列标题,需要将此行删除,此外需要保留表格的样式,可以将表格区域转换为普通区域。还需冻结标题区域,当向下拖动滚动条时仍然可以使表标题可见。

图2-33 创建表格增加的列标题

1. 将表格区域转换为普通区域

由于表格的列标题不能删除,所以需要首先将表格转化为普通区域,这样既可以保留表格样式,又能方便地删除表标题,具体步骤如下:

(1) 选择表格区域内的任一单元格,选择"表格工具"→"设计"→"工具"→"转换为区域"命令,如图2-34所示,将表格区域转换为普通区域,保留了表格的样式。

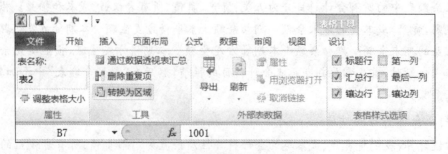

图2-34 将表格区域转化为普通区域

(2) 选择区域B6:J6,选择"开始"→"单元格"→"删除"命令,删除表格的列标题,如图2-35所示。

图 2-35　删除单元格

2. 冻结标题区域

向下滚动数据时,仍然可以显示表格标题行,可以将表格标题区域冻结,具体步骤如下:

单击单元格 B6,选择"视图"→"冻结窗格"→"冻结拆分窗格"命令,如图 2-36 所示,将 B6 单元格以上的所有行冻结,当向上滚动标签时,表标题仍然可视。

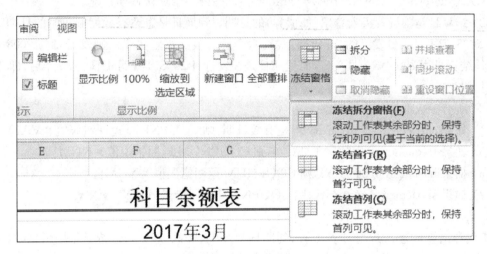

图 2-36　冻结窗口

2.3.3　函数介绍

1. VLOOKUP 函数

搜索表区域首列满足条件的元素,确定待检索单元格在区域中的行序号,再进一步返回选定单元格的值。默认情况下,表是以升序排序的。

2. COUPNUM 函数

返回在结算日和到期日之间的付息次数,向上舍入到最近的整数。

1) 语法

COUPNUM(settlement,maturity,frequency,[basis])

2) 要点

应使用 DATE 函数输入日期,或者将日期作为其他公式或函数的结果输入。例如,使用函数 DATE(2008,5,23)输入 2008 年 5 月 23 日。如果日期以文本形式输入,则会出现问题。

3) COUPNUM 函数语法的参数

（1）Settlement 必需。证券的结算日。证券结算日是在发行日之后，证券卖给购买者的日期。

（2）Maturity 必需。证券的到期日。到期日是有价证券有效期截止时的日期。

（3）Frequency 必需。年付息次数。如果按年支付，frequency＝1；按半年期支付，frequency＝2；按季支付，frequency＝4。

（4）Basis 可选。要使用的日计数基准类型。

4) 说明

（1）Microsoft Excel 可将日期存储为可用于计算的序列号。默认情况下，1900 年 1 月 1 日的序列号是 1，而 2008 年 1 月 1 日的序列号是 39448，这是因为它距 1900 年 1 月 1 日有 39 448 天。Microsoft Excel for the Macintosh 使用另外一个默认日期系统。

（2）结算日是购买者买入息票（如债券）的日期。到期日是息票有效期截止时的日期。例如，在 2008 年 1 月 1 日发行的 30 年期债券，六个月后被购买者买走。则发行日为 2008 年 1 月 1 日，结算日为 2008 年 7 月 1 日，而到期日是在发行日 2008 年 1 月 1 日的 30 年后，即 2038 年 1 月 1 日。

（3）所有参数都将被截尾取整。

（4）如果 settlement 或 maturity 不是有效日期，则 COUPNUM 返回错误值♯VALUE!。

（5）如果 frequency 不为数字 1、2 或 4，则 COUPNUM 返回错误值♯NUM!。

（6）如果 basis＜0 或 basis＞4，则 COUPNUM 返回错误值♯NUM!。

（7）如果 settlement≥maturity，则 COUPNUM 返回错误值♯NUM!。

5) 示例

某债券结算日为 2017 年 1 月 8 日，到期日为 2017 年 10 月 18 日，按半年期付息，以实际天数/实际天数为日计数基准，计算出该债券在结算日和到期日之间的付息次数。

（1）打开 Excel，输入数据，现需要计算出该债券在结算日和到期日之间的付息次数。

（2）选择公式→插入函数→COUPNUM 函数，将弹出如下对话框，输入数据。

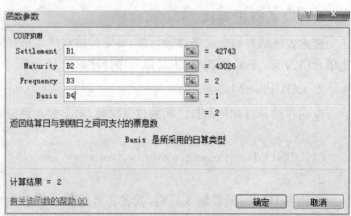

（3）点击"确定"，该债券在结算日和到期日之间的付息次数（2）就算出来了。

2.4　会计账簿的模板设计与应用

2.4.1　相关知识

1. 会计账簿的含义与意义

会计账簿是指以会计凭证为依据,在具有专门格式的账页内全面、连续、系统、综合地记录各项经济业务的簿籍。

由于会计凭证数量很多,又很分散,并且每张凭证只能记载个别经济业务的内容,所提供的信息不能全面、连续、系统地反映和监督一个经济单位在一定时期内某一类和全部经济业务活动的情况,而且不便于日后查阅。因此,为了提供系统的会计核算资料,各单位都必须在会计凭证的基础上设置和运用登记账簿的方法,将大量分散在会计凭证上的会计核算资料加以集中和归类整理,生成有用的会计信息,从而为编制会计报表、进行会计分析,以及审计提供主要依据。

2. 会计账簿的分类

会计账簿可以按照用途、账页格式、外形特征等不同的标准分类。

1) 按用途分类

按用途的不同,会计账簿可以分为序时账簿(又称为日记账)、分类账簿和备查账簿 3 类。

(1) 序时账簿。

按其记录的内容不同可分为普通日记账和特种日记账。

普通日记账是用来登记全部经济业务情况的日记账。将每天发生的全部经济业务,按发生的先后顺序,编制成记账凭证,根据记账凭证逐笔登记到普通日记账中,如企业内设置的日记总账就是普通日记账。

特种日记账是用来记录某经济业务发生情况的日记账,将某类经济业务,按照某类经济业务发生的先后顺序记入会计账簿,反映特定项目的详细情况,如各经济单位为了加强对现金及银行存款的管理,设置现金日记账和银行存款日记账,来记录现金、银行存款的收、付、结存业务。

(2) 分类账簿。

分类账簿是区别不同等级经济业务的账簿,账户按其提供信息的详细程度,可以分为总分类账户和明细分类账。

总分类账是按级科目分类,连续地记录和反映资金增减、成本和利润情况的账簿。它能总括并全面地反映事业单位的经济活动情况,是编制会计报表的依据。所有企业都设置总分类账。

明细分类账是根据明细科目开设的账簿,它能详细反映企业某项经济活动的具体情况。

(3) 备查账簿。

备查账簿又称辅助登记账簿,是对某些在序时账簿和分类账簿等主要账簿中都不予以登记或登记不够详细的经济业务事项进行补充登记时所使用的账簿。例如,经营租赁方式租入,不属于本业务财产,不能记入本企业固定资产账户的机器设备;应收票据贴现等。企业可以根据自身情况,选择设置或不设置此账簿。

2) 按账页格式分类

按账页格式不同可以分为两栏式、三栏式、多栏式和数量金额式 4 种。

(1) 两栏式账簿。

这种账簿只有借方和贷方,普通日记账通常采用此种账簿。

(2) 三栏式账簿。

这种账簿设有借方、贷方和余额。各种日记账、总分类账,以及资本、债券、债务明细账都可采用此种账簿。

(3) 多栏式账簿。

这种账簿是在账簿的两个基本栏目借方和贷方按照需要分设若干个专栏的账簿,如收入、成本、费用、利润和利润分配明细账。

(4) 数量金额式。

这种账簿的借方、贷方和余额 3 个栏目内都分设数量、单价和金额 3 个小栏,以反映财产物资的实物数量和价值量,如原材料、库存商品、产成品和固定资产明细账。

3) 按外形特征分类

(1) 订本账:适用于总分类账、现金日记账和银行存款日记账。

(2) 活页账:适用于各类明细账。

(3) 卡片账:适用于固定资产明细账。

2.4.2 实验案例

【例 2-4】编制总分类账。

利用 Excel 2010 为×公司编制如图 2-37 所示的总分类账。

总分类账

2017年		摘要	借方	贷方	借或贷	余额
月	日				科目代码: 1001	
					会计科目: 现金	
3	1	期初余额			借	19,740.00
3	31	本期发生额	65,300.00	69,100.00	借	15,940.00
3	31	本月合计	65,300.00	69,100.00	借	15,940.00

图 2-37 总分类账结构

【实验步骤】

(一) 相关格式设计

总分类账的格式如图 2-37 所示,具体制作步骤如下:

(1) 在"账务处理"工作表中单击"插入工作表",插入一张工作表,双击"工作表"标签,命名为"总分类账"。

（2）在单元格 B2 中输入"总分类账"，合并并居中区域 B2：I2，设置字体为"宋体"，加粗显示，字号为"20"，行高为"40"，在设置单元格格式中，添加双底框线，如图 2-38 所示。

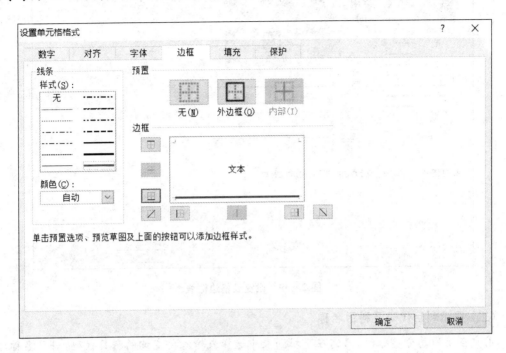

图 2-38　添加双底框线

（3）在单元格 G4、G5 中分别输入"科目代码："科目："会计科目："，对齐方式"水平靠右"，设置行高为"15"。

（4）选择区域 H4：I4，合并并居中，设置字号为"12"，加粗底框线；选择区域 B6：C6，合并并居中，设置字号为"12"。

（5）在单元格 B7、C7 中分别输入"月""日"，水平居中显示文本。

（6）分别选择区域 D6：D7、E6：E7、F6：F7、G6：G7、H6：I7，合并并居中，输入文本"摘要""借方""贷方""借或贷""余额"。

（7）在 D8、D9、D10 中分别输入"期初余额""本期发生额""本月合计"居中显示文本；合并并居中区域 H8：I8、H9：I9、H10：I10。

（8）选择区域 B6：I10，按 Ctrl+1 组合键，打开"设置单元格格式"对话框，转到"边框"选项卡，为区域内部选择细线边框，区域上下选择粗线边框，如图 2-39 所示。

（9）将单元格指针移动到 B 列至 I 列的列字母之间，变成左右箭头形状后单击并拖动，将单元格区域 B 列至 I 列调整到合适的宽度。

（10）选择区域 E8：I10，设置字号为"12"，选择"开始"→"数字"选项卡，在"数字"功能区中单击"千位分隔样式"按钮，设置金额的数字格式。

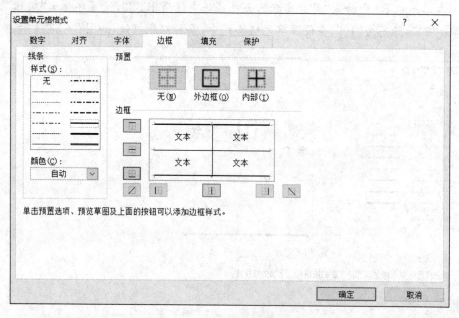

图 2-39　设置表格边框线

（二）显示科目代码及科目名称

用户在使用总分类账时，只需在下拉列表中选择或输入要查询的科目代码，科目名称可自动显示。

1. 输入科目代码

（1）激活"会计科目"工作表，选择区域 B3:B69，按 Ctrl+C 组合键。

（2）激活"总分类账"工作表，单击单元格 L4，按 Ctrl+V 组合键，选中区域 L4:L70，右击单元格找到"名称定义"，在新建名称框中输入"总账代码"，为该序列命名，如图 2-40 所示。

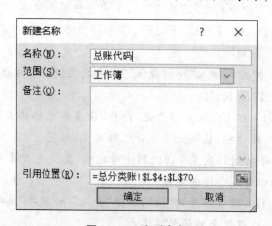

图 2-40　序列命名

（3）选择单元格 H4，选择"数据"→"数据工具"→"数据有效性"→"数据有效性"命令，打开"数据有效性"对话框，转到"设置"选项卡，在"允许"下拉列表中选择"序列"，在"来源"文本框中输入：＝总账代码，如图 2-41 所示。

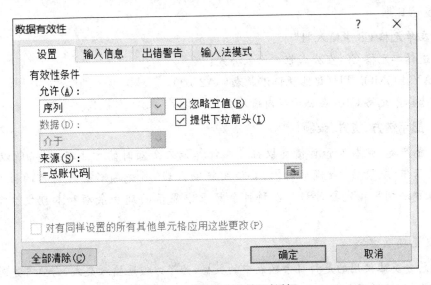

图 2-41 "数据有效性"对话框

2. 自动显示科目名称

合并并居中单元格 H5:I5,单击单元格 H5,在公式栏内输入如图 2-42 所示公式:
=VLOOKUP(H4,会计科目! B3:D69,2)

图 2-42 输入相应会计科目

(三) 显示日期

总分类账的日期显示信息包括年份、月份和日期,在 Excel 中可以分别使用 YEAR()、MONTH()和 DAY()函数来实现。

1. 显示年份

(1) 选择单元格 B6,在公式栏内输入公式:
=YEAR(记账凭证汇总表! A2)&"年"

2. 显示月份

(1) 选择单元格 B8,在公式栏内输入公式:
=MONTH(记账凭证汇总表! ＄A＄2)

(2) 选择单元格 B9,在公示栏内输入公式:=B8;选择单元格 B10,在公示栏内输入公式:
=B9。

3. 显示日期

(1) 在单元格 C8 中输入"1"。

(2) 选择单元格 C9,在公式栏内输入公式:

＝DAY(EOMONTH(记账凭证汇总表! A2,0))

(3) 选择单元格 C10,在公示栏内输入公式:＝C9。

（四）显示借方、贷方、余额

由于资产类/成本类和负债类权益类在计算期末余额时的方法不一样,所以在总分类账表中显示借方、贷方、余额数时,需要使用辅助区域,首先判断会计科目的性质,然后使用不同的方法调用指定会计科目在科目余额表中显示的期初余额和本期发生额,计算期末余额。

1. 设置辅助区域

由于总分类账使用的是科目余额表中的数据,为了方便地输入公式,需要首先对会计科目余额表命名,然后设置如图 2－43 所示的辅助区域。

(1) 激活"科目余额表"工作表,选择区域 B6:J73,按 Ctrl＋F3,在名称框中输入"科目余额表",如图 2－44 所示。

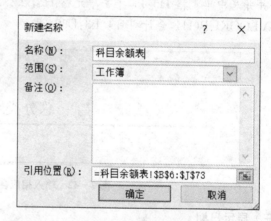

图 2－43　辅助区域　　　　　　图 2－44　给序列命名

(2) 激活"总分类账"工作表,在单元格 J3 中输入"性质"。

(3) 选择单元格 J4,在公式栏内输入公式:＝VLOOKUP(H4,科目余额表,3)。

(4) 合并并居中单元格 J5:K5,在单元格 J5、J6、K6 中分别输入"期初""借方""贷方"。

(5) 选择单元格 J7,在公式栏内输入公式:＝VLOOKUP(H4,科目余额表,4)。

(6) 选择单元格 K7,在公式栏内输入公式:＝VLOOKUP(H4,科目余额表,5)。

2. 显示借方、贷方、余额、借贷方向

借方、贷方、余额等单元格内的公式见表 2－3。

3. 隐藏辅助区域

为了使整张表格看起来更美观,需要将辅助列隐藏。选择 J 列到 L 列,选择"开始"→"单元格"→"格式"→"隐藏和取消隐藏"→"隐藏列"命令。

表 2 - 3

显示内容	单元格	公　　式
显示期初余额 显示本期发生额	H8	=IF(J4=1,J7,IF(J4=2,K7,0))
	E9	=VLOOKUP(H4,科目余额表,6)
	F9	=VLOOKUP(H4,科目余额表,7)
	H9	=IF(J4=1,ABS(H8+E9-F9),ABS(H8+F9-E9))
显示本月合计数	E10	=E9
	F10	=F9
	H10	=H9
显示借贷方向	G8	=IF(J7<>0,"借",IF(K7<>0,"贷","平"))
	G9	=IF(H9=0,"平",IF(AND(J4=1,H8+E9-F9>0),"借","贷"))
	G10	=G9

（五）保护工作表

由于工作表中有很多格式设置和计算公式,并且某些单元格也不需要输入数据,为了防止用户对这些格式设置和计算公式进行修改,需要对工作表进行保护,具体步骤如下:

(1) 单击工作表左上角的"全选"按钮,选中整张工作表,按 Ctrl＋1 组合键,弹出"设置单元格格式"对话框,转到"保护"选项卡,勾选"锁定"和"隐藏"复选框,单击"确定"按钮,关闭对话框,返回工作表界面。

(2) 选择单元格 H4,按 Ctrl＋1 组合键,弹出"设置单元格格式"对话框,转到"保护"选项卡,勾选"锁定"和"隐藏"复选框,单击"确定"按钮,关闭对话框,返回工作表界面。

(3) 选择"审阅"→"更改"→"保护工作表"命令,弹出"保护工作表"对话框,只勾选"选定未锁定的单元格"复选框,单击"确定"按钮,关闭对话框,返回工作表界面,如图 2 - 45 所示。

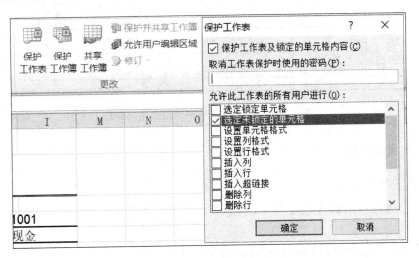

图 2 - 45　设置工作表保护

（六）总分类账表的使用

总分类账表的使用非常简单,用户只需在单元格 H4 中输入科目代码,或者在下拉列表中输入科目代码,Excel 就会自动生成指定科目代码的总分类账表。

图 2-46、图 2-47、图 2-48 为几个查询会计科目的总分类账的例子。

总分类账

					科目代码:	1121
					会计科目:	应收票据
2017年		摘要	借方	贷方	借或贷	余额
月	日					
3	1	期初余额			借	32,000.00
3	31	本期发生额	-	32,000.00	平	-
3	31	本月合计	-	32,000.00	平	-

图 2-46　总分类账——应收票据(1121)

总分类账

					科目代码:	2221
					会计科目:	应交税费
2017年		摘要	借方	贷方	借或贷	余额
月	日					
3	1	期初余额			贷	50,102.05
3	31	本期发生额	63,702.05	85,662.88	贷	72,062.88
3	31	本月合计	63,702.05	85,662.88	贷	72,062.88

图 2-47　总分类账——应交税费(2221)

总分类账

					科目代码:	6602
					会计科目:	管理费用
2017年		摘要	借方	贷方	借或贷	余额
月	日					
3	1	期初余额			平	-
3	31	本期发生额	26,600.00	26,600.00	平	-
3	31	本月合计	26,600.00	26,600.00	平	-

图 2-48　总分类账——管理费用(6602)

2.4.3　函数介绍

1. COUPNCD 函数

返回一个表示在结算日之后下一个付息日的数字。

1) 语法

COUPNCD(settlement,maturity,frequency,[basis])

2) 要点

应使用 DATE 函数输入日期,或者将日期作为其他公式或函数的结果输入。例如,使用函数 DATE(2008,5,23)输入 2008 年 5 月 23 日。如果日期以文本形式输入,则会出现问题。

3）COUPNCD 函数语法的参数

（1）Settlement 必需。有价证券的结算日。有价证券结算日是在发行日之后，有价证券卖给购买者的日期。

（2）Maturity 必需。有价证券的到期日。到期日是有价证券有效期截止时的日期。

（3）Frequency 必需。年付息次数。如果按年支付，frequency＝1；按半年期支付，frequency＝2；按季支付，frequency＝4。

（4）Basis 可选。要使用的日计数基准类型。

4）说明

（1）Microsoft Excel 可将日期存储为可用于计算的序列号。默认情况下，1900 年 1 月 1 日的序列号是 1，而 2008 年 1 月 1 日的序列号是 39448，这是因为它距 1900 年 1 月 1 日有 39 448 天。

（2）结算日是购买者买入息票（如债券）的日期。到期日是息票有效期截止时的日期。例如，在 2008 年 1 月 1 日发行的 30 年期债券，六个月后被购买者买走。则发行日为 2008 年 1 月 1 日，结算日为 2008 年 7 月 1 日，而到期日是在发行日 2008 年 1 月 1 日的 30 年后，即 2038 年 1 月 1 日。

（3）所有参数都将被截尾取整。

（4）如果 settlement 或 maturity 不是有效日期，则 COUPNCD 返回错误值♯VALUE!。

（5）如果 frequency 不为数字 1、2 或 4，则 COUPNCD 返回错误值♯NUM!。

（6）如果 basis＜0 或 basis＞4，则 COUPNCD 返回错误值♯NUM!。

（7）如果 settlement≥maturity，则 COUPNCD 返回错误值♯NUM!。

5）示例

某债券成交日为 2017 年 1 月 8 日，到期日为 2017 年 10 月 18 日，按半年期付息，以实际天数/实际天数为日计数基准，计算出该债券成交日过后的下一个付息日期。

（1）打开 Excel，输入数据，现需要计算出该债券成交日过后的下一个付息日期。

（2）选择公式→插入函数→COUPNCD 函数，将弹出如下对话框，输入数据。

（3）点击"确定"，该债券成交日过后的下一个付息日期（42843）就算出来了。

（4）选中 B5 单元格，按 Ctrl＋1 组合键，打开"设置单元格格式"对话框，转到"数字"选项卡，在"分类"列表框中选择"日期"，在"类型"列表框中选择"2001－3－14"格式，完成对日期格式的设置。

2. COUPPCD 函数

返回表示结算日之前的上一个付息日的数字。

1）语法

COUPPCD(settlement,maturity,frequency,［basis］)

2）要点、COUPNUM 函数语法的参数、说明

同 COUPNCD 函数。

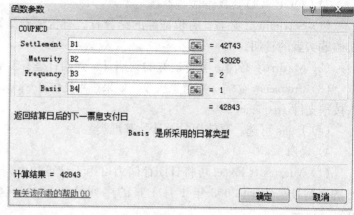

3）示例

某债券结算日为 2017 年 1 月 8 日,到期日为 2017 年 10 月 18 日,按半年期付息,以实际天数/实际天数为日计数基准,计算出该债券在结算日之前的上一个付息日的日期。

（1）打开 Excel,输入数据,现需要计算出该债券在结算日之前的上一个付息日的日期。

（2）选择公式→插入函数→COUPPCD 函数,将弹出如下对话框,输入数据。

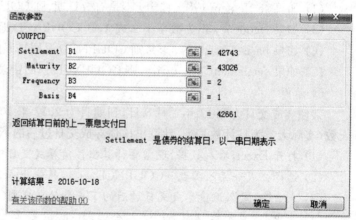

（3）点击"确定",该债券在结算日之前的上一个付息日的日期（2016 - 10 - 18）就算出来了。

项目习题

1. 根据"记账凭证汇总表"工作簿制作×公司四月份科目汇总表。

2. 根据"记账凭证汇总表"工作簿制作×公司四月份总账科目余额表(为方便操作,期初余额表使用本项目中的表 2 - 1)。

项目三　运用 Excel 进行报表的编制

项目目标

1. 掌握资产负债表的设计与数据的关联
2. 掌握利润表的设计与数据的关联
3. 掌握现金流量表的设计与数据的关联

3.1　资产负债表的模板设计与应用

3.1.1　相关知识

1. 资产负债表的含义与意义

资产负债表是反映企业在某特定日期的财务状况的报表,是企业经营活动的静态体现。资产负债表是根据"资产＝负债＋所有者权益"这一平衡公式,依照一定的分类标准和一定的次序,将某特定日期的资产、负债、所有者权益的具体项目予以适当的排列编制而成。

通过资产负债表,可以反映企业在某特定日期所拥有或控制的经济资源、所承担的现时义务和所有者对净资产的要求权,帮助财务报表使用者全面了解企业的财务状况、分析企业的偿债能力等情况,从而为其做出经济决策提供依据。

2. 资产负债表的结构

资产负债表一般由表头、表体两部分组成。表头部分应列明报表名称、编制单位名称、资产负债表日、报表编号和计量单位;表体部分是资产负债表的主体,列示了用以说明企业财务状况的各个项目。资产负债表的表体格式一般有两种:报告式资产负债表和账户式资产负债表。报告式资产负债表是上下结构,上半部分列示资产各项目,下半部分列示负债和所有者权益各项目。账户式资产负债表是左右结构,左边列示资产各项目,反映全部资产的分布及存在形态;右边列示负债和所有者权益各项目,反映全部负债和所有者权益的内容及构成情况。不管采取什么格式,资产各项目的合计等于负债和所有者权益各项目的合计这一等式不变。

我国企业的资产负债表采用账户式结构,分为左右两方,左方为资产项目,大体按资产的流动性大小排列,流动性大的资产,如"货币资金""以公允价值计量且其变动计入当期损益的金融资产"等排在前面,流动性小的资产,如"长期股权投资""固定资产"等排在后面。右方为负债及所有者权益项目,一般按要求清偿时间的先后顺序排列,"短期借款""应付票据""应付账款"等需要在一年以内或者长于一年的一个正常营业周期内偿还的流动负债排在前面,"长期借款"等在一年以上才需偿还的非流动负债排在中间,在企业清算之前不需要偿还的所有者权益项目排在后面。

账户式资产负债表中的资产各项目的合计等于负债和所有者权益各项目的合计,即资产负债表左方和右方平衡。因此,通过账户式资产负债表,可以反映资产、负债、所有者权益之间的内在关系,即"资产=负债+所有者权益"。

3.1.2 实验案例

【例 3-1】制作资产负债表。

利用 Excel 2010 为×公司编制如图 3-1 所示的 3 月份资产负债表。

资产负债表

填制单位:		2017年3月31日			单位:元
资产	期初余额	期末余额	负债及所有者权益	期初余额	期末余额
流动资产:			流动负债:		
货币资金	587,632.50	748,630.45	短期借款	160,000.00	160,000.00
交易性金融资产	-	-	交易性金融负债	-	-
应收票据	32,000.00	-	应付票据		35,100.00
应收账款	135,710.04	228,842.04	应付账款	23,400.00	58,500.00
预付账款	9,500.00	9,500.00	预收账款	15,000.00	-
应收股利	-	-	应付职工薪酬	-	-
应收利息			应交税费	50,102.05	72,062.88
其他应收款	12,000.00	12,000.00	应付利息	2,000.00	2,000.00
存货	520,260.00	474,229.50	应付股利	-	-
其中:消耗性生物资产			其他应付款		1,000.00
一年内到期的非流动资产			预计负债		
其他流动资产			一年内到期的非流动负债		
流动资产合计	1,297,102.54	1,473,201.99	其他流动负债		
非流动资产:			流动负债合计	250,502.05	328,662.88
可供出售金融资产	-	-	非流动负债:		
持有至到期投资			长期借款		
投资性房地产			应付债券		
长期股权投资	82,000.00	82,000.00	长期应付款		
长期应收款			专项应付款		
固定资产	3,920,000.00	3,898,000.00	递延所得税负债	-	-
在建工程			其他非流动负债		
工程物资			非流动负债合计		
固定资产清理	-	-	负债合计	250,502.05	328,662.88
生产性生物资产					
油气资产			所有者权益(或股东权益):		
无形资产	650,000.00	650,000.00	实收资本(或股本)	5,000,000.00	5,000,000.00
开发支出			资本公积		
商誉			盈余公积	450,000.00	450,000.00
长期待摊费用			本年利润	248,600.49	324,539.11
递延所得税资产			减:库存股		
其他非流动资产			所有者权益(或股东权益)合计	5,698,600.49	5,774,539.11
非流动资产合计	4,652,000.00	4,630,000.00			
资产总计	5,949,102.54	6,103,201.99	负债和所有者(或股东权益)合计	5,949,102.54	6,103,201.99

图 3-1 资产负债表格式

【实验步骤】

（一）相关格式设计

（1）在"财务处理"工作簿中单击"工作表插入"标签,插入一张工作表,双击"工作表"标签,重命名为"资产负债表"。

（2）在单元格 A1 中输入"资产负债表",合并并居中区域 A1:F2,设置行高为"22.5",选择"开始"→"样式"→"单元格样式"命令,在打开的下拉列表"标题"组中选择"标题"样式,应用预定义的单元格标题样式,如图 3-2 所示。

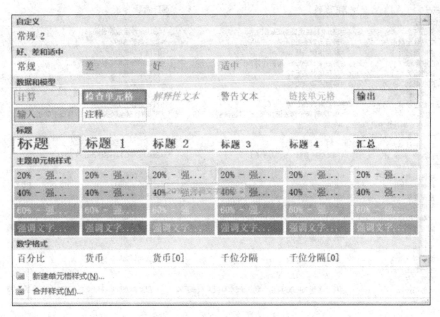

图 3 - 2　单元格标题样式

（3）在单元格 A3、F3 中分别输入"编制单位："和"单位：元"，设置字号为"12"，行高为"20"。

（4）选择区域 C3:D3，合并并居中，设置字体为"Arial"，字号为"16"。按 Ctrl＋1 组合键，打开"设置单元格格式"对话框，选择"数字"选项卡，在"分类"列表框中选择"日期"，在"类型"列表框中选择"＊2001 年 3 月 14 日"格式，单击"确定"按钮，关闭对话框，返回工作表界面，完成对日期格式的设置。

（5）在单元格 A4、B4、C4、D4、E4、F4 中分别输入"资产""期初余额""期末余额""负债及所有者权益""期初余额""期末余额"；选取区域 A4:F4，设置字号为"12"，行高为"20"。

（6）选取 B 列、C 列、E 列和 F 列，设置字号为"12"，选择"开始"→"数字"选项卡，在"数字"功能区中单击"千分位分隔符"按钮，设置借方金额和贷方金额的数字格式。

（7）参照图 3-1 所示的资产负债表的格式，在区域 A5:A38 和区域 D5:D38 内输入资产负债表项目。

（8）将单元格指针移动到 A 列至 F 列的字母之间，变成左右拉伸形状之后，单击并拖动，将单元格区域 A 列至 F 列调整到合适的宽度。

（二）相关公式设计

资产负债表内的公式包括日期和表内项目公式，表内的数据主要来源于"科目余额表"，在表内输入公式的方法和步骤如下：

（1）选中单元格 C3，在公式栏内输入公式：

＝EOMONTH（记账凭证汇总表！A2,0）

（2）参照图 3-3 和图 3-4 在资产负债表内输入公式。

资产	期初余额	期末余额
流动资产：		
货币资金	=SUM(科目余额表!E6:E8)	=SUM(科目余额表!I6:I8)
交易性金融资产	=科目余额表!E9	=科目余额表!I9
应收票据	=科目余额表!E10	=科目余额表!I10
应收账款	=科目余额表!E11-科目余额表!F15	=科目余额表!I11-科目余额表!J15
预付账款	=科目余额表!E12	=科目余额表!I12
应收股利	=科目余额表!E13	=科目余额表!I13
应收利息		
其他应收款	=科目余额表!E14	=科目余额表!I14
存货	=SUM(科目余额表!E16:E18)-科目余额表!F19	=SUM(科目余额表!I16:I18)-科目余额表!J19
其中：消耗性生物资产		
一年内到期的非流动资产		
其他流动资产		
流动资产合计	=SUM(B6:B14)+SUM(B16:B17)	=SUM(C6:C14)+SUM(C16:C17)
非流动资产：		
可供出售金融资产	=科目余额表!E20	=科目余额表!I20
持有至到期投资	=科目余额表!E21	=科目余额表!I21
投资性房地产	=科目余额表!E24	=科目余额表!I24
长期股权投资	=科目余额表!E22-科目余额表!F23	=科目余额表!I22-科目余额表!J23
长期应收款		
固定资产	=科目余额表!E25-科目余额表!F26-科目余额表!F27	=科目余额表!I25-科目余额表!J26-科目余额表!J27
在建工程	=科目余额表!E28	=科目余额表!I28
工程物资		
固定资产清理	=科目余额表!E29	=科目余额表!I29
生产性生物资产		
油气资产		
无形资产	=科目余额表!E30-科目余额表!F31-科目余额表!F32	=科目余额表!I30-科目余额表!J31-科目余额表!J32
开发支出		
商誉		
长期待摊费用		
递延所得税资产		
其他非流动资产		
非流动资产合计	=SUM(B20:B36)	=SUM(C20:C36)
资产总计	=B18+B37	=C18+C37

图 3-3 资产负债表内的公式（B、C 列）

负债及所有者权益	期初余额	期末余额
流动负债：		
短期借款	=科目余额表!F35	=科目余额表!J35
交易性金融负债	=科目余额表!F36	=科目余额表!J36
应付票据	=科目余额表!F37	=科目余额表!J37
应付账款	=科目余额表!F38	=科目余额表!J38
预收账款	=科目余额表!F39	=科目余额表!J39
应付职工薪酬	=科目余额表!F40	=科目余额表!J40
应交税费	=科目余额表!F41	=科目余额表!J41
应付利息	=科目余额表!F42	=科目余额表!J42
应付股利	=科目余额表!F43	=科目余额表!J43
其他应付款	=科目余额表!F44	=科目余额表!J44
预计负债		
一年内到期的非流动负债		
其他流动负债		
流动负债合计	=SUM(E6:E18)	=SUM(F6:F18)
非流动负债：		
长期借款		
应付债券		
长期应付款	=科目余额表!F45	=科目余额表!J45
专项应付款		
递延所得税负债	=科目余额表!F48	=科目余额表!J48
其他非流动负债		
非流动负债合计	=SUM(E21:E26)	=SUM(F21:F26)
负债合计	=E19+E27	=F19+F27
所有者权益（或股东权益）：		
实收资本（或股本）	=科目余额表!F49	=科目余额表!J49
资本公积	=科目余额表!F50	=科目余额表!J50
盈余公积	=科目余额表!F51	=科目余额表!J51
本年利润	=科目余额表!F52	=科目余额表!J52
减：库存股		
所有者权益（或股东权益）合计	=SUM(E31:E34)-E35	=SUM(F31:F34)-F35
负债和所有者（或股东权益）合计	=E28+E36	=F28+F36

图 3-4 资产负债表内的公式（E、F 列）

（三）保护工作表

由于工作表中有很多格式设置和计算公式，并且某些单元格也不需要输入数据，为了防止用户的不正确操作对这些格式设置和计算公式进行的修改，需要对工作表进行保护。具体步骤如下：

（1）单击工作表左上角的"全选"按钮，选中整张工作表，按 Ctrl＋1 组合键，弹出"设置单元格格式"对话框，转到"保护"选项卡，选择"锁定"和"隐藏"复选框。单击"确定"按钮，关闭对话框，返回工作表界面。

（2）选择"审阅"→"更改"→"保护工作表"命令，弹出"保护工作表"对话框，勾选"选定未锁定的单元格"复选框。单击"确定"按钮，返回工作表界面。

3.1.3　函数介绍

1. CUMIPMT 函数

返回一笔贷款在给定的 start_period 到 end_period 期间累计偿还的利息数额。

1）语法

CUMIPMT(rate，nper，pv，start_period，end_period，type)

2）CUMIPMT 函数语法的参数

（1）Rate 必需。利率。

（2）Nper 必需。总付款期数。

（3）Pv 必需。现值。

（4）Start_period 必需。计算中的首期，付款期数从 1 开始计数。

（5）End_period 必需。计算中的末期。

（6）Type 必需。付款时间类型。

类　型	时　间
0(零)	期末付款
1	期初付款

3）说明

（1）应确认所指定的 rate 和 nper 单位的一致性。例如，同样是四年期年利率为 10％的贷款，如果按月支付，rate 应为 10％/12，nper 应为 4 * 12；如果按年支付，rate 应为 10％，nper 为 4。

（2）如果 rate≤0、nper≤0 或 pv≤0，函数 CUMIPMT 返回错误值♯NUM！。

（3）如果 start_period＜1、end_period＜1 或 start_period＞end_period，函数 CUMIPMT 返回错误值♯NUM！。

（4）如果 type 不是数字 0 或 1，函数 CUMIPMT 返回错误值♯NUM！。

4）示例

某人向银行借款 125 000 元，假设年利率为 9％，贷款期限为 30 年，在每月月末支付还款额，计算这笔贷款在第 2 年中所支付的总利息（第 13 期到第 24 期）。

(1) 打开 Excel,输入数据,现需要计算出这笔贷款在第 2 年中所支付的总利息。

(2) 选择公式→插入函数→CUMIPMT 函数,将弹出如下对话框,输入数据。或在 B4 单元格输入:=CUMIPMT(B2/12,B3*12,B1,13,24,0)。

(3) 点击"确定",该笔贷款在第 2 年中所支付的总利息(-11 135.232 13)就算出来了。

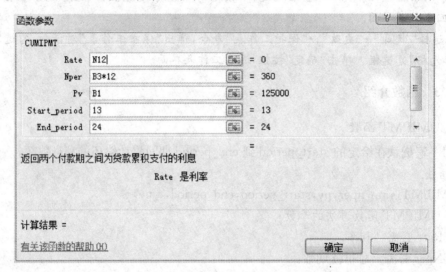

注意:

(1) 将利率除以 12 得出月利率。支付的年数乘以 12 将得到支付的次数。

(2) 在 Excel Online 中,若要按正确格式查看结果,请选择相应单元格,在"开始"选项卡的"数字"组中,单击"数字格式"旁边的箭头,然后单击"常规"。

2. CUMPRINC 函数

返回一笔贷款在给定的 start_period 到 end_period 期间累计偿还的本金数额。

1) 语法

CUMPRINC(rate,nper,pv,start_period,end_period,type)

2) CUMPRINC 函数语法的参数、说明

同 CUMIPMT 函数。

3) 示例

某人向银行借款 125 000 元,假设年利率为 9%,贷款期限为 30 年,在每月月末支付还款额,计算这笔贷款在第 2 年偿还的全部本金之和(第 13 期到第 24 期)。

(1) 打开 Excel,输入数据,现需要计算出这笔贷款在第 2 年中所偿还的全部本金之和。

(2) 选择公式→插入函数→CUMPRINC 函数,将弹出如下对话框,输入数据。或在 B4 单元格输入:=CUMPRINC(B2/12,B3*12,B1,13,24,0)。

	A	B
	现值	125000
	年利率	9%
	贷款期限	30
	该笔贷款在第二年偿还的全部本金之和	

(3) 点击"确定",该笔贷款在第 2 年中所偿还的全部本金之和（－934.107 123）就算出来了。

3.2 利润表的模板设计与应用

3.2.1 相关知识

1. 利润表的含义与意义

利润表是反映企业在一定期间生产经营成果的会计报表,该表把一定期间内的收入与同一期间的相关费用配比,以计算出企业一定时间内的净利润(净亏损)。

通过利润表,可以反映企业在一定会计期间收入、费用、利润(或亏损)的金额和构成情况,帮助财务报表使用者全面了解企业的经营成果,分析企业的获利能力及盈利增长趋势,从而为其做出经济决策提供依据。

2. 利润表的结构

利润表的结构有单步式和多步式两种。单步式利润表是将当期所有的收入列在一起,所有的费用列在一起,然后将两者相减得出当期净损益。我国企业的利润表采用多步式格式,即通过对当期的收入、费用、支出项目按性质加以归类,按利润形成的性质列示一些中间性利润指标,分步计算当期净损益,以便财务报表使用者理解企业经营成果的不同来源。

利润表一般由表头、表体两部分组成。表头部分应列明报表名称、编制单位名称、编制日期、报表编号和计量单位。表体部分是利润表的主体,列示了形成经营成果的各个项目和计算过程。为了使财务报表使用者通过比较不同期间利润的实现情况,判断企业经营成果的未来发展趋势,企业需要提供比较利润表。为此,利润表还需就各项目再分为"本期金额"和"上期金额"两栏分布填列。

3.2.2 实验案例

【例 3-2】制作利润表。

利用 Excel 2010 为×公司编制如图 3-5 所示的 3 月份利润表。

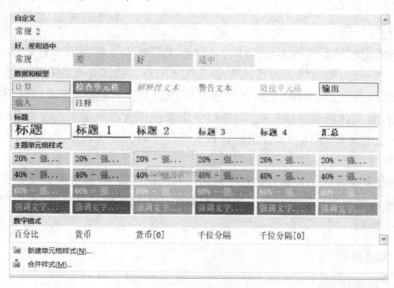

	A	B	C	D	E
1					
2			利润表		
3			2017年3月1日		
4		编制单位:			单位:元
5		项目		本期发生额	上期发生额
6		一、营业收入			
7		减:营业成本			
8		营业务税金及附加			
9		销售费用			
10		管理费用			
11		财务费用（收益以"－"号填列）			
12		资产减值损失			
13		加:公允价值变动净收益（净损失以"－"号填列）			
14		投资净收益（净损失以"－"号填列）			
15		二、营业利润（亏损以"－"号填列）			
16		加:营业外收入			
17		减:营业外支出			
18		其中:非流动资产处置净损失（净收益以"－"号填列）			
19		三、利润总额（亏损总额以"－"号填列）			
20		减:所得税			
21		四、净利润（净亏损以"－"号填列）			
22		五、每股收益:			
23		（一）基本每股收益			

图 3-5　利润表格式

【实验步骤】

（一）相关格式设计

（1）在"账务处理"工作簿中单击"工作表插入"标签，插入一张工作表，双击"工作表"标签，重命名为"利润表"。

（2）在单元格 C2 中输入"利润表"，合并并居中区域"C2:E2"，设置行高为"50"，选择"开始"→"样式"→"单元格样式"命令，在拉开的下拉列表"标题"组中选择"标题"样式，应用预定义的单元格标题样式，如图 3-6 所示。

图 3-6　单元格标题样式

（3）选择区域 C3:E3，合并并居中，设置字体为"Arial"，字号为"16"，行高为"20"，完成对日期的字体设置；按 Ctrl＋1 组合键，打开"设置单元格格式"对话框，转到"数字"选项卡，在"分类"列表框中选择"日期"，在"类型"列表框中选择"2001 年 3 月"格式，单击"确定"按钮，关闭对话框，返回工作表界面，完成对日期格式的设置。

（4）在单元格 C4、E4 中分别输入"编制单位："和"单位：元"，设置字号为"12"，行高为"20"；在单元格 C5、D5、E5 中分别输入"项目""本期发生额""上期发生额"。

（5）选取区域 C5:E5，设置字号为"12"，行高为"20"，选取 D 列和 E 列，设置字体，字号为"12"，选择"开始"→"数字"选项卡，在"数字"功能区中单击"千分位分隔符"按钮，设置借方金额和贷方金额的数字格式。

（6）在区域 C6:C23 内输入相应的利润表项目。

（7）将单元格指针移动到 A 列至 F 列的字母之间，变成左右拉伸形状之后，单击并拖动，将单元格区域 A 列至 F 列调整到合适的宽度。

（二）相关公式设计

利润表内的公式包括日期和表内项目公式，表内的数据主要来源于"科目余额表"，在表内输入公式的方法和步骤如下：

（1）选中单元格 C3，在公式栏内输入以下公式：

＝记账凭证汇总表！A2

（2）参照图 3-7，在利润表内分别输入公式。

图 3-7　利润表内公式

（三）保护工作表

由于工作表中有很多格式设置和计算公式，并且某些单元格也不需要输入数据，为了防止用户的不正确操作对这些格式设置和计算公式进行的修改，需要对工作表进行保护。具体步骤同"3.1 资产负债表的模板设计与应用"。

3.2.3 函数介绍

1. DDB 函数

用双倍余额递减法或其他指定方法,返回指定期间内某项固定资产的折旧值。

1) 语法

DDB(cost,salvage,life,period,[factor])

2) DDB 函数语法的参数

(1) Cost 必需。资产原值。

(2) Salvage 必需。折旧末尾时的值(有时也称为资产残值)。该值可以是 0。

(3) Life 必需。资产的折旧期数(有时也称作资产的使用寿命)。

(4) Period 必需。要计算折旧的时期。Period 必须使用与 life 相同的单位。

(5) Factor 可选。余额递减速率,如果省略 factor,则假定其值为 2(双倍余额递减法)。

注意:这五个参数都必须是正数。

3) 说明

(1) 双倍余额递减法以加速的比率计算折旧。折旧在第一阶段是最高的,在后继阶段中会减少。DDB 使用下面的公式计算一个阶段的折旧值:

Min((cost−total depreciation from prior periods) * (factor/life),(cost − salvage − total depreciation from prior periods))

(2) 如果不想使用双倍余额递减法,可更改余额递减速率。

(3) 当折旧大于余额递减计算值时,如果希望转换到直线余额递减法,可使用 VDB 函数。

4) 示例

假设有一项固定资产从 2019 年开始计提折旧,该固定资产原值为 860 万元,净残值为 2 万元,使用年限为 5 年,双倍余额递减法不考虑净残值,求该固定资产各年的折旧值。

(1) 打开 Excel,输入数据,现需要计算出双倍余额递减法下固定资产各年的折旧值。

(2) 选择公式→插入函数→DDB 函数,弹出对话框,输入数据:Cost=B1、Salvage= B2、Life=B3、Perid=A6 和 Factor=2,或在 B6 单元格输入:=DDB($B$1,$B$2,$B$3, A6,2)"。点击"确定",再把鼠标移动至 B6 单元格右下角拖动填充柄至 B8 单元格,则 1~3 年的折旧就计算出来了。

	A	B
1	资产原值(万元)	860
2	净残值(万元)	2
3	使用寿命	5
4		
5	年限	年折旧额
6	1	
7	2	
8	3	
9	4	
10	5	

	A	B
1	资产原值(万元)	860
2	净残值(万元)	2
3	使用寿命	5
4		
5	年限	年折旧额
6	1	¥344.00
7	2	¥206.40
8	3	¥123.84
9	4	91.88
10	5	91.88

(3) 选择 B9 单元格,输入公式:＝($B$1−SUM($B$6:$B$8)−$B$2)/2,拖动填充柄至 B10 单元格。

2. DOLLARDE 函数

将以整数部分和分数部分表示的价格(如 1.02)转换为以小数部分表示的价格。分数表示的金额数字有时可用于表示证券价格。

该值的分数部分除以一个指定的整数。例如,如果要以十六进制形式来表示价格,则将分数部分除以 16。在这种情况下,1.02 表示 $1.125($1+2/16＝$1.125)。

1) 语法

DOLLARDE(fractional_dollar,fraction)

2) DOLLARDE 函数语法的参数

(1) Fractional_dollar 必需。以整数部份和分数部分表示的数字,用小数点隔开。

(2) Fraction 必需。用作分数中的分母的整数。

3) 说明

(1) 如果 fraction 不是整数,将被截尾取整。

(2) 如果 fraction 小于 0,则 DOLLARDE 返回错误值♯NUM!。

(3) 如果 fraction 大于等于 0 且小于 1,则 DOLLARDE 返回错误值♯DIV/0!。

4) 示例

DOLLARDE 函数的应用如下所示。

	A	B	C
1	公式	说明	结果
2	=DOLLARDE(1.02,16)	将按分数表示的价格 1.02(读作一又十六分之二)转换为按小数表示的价格(1.125)。 由于分数值为 16,因此价格采用的是十六进制。	1.125
3	=DOLLARDE(1.1,32)	将按分数表示的价格 1.1(读作一又三十二分之十)转换为按小数表示的价格(1.3125)。 由于分数值为 32,因此价格采用的是三十二进制。	1.3125

Sheet1　Sheet2　Sheet3

3.3　现金流量表的编制

3.3.1　相关知识

1. 现金流量表的含义与意义

现金流量表是以现金为基础编制的,反映企业在某一特定时期内经营活动、投资活动和筹资活动等对现金及现金等价物影响的会计报表。

现金流量表有助于使用者了解和评价企业获取现金的能力,发现企业在财务方面存在的问题,并预测企业未来的现金流量。

2. 现金流量表的组成

现金流量表由以下 3 大部分组成。

1) 经营活动产生的现金流量

经营活动是指企业投资活动和筹资活动以外的所有交易和事项。该项目包括经营活动流入和经营活动流出。

(1) 经营活动流入的现金主要包括销售产品、提供劳务收到的现金;收到的税费返还;收到其他与经营活动有关的现金;经营活动现金流入小计。

(2) 经营活动流出的现金主要包括购买产品、接受劳务支付的现金;支付给职工以及为职工支付的现金;支付的各项税费;支付其他与经营活动有关的现金;经营活动现金流出小计。

2) 投资活动产生的现金流量

投资活动是指企业长期资产的构建和不包括现金等价物范围内的投资及处置活动。

(1) 投资活动产生的现金主要包括收回投资收到的现金;取得投资收益收到的现金;处置固定资产、无形资产和其他长期资产收回的现金净额;处置子公司及其他营业单位收到的现金净额;收到其他与投资活动有关的现金。

(2) 投资活动流出的现金包括构建固定资产、无形资产和其他长期资产支付的现金;投资支付的现金;取得子公司及其他营业单位支付的现金净额;支付其他与投资活动有关的现金。

3) 筹资活动产生的现金流量

筹资活动是指导致企业资本及债务规模和构成发生变化的活动。它包含筹资活动引起的现金流入和现金流出两个项目。

(1) 筹资活动流入的现金包括吸收投资收到的现金;取得借款收到的现金;收到其他与筹资活动有关的现金。

(2) 筹资活动流出的现金包括偿还债务支付的现金;分配股利、利润或偿付利息支付的现金;支付其他与筹资活动有关的现金。

3.3.2 实验案例

【例 3-3】制作现金流量表。

利用 Excel 2010 为×公司编制如图 3-8 所示的 3 月份现金流量表。

【实验步骤】

(一) 现金流量表编制方法

现金流量表的编制方法有很多,例如用工作底稿法、T 型账户法、直接利用日记账或会计记录来编制等。本节我们采用直接从会计记录中提取现金流量数据,这就需要在记账凭证汇总表中加入一辅助列,用户在输入每笔会计分录的时候,就应该对它所对应的现金流量项目进行分类。

现金流量表

2017年3月1日

编制单位:	单位:元
项目	金额
一、经营活动产生的现金流量:	
销售商品、提供劳务收到的现金	277,500.00
收到的税费返还	－
收到的其他与经营活动有关的现金	300.00
现金流入小计	277,800.00
购买商品、接受劳务支付的现金	32,000.00
支付给职工以及为职工支付的现金	－
支付的各项税费	
支付的其他与经营活动有关的现金	
现金流出小计	32,000.00
经营活动产生的现金流量净额	245,800.00
二、投资活动产生的现金流量:	－
收回投资所收到的现金	－
取得投资收益所收到的现金	－
处置固定资产、无形资产和其他长期资产所收回的现金净额	－
收到的其他与投资活动有关的现金	
现金流入小计	－
购建固定资产、无形资产和其他长期资产所支付的现金	－
投资所支付的现金	－
支付的其他与投资活动有关的现金	－
现金流出小计	－
投资活动产生的现金流量净额	－
三、筹资活动产生的现金流量:	－
吸收投资所收到的现金	－
借款所收到的现金	－
收到的其他与筹资活动有关的现金	－
现金流入小计	－
偿还债务所支付的现金	－
分配股利、利润或偿付利息所支付的现金	－
支付的其他与筹资活动有关的现金	－
现金流出小计	－
筹资活动产生的现金流量净额	－
四、汇率变动对现金的影响	－
五、现金及现金等价物净增加额	245,800.00

图 3 - 8　现金流量表格式

添加辅助列的步骤如下:

(1) 激活"记账凭证汇总表"工作表,在区域 T9:T42 内输入如图 3-9 所示的内容。

(2) 选中区域 T9:T42,右击鼠标,点击"定义名称",在名称框中输入"现金流量表项目",为此区域命名,如图 3-10 所示。

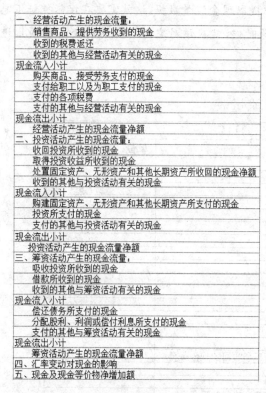

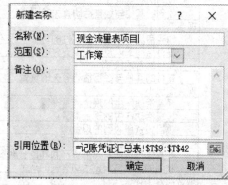

图 3-9　现金流量表项目序列　　　　　　图 3-10　重命名区域名称

（3）在"记账凭证汇总表"单元格 O3 中输入"现金辅助列"，点击 O4 单元格，选择"数据"→"数据工具"→"数据有效性"，打开"数据有效性"对话框，转到"设置"选项卡，在"允许"下拉列表中选择"序列"，在"来源"中输入"＝现金流量表项目"，单击"确定"按钮，关闭对话框，返回工作表界面，如图3-11所示。

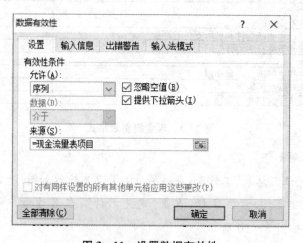

图 3-11　设置数据有效性

（4）向下复制单元格 O4 中的数据有效性并设置到该列的其他单元格内，单击单元格 I3 "总账科目"，选择"开始"→"编辑"→"排序和筛选"→"筛选"。点击"总账科目"右端的"筛选和排序"按钮,打开下拉列表,在筛选框中清除"全选"复选框,重新勾选"现金"和"银行存款"复选框,筛选出所有关于现金和银行存款的分录,如图 3-12 所示。

（5）分析每笔分录,并在 O 列所对应的单元格内选择如图 3-13 所示的现金流量表项目。

图 3-12　勾选相应类别　　　　　　图 3-13　对现金和银行存款的分类

（二）相关格式设计

在"账务处理"工作簿中单击"工作表插入"标签,插入一张工作表,双击"工作表"标签,重命名为"现金流量表"。

（1）在单元格 B1 中输入"现金流量表",合并并居中区域 B1:C1,设置行高为"40",选择"开始"→"样式"→"单元格样式"命令,在打开的下拉列表"标题"组中单击"标题"样式,如图 3-14 所示。

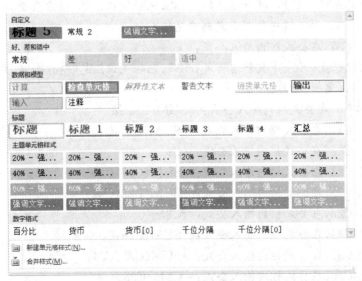

图 3-14　设置"单元格格式"

（2）选择区域 B2：C2，合并并居中，设置字体为"Arial"，字号为"16"，行高为"20"。按 Ctrl＋1 组合键，打开"设置单元格格式"对话框，选择"数字"选项卡，在"分类"列表框中选择"日期"，在"类型"列表框中选择"2001 年 3 月"格式，单击"确定"按钮，关闭对话框，返回工作表界面，完成对日期格式的设置。

（3）在单元格 B3、C3 中分别输入"编制单位："和"单位：元"，设置字号为"12"，行高为"20"，加粗显示；在单元格 B5、C5 中分别输入"项目"和"金额"，居中显示。

（4）选取 C 列，设置字号为"12"，选择"开始"→"数字"选项卡，在"数字"功能区中单击"千分位分隔符"按钮制，设置借方金额和贷方金额。

（5）激活"记账凭证汇总表"工作表，选取区域 T9：T42，按 Ctrl＋C 组合键；激活"现金流量表"工作表，选中单元格 B5，按 Ctrl＋V 组合键。

（6）将单元格指针移动到 B 列至 C 列的列字母之间，变成左右拉伸形状之后，单击并拖动，将单元各区域 B 列至 C 列调整到适合的宽度。

（三）相关公式设计

现金流量表内的公式包括日期和表内项目公式，具体的公式输入如下：

（1）选中单元格 B2，在公式栏内输入公式：

＝记账凭证汇总表！A2

（2）表内其他项目的公式。

选中单元格 C6，在公式栏内输入公式：

＝SUMIF(记账凭证汇总[现金辅助列],B6,记账凭证汇总[借方金额])

选中单元格 C6，向下填充复制公式到单元格 C24。

选中单元格 C28，在公式栏内输入公式：

＝SUMIF(记账凭证汇总[现金辅助列],B28,记账凭证汇总[借方金额])

选中单元格 C28，向下填充复制公式到单元格 C30。

选中单元格 C32，在公式栏内输入公式：

＝SUMIF(记账凭证汇总[现金辅助列],B32,记账凭证汇总[借方金额])

选中单元格 C32，向下填充复制公式到单元格 C34。

选中单元格 C37，在公式栏内输入公式：

＝SUMIF(记账凭证汇总[现金辅助列],B37,记账凭证汇总[借方金额])

（3）现金流入、流出、净额行的公式：

选中单元格 C9，在公式栏内输入公式：＝SUM(C6：C8)

选中单元格 C14，在公式栏内输入公式：＝SUM(C10：C13)

选中单元格 C15，在公式栏内输入公式：＝C9－C14

选中单元格 C21，在公式栏内输入公式：＝SUM(C17：C20)

选中单元格 C25，在公式栏内输入公式：＝SUM(C22：C24)

选中单元格 C26，在公式栏内输入公式：＝C21－C25

选中单元格 C31，在公式栏内输入公式：＝SUM(C28：C30)

选中单元格 C35，在公式栏内输入公式：＝SUM(C32：C34)

选中单元格 C36，在公式栏内输入公式：＝C31－C35

选中单元格 C38，在公式栏内输入公式：＝C15＋C26＋C36

（四）保护工作表

由于工作表中有很多格式设置和计算公式，并且某些单元格也不需要输入数据，为了防止用户的不正确操作对这些格式设置和计算公式进行的修改，需要对工作表进行保护。具体步骤同"3.1　资产负债表的模板设计与应用"。

3.3.3　函数介绍

1. DOLLARFR 函数

使用 DOLLARFR 将小数转换为分数表示的金额数字，如证券价格。

1）语法

DOLLARFR(decimal_dollar,fraction)

2）DOLLARFR 函数语法的参数

（1）Decimal_dollar 必需。小数。

（2）Fraction 必需。用作分数中的分母的整数。

3）说明

（1）如果 fraction 不是整数，将被截尾取整。

（2）如果 fraction 小于 0，则 DOLLARFR 返回错误值♯NUM!。

（3）如果 fraction 为 0，则 DOLLARFR 返回错误值♯DIV/0!。

4）示例

DOLLARDE 函数的应用如下所示。

	A	B	C
1	公式	说明	结果
2	=DOLLARFR(1.125,16)	将按小数表示的数 1.125 转换为按分数表示的数（读作一又十六分之二）。	1.02
3	=DOLLARFR(1.125,32)	将按小数表示的数 1.125 转换为按分数表示的数（读作一又三十二分之四）。	1.04

Sheet1 / Sheet2 / Sheet3

2. DURATION 函数

DURATION 函数，其中一个财务函数，返回假设面值为￥100 的 Macauley 工期。持续时间指现金流的现值的加权平均值和用作债券价格响应更改收益率的度量值。

1）语法

DURATION(settlement,maturity,coupon,yld,frequency,[basis])

2）要点

通过使用 DATE 函数，或作为其他公式或函数的结果，则应输入日期。例如，May,2018 年的月 23 日使用 DATE(2018,5,23)。如果以文本形式输入日期，则会出现问题。

3）DURATION 函数语法的参数

（1）Settlement 必需。有价证券的结算日。有价证券结算日是在发行日之后，有价证券卖给购买者的日期。

（2）Maturity 必需。有价证券的到期日。到期日是有价证券有效期截止时的日期。

（3）Coupon 必需。有价证券的年息票利率。

（4）Yld 必需。有价证券的年收益率。

（5）Frequency 必需。年付息次数。如果按年支付,frequency＝1;按半年期支付,frequency＝2;按季支付,frequency＝4。

（6）Basis 可选。要使用的日计数基准类型。

Basis	日计数基准
0 或省略	US(NASD)30/360
1	实际/实际
2	实际/360
3	实际/365
4	欧洲 30/360

4）说明

（1）Microsoft Excel 将日期存储为序列号,以便可以在计算中使用它们。默认情况下,1900 年 1 月 1 日序列号 1,并且 2018 年 1 月 1 是序列号 43101,这是因为它距 1900 年 1 月 1 日有 43 101 天。

（2）结算日是购买者买入息票（如债券）的日期。到期日是息票有效期截止时的日期。例如,在 2008 年 1 月 1 日发行的 30 年期债券,六个月后被购买者买走。则发行日为 2008 年 1 月 1 日,结算日为 2008 年 7 月 1 日,而到期日是在发行日 2008 年 1 月 1 日的 30 年后,即 2038 年 1 月 1 日。

（1）Settlement、maturity、frequency 和 basis 将被截尾取整。

（2）如果 settlement 或 maturity 不是有效日期,则 DURATION 返回错误值♯VALUE!。

（3）如果 coupon＜0 或 yld＜0,则 DURATION 返回错误值♯NUM!。

（4）如果 frequency 不是数字 1、2 或 4,则 DURATION 返回错误值♯NUM!。

（5）如果 basis＜0 或 basis＞4,则 DURATION 返回错误值♯NUM!。

（6）如果 settlement≥maturity,则 DURATION 返回错误值♯NUM!。

5）示例

某债券结算日为 2017 年 1 月 8 日,到期日为 2017 年 10 月 18 日,票面利率为 8％,债券收益率为 9％,按半年期付息,以实际天数/实际天数为日计数基准,计算出该有价债券的修正期限。

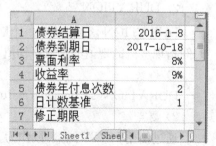

（1）打开 Excel,输入数据,现需要计算出该债券的修正期限。

（2）选择公式→插入函数→DURATION 函数,将弹出如下对话框,输入数据。或在 B7 单元格中输入公式：＝DURATION(B1,B2,B3,B4,2,B6)。

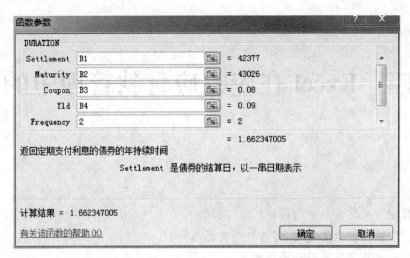

（3）点击"确定"，该债券的修正期限（1.662347005）就算出来了。

项目习题

1. 根据"记账凭证汇总表"工作簿制作×公司四月份利润表。
2. 根据"记账凭证汇总表"工作簿制作×公司四月份现金流量表。

项目四　Excel 在应收应付款管理中的应用

项目目标

1. 掌握应收应付款台账的设计
2. 掌握应收应付款的排列、筛选和分类汇总分析
3. 掌握应收应付款账龄分析表的设计

4.1　应收应付款的台账设计

4.1.1　相关知识

应收应付款台账能在月末反映每一客户的欠款金额、欠款日期、是否超过信用期、责任人、余额比例等信息,该表可弥补应收应付款明细账只能反映余额的不足,是分析应收应付款账龄的数据来源。

在建立应收应付款日常管理模型的过程中,可以使用 TODAY、IF 函数。

1. TODAY 函数

TODAY 函数的功能是返回当前日期的序列号。序列号是 Microsoft Excel 日期和时间计算使用的日期-时间代码。如果在输入函数前,单元格的格式为"常规",则结果将设为日期格式。其语法格式为:

＝TODAY()

该函数不需要参数。Microsoft Excel 可将日期存储为可用于计算的序列号。默认情况下,1900 年 1 月 1 日的序列号是 1,而 2008 年 1 月 1 日的序列号是 39448,这是因为它距 1900 年 1 月 1 日有 39 448 天。

2. IF 函数

IF 函数是一个条件函数,它的功能是根据参数条件的真假,返回不同的结果。其语法格式为:

＝IF(logical_test,value_if_true,value_if_false)

式中,logical_test——条件表达式,其结果为 TRUE 或者 FALSE,它可使用任何比较运算符;

　　value_if_true——当 logical_test 为 TRUE 时返回的值;

　　value_if_false——当 logical_test 为 FALSE 时返回的值。

4.1.2 应收应付款台账模型构建

【例 4-1】丁公司目前有 A、B、C、D、E、F、G、H 八个客户,向这八个客户赊销产品的信用期限为 30 天。要求为丁公司建立一个应收应付款的台账模型,以便反映各个客户欠款金额、欠款日期、是否超过信用期等信息。模型的结构,如图 4-1 所示。

	A	B	C	D	E	F	G
1			丁公司应收应付款台账				
2	统计日期		应收应付款合计(万元)		信用期限(天)		
3							
4	客户名称	应收应付款(万元)	票据编号	开票日期	已欠款天数	是否超过信用期	超过信用期的天数(天)
5							

图 4-1 模型结构

【实验步骤】

(1) 在单元格 B2 中输入公式:=TODAY()。之后选取该单元格,右击"设置单元格格式",在系统打开的"单元格格式"对话框的"数字"选项卡中,将数据的格式设置为显示年、月、日的日期型,如图 4-2 所示,设置完毕单击"确定"按钮。

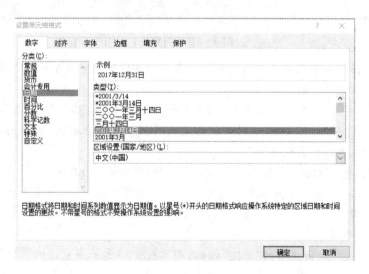

图 4-2 设置数字

(2) 在单元格 E2 中输入公式:=SUM(B5:B5004)。该公式的功能是对 B 列从 B5 单元格开始的 5 000 个单元格的数据求和,从而可以满足有多条记录时计算应收应付款合计金额的需要。单元格中的数据保留两位小数,并靠右对齐。同时,要注意在 B5:B5004 的单元格区域中不能输入所需要数据以外的任何其他数据。

(3) 在单元格 G2 中输入已知的丁公司向客户赊销的信用期限天数"30"。

(4) 在单元格 A5:D5 中输入已知的第一笔记录的基本信息。这里在单元格 A5 中输入的是"A",在单元格 B5 中输入的是 20,数据保留两位小数,并靠右对齐。在单元格 C5 中输入的是 1045,在单元格 D5 中输入的是 2017-3-18,同时将 D 列中单元格 D5 以下的单元格区域数据格式的类型设置为"年-月-日"型的日期型数据。设置"年-月-日"日期型的步骤如下:

① 选中单元格,右击选择"设置单元格格式"。

② 单击左边"分类"里面的"自定义"。

③ 在右边"类型"中输入"0000-00-00"。

④ 设置完毕单击"确定"按钮。

注意：设置完格式后，输入数据之间不需要连接号，如"20170318"。

（5）在单元格 E5 中输入公式：＝＄B＄2－D5。

（6）在单元格 F5 中输入公式：＝IF(E5＜＝＄G＄2,"否","是")。注意：双引号应为大写英文模式。

（7）在单元格 G5 中输入公式：＝IF(F5="否","－",E5－＄G＄2)。注意：双引号应为大写英文模式。

到此为止，得到第一条记录的基本信息和需要反映的已欠款天数等信息，模型运行结果如图 4-3 所示。

	A	B	C	D	E	F	G
1				丁公司应收应付款台账			
2	统计日期	2017年12月31日	应收应付款合计（万元）		20.00	信用期限（天）	30
4	客户名称	应收应付款（万元）	票据编号	开票日期	已欠款天数	是否超过信用期	超过信用期的天数（天）
5	A	20.00	1045	2017-3-18	288	是	258
6							

图 4-3 运行结果

（8）A 列至 D 列中其余各条记录的基本信息可以通过使用记录单的方式来输入数据。具体步骤如下：

① 单击"文件"菜单，在下拉菜单中点击"选项"，打开"Excel 选项"对话框。

② 在"Excel 选项"对话框中点击"快速访问工具栏"，然后在右侧"从下列位置选择命令"下拉框中，选择"不在功能区的命令"。

③ 下拉滑块，找到"记录单"功能，单击"添加"，添加到"快速访问工具栏"，单击"确定"按钮。

④ 在已经输入完成的数据清单中单击任意一个非空单元格，执行最上方菜单中的"记录单"命令，系统会弹出"记录单"对话框。例如，单击单元格 A6，之后点击"记录单"，系统弹出的对话框如图 4-4 所示。

⑤ 单击"记录单"对话框中的"新建"按钮，则系统会弹出一个空白的"记录单"，可在其中输入下一条记录的基本信息。例如，输入第二条记录后的对话框，如图 4-5 所示。

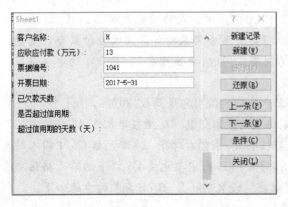

图 4-4

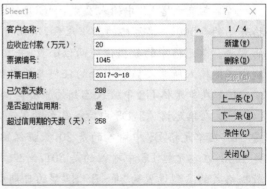

图 4-5

⑥ 再次单击"新建"按钮之后,这条记录的基本信息就输入到了单元格区域 A6:D6,同时在单元格区域 E6:G6 中自动得到了已欠款天数等计算结果,如图 4-6 所示。

	A	B	C	D	E	F	G
1				丁公司应收应付款台账			
2	统计日期	2017年12月31日	应收应付款合计（万元）		33.00	信用期限（天）	30
3							
4	客户名称	应收应付款（万元）	票据编号	开票日期	已欠款天数	是否超过信用期	超过信用期的天数（天）
5	A	20.00	1045	2017-3-18	288	是	258
6	H	13.00	1041	2017-5-31	214	是	184
7							

图 4-6　计算结果

⑦ 按照与上述过程相同的步骤逐步操作,逐条输入其余各条信息。

⑧ 数据输入完成之后应收应付款的台账模型运行结果如图 4-7 所示。在添加外框的同时,增加一条在超过信用期与未超过信用期中的分割线,以便查看结果。

	A	B	C	D	E	F	G
1				丁公司应收应付款台账			
2	统计日期	2017年12月31日	应收应付款合计（万元）		475.00	信用期限（天）	30
3							
4	客户名称	应收应付款（万元）	票据编号	开票日期	已欠款天数	是否超过信用期	超过信用期的天数（天）
5	A	20.00	1045	2017-3-18	288	是	258
6	H	13.00	1041	2017-5-31	214	是	184
28	G	25.00	1043	2017-12-2	29	否	—
29	H	30.00	1060	2017-12-8	23	否	—
30	C	18.00	1037	2017-12-18	13	否	—
31	E	12.00	1063	2017-12-22	9	否	—
32	E	8.00	1033	2017-12-23	8	否	—
33	D	5.00	1068	2017-12-25	6	否	—
34	F	25.00	1053	2017-12-28	3	否	—

图 4-7　台账模型运行结果

4.1.3　应收应付款的排序、筛选及分类汇总

【例 4-2】以[例 4-1]中的丁公司为例,根据已经建立的应收应付款台账,对该公司的应收应付款进行排序、筛选和分类汇总分析。具体要求包括:

(1) 根据已经建立的应收应付款台账,以客户名称和超过信用期的天数分别作为第一和第二关键字对应收应付款记录进行排序。

(2) 根据已经建立的应收应付款台账,筛选出客户 D 的欠款记录。

(3) 根据已经建立的应收应付款台账,筛选出超过信用期的天数大于 100 天的全部记录。

(4) 根据已经建立的应收应付款台账,按客户类别对丁公司的应收应付款进行分类汇总。

【实验步骤】

(1) 根据[例 4-1]建立的应收应付款的台账,将该工作表命名为"台账",并将工作表复制四张,四张工作表分别改名为"排序""自动筛选""高级筛选""分类汇总"。

(2) 在名称为"排序"的工作表中,单击数据清单中的任意非空单元格,再执行"数据"菜单中的"排序"命令,系统弹出"排序"对话框,在"主要关键字"栏的下拉菜单中选中"客户名称",在其右边的区域中,保持默认的选择"升序"单选按钮的状态不变;在"次要关键字"栏下的下拉菜单中选中"已欠款天数",在其右边的区域中选中"降序"单选按钮,如图 4-8 所示。

图 4-8 "排序"对话框

(3) 单击"确定"按钮之后,即可得到对应收应付款台账中的记录按指定的关键字进行排序的结果,如图4-9所示。

	A	B	C	D	E	F	G
1				丁公司应收应付款台账			
2	统计日期	2017年12月31日	应收应付款合计(万元)		475.00	信用期限(天)	30
3							
4	客户名称	应收应付款(万元)	票据编号	开票日期	已欠款天数	是否超过信用期	超过信用期的天数(天)
5	A	20.00	1045	2017-3-18	288	是	258
6	A	8.00	1060	2017-8-13	140	是	110
28	G	21.00	1058	2017-6-24	190	是	160
29	G	11.00	1065	2017-9-25	97	是	67
30	G	25.00	1043	2017-12-2	29	否	—
31	H	13.00	1041	2017-5-31	214	是	184
32	H	12.00	1077	2017-6-10	204	是	174
33	H	10.00	1049	2017-10-22	70	是	40
34	H	30.00	1060	2017-12-8	23	否	—

图 4-9 按指定关键字排序结果

(4) 在名称为"自动筛选"的工作表中,单击数据清单中的任意非空单元格,再执行"数据"菜单中的"筛选"(默认为自动筛选)命令,则系统会在应收应付款记录清单的每一列的列表的右边出现一个倒三角形符号,单击该符号可以打开下拉菜单并从中选择需要进行自动筛选的项目,如图4-10所示。

	A	B	C	D	E	F	G
1				丁公司应收应付款台账			
2	统计日期	2017年12月31日	应收应付款合计(万元)		475.00	信用期限(天)	30
3							
4	客户名▼	应收应付款(万元)▼	票据编号▼	开票日期▼	已欠款天数▼	是否超过信用▼	超过信用期的天数(天▼
5	A	20.00	1045	2017-3-18	288	是	258
6	H	13.00	1041	2017-5-31	214	是	184
28	G	25.00	1043	2017-12-2	29	否	—
29	H	30.00	1060	2017-12-8	23	否	—
30	C	18.00	1037	2017-12-18	13	否	—
31	E	12.00	1063	2017-12-22	9	否	—
32	E	8.00	1033	2017-12-23	8	否	—
33	D	5.00	1068	2017-12-25	6	否	—
34	F	25.00	1053	2017-12-28	3	否	—

图 4-10

(5) 在"客户名称"列表的下拉菜单中选中客户"D",就得到了自动筛选出来的客户 D 的欠款记录信息,如图4-11所示。

	A	B	C	D	E	F	G
1			丁公司应收应付款台账				
2	统计日期	2017年12月31日	应收应付款合计（万元）		475.00	信用期限（天）	30
3							
4	客户名	应收应付款（万元）	票据编	开票日期	已欠款天数	是否超过信用	超过信用期的天数（天
14	D	24.00	1052	2017-8-11	142	是	112
33	D	5.00	1068	2017-12-25	6	否	—

图 4-11　客户 D 欠款记录信息

（6）在名称为"高级筛选"的工作表中，选取单元格 G4，将其复制到单元格 I5，然后再选取单元格区域 I5:J5，单击工具栏中的"合并及居中"按钮，或者直接在合并单元格 I5 中输入需要进行筛选的项目的列标题名称；然后在合并单元格 I6 中输入需要进行筛选的具体条件＞100，如图 4-12 所示。这里需注意，所建立的筛选条件区域要与数据清单区域间隔至少一行或一列。

	A	B	C	D	E	F	G	H	I	J
1			丁公司应收应付款台账							
2	统计日期	2017年12月31日	应收应付款合计（万元）		475.00	信用期限（天）	30			
3										
4	客户名称	应收应付款（万元）	票据编号	开票日期	已欠款天数	是否超过信用期	超过信用期的天数（天）		超过信用期的天数（天）	
5	A	20.00	1045	2017-3-18	288	是	258		＞100	
6	H	13.00	1041	2017-5-31	214	是	184			
28	G	25.00	1043	2017-12-2	29	否	—			
29	H	30.00	1060	2017-12-8	23	否	—			
30	C	18.00	1037	2017-12-18	13	否	—			
31	E	12.00	1063	2017-12-22	9	否	—			
32	E	8.00	1033	2017-12-23	8	否	—			
33	D	5.00	1068	2017-12-25	6	否	—			
34	F	25.00	1053	2017-12-28	3	否	—			

图 4-12　输入筛选条件

（7）选取数据清单中的任意非空单元格，执行"数据"菜单中的"筛选"子菜单中的"高级筛选"命令，系统弹出的"高级筛选"对话框，在列表区域栏中保持默认的区域不变，然后将光标定位在条件区域栏中，用鼠标拾取已建立的条件区域 I5:J6，如图 4-13 所示。

（8）单击"确定"按钮，即可得到满足所确定的筛选条件的记录，如图 4-14 所示。

图 4-13　"高级筛选"对话框

	A	B	C	D	E	F	G
1			丁公司应收应付款台账				
2	统计日期	2017年12月31日	应收应付款合计（万元）		475.00	信用期限（天）	30
3							
4	客户名称	应收应付款（万元）	票据编号	开票日期	已欠款天数	是否超过信用期	超过信用期的天数（天）
5	A	20.00	1045	2017-3-18	288	是	258
6	A	8.00	1060	2017-8-13	140	是	110
28	G	21.00	1058	2017-6-24	190	是	160
29	G	11.00	1065	2017-9-25	97	是	67
30	G	25.00	1043	2017-12-2	29	否	—
31	H	13.00	1041	2017-5-31	214	是	184
32	H	12.00	1077	2017-6-10	204	是	174
33	H	10.00	1049	2017-10-22	70	是	40
34	H	30.00	1060	2017-12-8	23	否	—

图 4-14　满足筛选条件的记录

（9）在"分类汇总"工作表中，选取"客户名称"一列中的任意一个非空的记录，然后单击工具栏中的数据的"升序排序"按钮,从而使数据清单按客户名称进行升序排序,如图 4－15 所示。

	A	B	C	D	E	F	G	H	I	J
1			丁公司应收应付款台账							
2	统计日期	2017年12月31日	应收应付款合计（万元）		475.00	信用期限（天）	30			
3										
4	客户名称	应收应付款（万元）	票据编号	开票日期	已欠款天数	是否超过信用期	超过信用期的天数（天）			
5	A	20.00	1045	2017-3-18	288	是	258		超过信用期的天数（天）	
6	H	13.00	1041	2017-5-31	214	是	184		>100	
7	C	10.00	1046	2017-6-1	213	是	183			
8	H	12.00	1077	2017-6-10	204	是	174			
9	F	7.00	1082	2017-6-11	203	是	173			
10	C	21.00	1083	2017-6-20	194	是	164			
11	G	21.00	1058	2017-6-24	190	是	160			
12	F	22.00	1042	2017-7-18	166	是	136			
13	B	11.00	1055	2017-7-31	153	是	123			
14	D	24.00	1052	2017-8-11	142	是	112			
15	A	8.00	1060	2017-8-13	140	是	110			

图 4－15　升序排序

（10）单击数据清单中的任意非空单元格,再执行"数据"菜单中的"分类汇总"命令,在系统弹出的"分类汇总"对话框中的"分类字段"栏目中选择"客户名称",在"汇总方式"栏中选择"求和",在"选定汇总项"栏中选择"应收应付款（万元）"和"超过信用期的天数（天）"复选框,并保持系统默认的"替代当前分类汇总"和"汇总结果显示在数据下方"不变,如图 4－16 所示。

（11）单击"确定"按钮之后,即可得到按照所指定的方式进行分类汇总的结果,如图 4－17 所示。

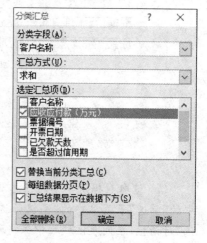

图 4－16　"分类汇总"对话框

	A	B	C	D	E	F	G
1			丁公司应收应付款台账				
2	统计日期	2017年12月31日	应收应付款合计（万元）		1425.00	信用期限（天）	30
3							
4	客户名称	应收应付款（万元）	票据编号	开票日期	已欠款天数	是否超过信用期	超过信用期的天数（天）
5	A	20.00	1045	2017-3-18	288	是	258
6	A	8.00	1060	2017-8-13	140	是	110
7	A	21.00	1022	2017-10-19	73	是	43
8	A	19.00	1078	2017-11-20	41	是	11
9	A 汇总	68.00					422
10	B	11.00	1055	2017-7-31	153	是	123
11	B	17.00	1035	2017-9-29	93	是	63
12	B	22.00	1027	2017-10-1	91	是	61
13	B	16.00	1071	2017-11-30	31	是	1
14	B 汇总	66.00					248
34	G	21.00	1058	2017-6-24	190	是	160
35	G	11.00	1065	2017-9-25	97	是	67
36	G	25.00	1043	2017-12-2	29	否	—
37	G 汇总	57.00					227
38	H	13.00	1041	2017-5-31	214	是	184
39	H	12.00	1077	2017-6-10	204	是	174
40	H	10.00	1049	2017-10-22	70	是	40
41	H	30.00	1060	2017-12-8	23	否	—
42	H 汇总	65.00					398
43	总计	475.00					2302

图 4－17　分类汇总结果

(12) 如图 4-17 所示的工作表的左上角有三个分类汇总按钮,分别是一级、二级和三级分类汇总按钮,图 4-17 所示的是三级分类汇总的结果;单击"一级分类汇总"按钮,所得到的分类汇总结果如表 4-18 所示;单击"二级分类汇总"按钮,所得到的分类汇总结果如图 4-19 所示。

	A	B	C	D	E	F	G
1				丁公司应收应付款台账			
2	统计日期	2017年12月31日	应收应付款合计（万元）		1425.00	信用期限（天）	30
3							
4	客户名称	应收应付款（万元）	票据编号	开票日期	已欠款天数	是否超过信用期	超过信用期的天数（天）
43	总计	475.00					2302

图 4-18　一级分类汇总

	A	B	C	D	E	F	G
1				丁公司应收应付款台账			
2	统计日期	2017年12月31日	应收应付款合计（万元）		1425.00	信用期限（天）	30
3							
4	客户名称	应收应付款（万元）	票据编号	开票日期	已欠款天数	是否超过信用期	超过信用期的天数（天）
9	A 汇总	68.00					422
14	B 汇总	66.00					248
21	C 汇总	92.00					470
24	D 汇总	29.00					112
29	E 汇总	44.00					116
33	F 汇总	54.00					309
37	G 汇总	57.00					227
42	H 汇总	65.00					398
43	总计	475.00					2302

图 4-19　二级分类汇总

4.1.4　函数介绍

1. EFFECT 函数

利用给定的名义年利率和每年的复利期数,计算有效的年利率。

1）语法

EFFECT(nominal_rate,npery)

2）EFFECT 函数语法的参数

(1) Nominal_rate 必需。名义利率。

(2) Npery 必需。每年的复利期数。

3）说明

(1) Npery 将被截尾取整。

(2) 如果任一参数为非数值型,则 EFFECT 返回错误值♯VALUE!。

(3) 如果 Nominal_rate≤0 或 Npery<1,则 EFFECT 返回错误值♯NUM!。

(4) 函数 EFFECT 的计算公式为:

$$EFFECT = \left(\frac{1+Nominal\_rate}{Npery}\right)^{Npery} - 1$$

(5) EFFECT(nominal_rate,npery) 通过 effective_rate＝(1＋(nominal_rate/npery)) * npery−1 与 NOMINAL(effect_rate,npery) 相关。

4）示例

某债券的名义利率为 5.25%，若每季度复利一次，求该债券的实际利率。

（1）打开 Excel，输入数据，现需要计算出该债券的实际利率。

（2）选择公式→插入函数→EFFECT 函数，将弹出如下对话框，输入数据。或在 B3 单元格中输入公式：＝EFFECT(B1,B2)。

（3）点击"确定"，该债券的实际利率就算出来了。

2. INTRATE 函数

返回完全投资型证券的利率。

1）语法

INTRATE(settlement,maturity,investment,redemption,[basis])

2）要点

应使用 DATE 函数输入日期，或者将日期作为其他公式或函数的结果输入。例如，使用函数 DATE(2008,5,23)输入 2008 年 5 月 23 日。如果日期以文本形式输入，则会出现问题。

3）INTRATE 函数语法的参数

（1）Settlement 必需。有价证券的结算日。有价证券结算日是在发行日之后，有价证券卖给购买者的日期。

（2）Maturity 必需。有价证券的到期日。到期日是有价证券有效期截止时的日期。

（3）Investment 必需。有价证券的投资额。

（4）Redemption 必需。有价证券到期时的兑换值。

（5）Basis 可选。要使用的日计数基准类型。

Basis	日计数基准
0 或省略	US(NASD)30/360
1	实际/实际
2	实际/360
3	实际/365
4	欧洲 30/360

4）说明

（1）Microsoft Excel 可将日期存储为可用于计算的序列号。默认情况下，1900 年 1 月 1 日的序列号是 1，而 2008 年 1 月 1 日的序列号是 39448，这是因为它距 1900 年 1 月 1 日有39 448天。

(2) 结算日是购买者买入息票(如债券)的日期。到期日是息票有效期截止时的日期。例如,在2008年1月1日发行的30年期债券,六个月后被购买者买走。则发行日为2008年1月1日,结算日为2008年7月1日,而到期日是在发行日2008年1月1日的30年后,即2038年1月1日。

(3) Settlement、maturity和basis将被截尾取整。

(4) 如果settlement或maturity不是有效日期,则INTRATE返回错误值♯VALUE!。

(5) 如果investment≤0或redemption≤0,则INTRATE返回错误值♯NUM!。

(6) 如果basis<0或basis>4,则INTRATE返回错误值♯NUM!。

(7) 如果settlement≥maturity,则INTRATE返回错误值♯NUM!。

(8) 函数INTRATE的计算公式如下:

$$INTRATE = \frac{redemption - investment}{investment} \times \frac{B}{DIM}$$

式中,B——一年之中的天数,取决于年基准数;

　DIM——结算日与到期日之间的天数。

5) 示例

某完全投资型证券的结算日为2015年5月31日,到期日为2016年10月31日,投资金额为100 000元,预计到期回收金额为110 000元,以实际天数/实际天数为日计数基准,计算出该完全投资型证券的利率。

(1) 打开Excel,输入数据,现需要计算出该完全投资型证券的利率。

(2) 选择公式→插入函数→INTRATE函数,将弹出如下对话框,输入数据。或在B6单元格中输入公式:＝INTRATE(B1,B2,B3,B4,1)。

(3) 点击"确定",该完全投资型证券的利率就算出来了。

4.2　应收应付账龄分析表

4.2.1　相关知识

企业为了随时了解各客户的欠款情况,在应收应付款台账的基础上,还可以对应收应付款按一定的顺序或按照某种要求进行分类汇总分析,并进一步编制应收应付款账龄分析表。

(1) 账龄分析表的主要作用在于反映不同客户欠款的分布情况以及不同欠款时间的分布情况,这些信息有助于财务管理人员指定合理的收账政策以便及时收回债权。

(2) 在建立应收应付款日常管理模型的过程中,可以使用 SUMIF 函数。SUMIF 函数的功能是根据指定条件对若干单元格求和。其公式为:

=SUMIF(range,criteria,sum_range)

式中,range——用于条件判断的单元格区域;

criteria——确定哪些单元格将被相加求和的条件,其形式可以为数字、表达式或文本;

sum_range——需要求和的实际单元格。

值得注意的是,该函数只有在区域中相应的单元格符合条件的情况下,才能对 sum_range 中的单元格求和。如果忽略了 sum_range,则对区域中的单元格求和。

4.2.2 应收应付款账龄分析表模型构建

【例 4-3】以[例 4-1]的丁公司的数据为例,建立一个该公司的应收应付款的账龄分析表的模型。

【实验步骤】

(1) 新建一个工作表,改名为"账龄分析表",并在该工作表中设计丁公司应收应付款的账龄分析表的结构,如图 4-20 所示。

	A	B	C	D	E	F	G	H	I	J
1				丁公司应收应付款账龄分析表(万元)						
2	账龄	1-30天	31-60天	61-90天	91-120天	121-180天	181-360天	360天以上	合计金额	百分比
3	A									
4	B									
5	C									
6	D									
7	E									
8	F									
9	G									
10	H									
11	合计金额									
12	百分比									
13	应收应付款平均账龄(天)									

图 4-20 账龄分析表

(2) 计算客户 A 在各账龄段期间内欠付款项的合计数,各有关单元格的计算公式为:

单元格 B3：=SUMIF(分类汇总! E5:E8,"<=30",分类汇总! B5:B8)

单元格 C3：=SUMIF(分类汇总! E5:E8,"<=60",分类汇总! B5:B8)-B3

单元格 D3：=SUMIF(分类汇总! E5:E8,"<=90",分类汇总! B5:B8)-SUM(B3:C3)

单元格 E3：=SUMIF(分类汇总! E5:E8,"<=120",分类汇总! B5:B8)-SUM(B3:D3)

单元格 F3：=SUMIF(分类汇总! E5:E8,"<=180",分类汇总! B5:B8)-SUM(B3:E3)

单元格 G3：=SUMIF(分类汇总! E5:E8,"<=360",分类汇总! B5:B8)-SUM(B3:F3)

单元格 H3：=SUMIF(分类汇总! E5:E8,">360",分类汇总! B5:B8)

(3) 计算客户 B 在各账龄段期间内欠付款项的合计数,各有关单元格的计算公式为:

单元格 B4：=SUMIF(分类汇总! E10:E13,"<=30",分类汇总! B10:B13)

单元格 C4：=SUMIF(分类汇总! E10:E13,"<=60",分类汇总! B10:B13)-B4

单元格 D3：=SUMIF(分类汇总! E10:E13,"<=90",分类汇总! B10:B13)-SUM(B4:C4)

单元格 E4：=SUMIF(分类汇总! E10:E13,"<=120",分类汇总! B10:B13)-SUM

（B4：D4）

单元格 F4：＝SUMIF（分类汇总！E10：E13，"<＝180"，分类汇总！B10：B13）－SUM
（B4：E4）

单元格 G4：＝SUMIF（分类汇总！E10：E13，"<＝360"，分类汇总！B10：B13）－SUM
（B4：F4）

单元格 H4：＝SUMIF（分类汇总！E10：E13，">360"，分类汇总！B10：B13）

（4）计算客户 C 在各账龄段期间内欠付款项的合计数，各有关单元格的计算公式为：

单元格 B5：＝SUMIF（分类汇总！E15：E20，"<＝30"，分类汇总！B15：B20）

单元格 C5：＝SUMIF（分类汇总！E15：E20，"<＝60"，分类汇总！B15：B20）－B5

单元格 D5：＝SUMIF（分类汇总！E15：E20，"<＝90"，分类汇总！B15：B20）－SUM
（B5：C5）

单元格 E5：＝SUMIF（分类汇总！E15：E20，"<＝120"，分类汇总！B15：B20）－SUM
（B5：D5）

单元格 F5：＝SUMIF（分类汇总！E15：E20，"<＝180"，分类汇总！B15：B20）－SUM
（B5：E5）

单元格 G5：＝SUMIF（分类汇总！E15：E20，"<＝360"，分类汇总！B15：B20）－SUM
（B5：F5）

单元格 H5：＝SUMIF（分类汇总！E15：E20，">360"，分类汇总！B15：B20）

（5）计算客户 D 在各账龄段期间内欠付款项的合计数，各有关单元格的计算公式为：

单元格 B6：＝SUMIF（分类汇总！E22：E23，"<＝30"，分类汇总！B22：B23）

单元格 C6：＝SUMIF（分类汇总！E22：E23，"<＝60"，分类汇总！B22：B23）－B6

单元格 D6：＝SUMIF（分类汇总！E22：E23，"<＝90"，分类汇总！B22：B23）－SUM
（B6：C6）

单元格 E6：＝SUMIF（分类汇总！E22：E23，"<＝120"，分类汇总！B22：B23）－SUM
（B6：D6）

单元格 F6：＝SUMIF（分类汇总！E22：E23，"<＝180"，分类汇总！B22：B23）－SUM
（B6：E6）

单元格 G6：＝SUMIF（分类汇总！E22：E23，"<＝360"，分类汇总！B22：B23）－SUM
（B6：F6）

单元格 H6：＝SUMIF（分类汇总！E22：E23，">360"，分类汇总！B22：B23）

（6）计算客户 E 在各账龄段期间内欠付款项的合计数，各有关单元格的计算公式为：

单元格 B6：＝SUMIF（分类汇总！E25：E28，"<＝30"，分类汇总！B25：B28）

单元格 C6：＝SUMIF（分类汇总！E25：E28，"<＝60"，分类汇总！B25：B28）－B7

单元格 D6：＝SUMIF（分类汇总！E25：E28，"<＝90"，分类汇总！B25：B28）－SUM
（B7：C7）

单元格 E6：＝SUMIF（分类汇总！E25：E28，"<＝120"，分类汇总！B25：B28）－SUM
（B7：D7）

单元格 F6：＝SUMIF（分类汇总！E25：E28，"<＝180"，分类汇总！B25：B28）－SUM
（B7：E7）

单元格 G6：＝SUMIF(分类汇总！E25：E28,"＜＝360",分类汇总！B25：B28)－SUM(B7：F7)

单元格 H6：＝SUMIF(分类汇总！E25：E28,"＞360",分类汇总！B25：B28)

(7) 计算客户 F 在各账龄段期间内欠付款项的合计数,各有关单元格的计算公式为：

单元格 B7：＝SUMIF(分类汇总！E30：E32,"＜＝30",分类汇总！B30：B32)

单元格 C7：＝SUMIF(分类汇总！E30：E32,"＜＝60",分类汇总！B30：B32)－B8

单元格 D7：＝SUMIF(分类汇总！E30：E32,"＜＝90",分类汇总！B30：B32)－SUM(B8：C8)

单元格 E7：＝SUMIF(分类汇总！E30：E32,"＜＝120",分类汇总！B30：B32)－SUM(B8：D8)

单元格 F7：＝SUMIF(分类汇总！E30：E32,"＜＝180",分类汇总！B30：B32)－SUM(B8：E8)

单元格 G7：＝SUMIF(分类汇总！E30：E32,"＜＝360",分类汇总！B30：B32)－SUM(B8：F8)

单元格 H7：＝SUMIF(分类汇总！E30：E32,"＞360",分类汇总！B30：B32)

(8) 计算客户 G 在各账龄段期间内欠付款项的合计数,各有关单元格的计算公式为：

单元格 B8：＝SUMIF(分类汇总！E34：E36,"＜＝30",分类汇总！B34：B36)

单元格 C8：＝SUMIF(分类汇总！E34：E36,"＜＝60",分类汇总！B34：B36)－B9

单元格 D8：＝SUMIF(分类汇总！E34：E36,"＜＝90",分类汇总！B34：B36)－SUM(B9：C9)

单元格 E8：＝SUMIF(分类汇总！E34：E36,"＜＝120",分类汇总！B34：B36)－SUM(B9：D9)

单元格 F8：＝SUMIF(分类汇总．！E34：E36,"＜＝180",分类汇总．！B34：B36)－SUM(B9：E9)

单元格 G8：＝SUMIF(分类汇总！E34：E36,"＜＝360",分类汇总！B34：B36)－SUM(B9：F9)

单元格 H8：＝SUMIF(分类汇总！E34：E36,"．＞360",分类汇总！B34：B36)

(9) 计算客户 H 在各账龄段期间内欠付款项的合计数,各有关单元格的计算公式为：

单元格 B9：＝SUMIF(分类汇总！E38：E41,"＜＝30",分类汇总！B38：B41)

单元格 C9：＝SUMIF(分类汇总！E38：E41,"＜＝60",分类汇总！B38：B41)－B10

单元格 D9：＝SUMIF(分类汇总！E38：E41,"＜＝90",分类汇总！B38：B41)－SUM(B10：C10)

单元格 E9：＝SUMIF(分类汇总！E38：E41,"＜＝120",分类汇总！B38：B41)－SUM(B10：D10)

单元格 F9：＝SUMIF(分类汇总！E38：E41,"＜＝180",分类汇总！B38：B41)－SUM(B10：E10)

单元格 G9：＝SUMIF(分类汇总！E38：E41,"＜＝360",分类汇总！B38：B41)－SUM(B10：F10)

单元格 H9：＝SUMIF(分类汇总！E38：E41,"＞360",分类汇总！B38：B41)

（10）在单元格 I3 中输入公式＝SUM(B3:H3)，并将其复制到单元格区域 I4:I11。

（11）在单元格 B11 中输入公式＝SUM(B3:B10)，并将其复制到单元格区域 C11:H11。

（12）选取单元格区域 J3:J11，输入数组公式＝I3:I11/I11。

（13）选取单元格区域 B12:I12，输入数组公式＝B11:I11/I11。

（14）在合并单元格 D13 中输入公式＝SUMPRODUCT(台账！B5:B34/SUM(台账！B5:B34)，台账！E5:E34)

模型的运算结果如图 4-21 所示。

	A	B	C	D	E	F	G	H	I	J
1	丁公司应收应付款账龄分析表（万元）									
2	账龄	1-30天	31-60天	61-90天	91-120天	121-180天	181-360天	360天以上	合计金额	百分比
3	A	0.00	19.00	21.00	0.00	8.00	20.00	0.00	68.00	14.3%
4	B	0.00	16.00	15.00	24.00	11.00	0.00	0.00	66.00	13.9%
5	C	18.00	3.00	9.00	31.00	0.00	31.00	0.00	92.00	19.4%
6	D	5.00	0.00	0.00	0.00	24.00	0.00	0.00	29.00	6.1%
7	E	20.00	9.00	0.00	0.00	15.00	0.00	0.00	44.00	9.3%
8	F	25.00	0.00	0.00	0.00	0.00	22.00	7.00	54.00	11.4%
9	G	25.00	0.00	0.00	11.00	0.00	0.00	21.00	57.00	12.0%
10	H	30.00	0.00	10.00	0.00	0.00	25.00	0.00	65.00	13.7%
11	合计金额	123.00	47.00	55.00	66.00	80.00	104.00	0.00	475.00	100.0%
12	百分比	25.9%	9.9%	11.6%	13.9%	16.8%	21.9%	0.0%	100.0%	
13	应收应付款平均账龄（天）				103.69					

图 4-21　运算结果

4.2.3　函数介绍

1. FVSCHEDULE 函数

返回应用一系列复利率计算的初始本金的未来值。使用 FVSCHEDULE 通过变量或可调节利率计算某项投资未来的价值。

1）语法

FVSCHEDULE(principal,schedule)

2）FVSCHEDULE 函数语法的参数

（1）Principal 必需。现值。

（2）计划必需。要应用的利率数组。

3）说明

Schedule 中的值可以是数字或空白单元格；其他任何值都将生成 FVSCHEDULE 的错误值♯VALUE!。空白单元格被视为 0(没有利率)。

4）示例

某人在银行存入 100 000 元，计算在 4.5%、5.5%、6%、7%利率组下的复利终值。

（1）打开 Excel，输入数据，现需要计算出在利率组下的复利终值。

（2）选择公式→插入函数→FVSCHEDULE 函数，将弹出如下对话框，输入数据。或在 B6 单元格中输入公式：＝FVSCHEDULE(B1,B2:B5)。

（3）点击"确定"，该复利终值就算出来了。

2. IPMT 函数

基于固定利率及等额分期付款方式,返回给定期数内对投资的利息偿还额。

1) 语法

IPMT(rate,per,nper,pv,[fv],[type])

2) IPMT 函数语法的参数

(1) Rate 必需。各期利率。

(2) Per 必需。用于计算其利息数额的期数,必须在 1 到 nper 之间。

(3) Nper 必需。年金的付款总期数。

(4) Pv 必需。现值,或一系列未来付款的当前值的累积和。

(5) Fv 可选。未来值,或在最后一次付款后希望得到的现金余额。如果省略 fv,则假定其值为 0(如贷款的未来值是 0)。

(6) Type 可选。数字 0 或 1,用以指定各期的付款时间是在期初还是期末。如果省略 type,则假定其值为 0。

Type	支付时间
0	期末
1	期初

3) 示例

某人 2019 年向银行贷款 30 000 元,假设银行的年贷款利率为 10%,计算每月应向银行偿还的利息。

(1) 打开 Excel,输入数据,现需要计算该笔贷款每月应偿还的利息。

(2) 选择公式→插入函数→IPMT 函数,将弹出如下对话框,输入数据。或在 B6 单元格中输入公式:=IPMT($B$2,A6,$B$3,-$B$1,0),然后将公式填充到其下单元格。

(3) 点击"确定",该笔贷款每月应偿还的利息就算出来了。

项目习题

1. 大禹公司目前有 A、B、C、D、E、F 六个客户,统计日期为 2016 年 12 月 31 日,这六个客户赊销产品的信用期限为 30 天。要求为大禹公司建立一个应收应付款的台账模型,以便反映各个客户欠款金额、欠款日期、是否超过信用期等信息。六个客户的相关信息如下:

	A	B	C	D	E	F	G
1				大禹公司应收应付款台账			
2	统计日期	2016年12月31日	应收应付款合计(万元)			信用期限(天)	30
3							
4	客户名称	应收应付款(万元)	票据编号	开票日期	已欠款天数	是否超过信用期	超过信用期的天数(天)
5	A	12.00	1001	2016-01-05			
6	A	9.00	1002	2016-09-28			
7	A	41.00	1003	2016-06-20			
8	A	20.00	1004	2016-09-10			
9	A	5.00	1005	2016-01-10			
10	B	38.00	1006	2016-02-13			
11	B	21.00	1007	2016-12-07			
12	B	4.00	1008	2016-08-17			
13	B	25.00	1009	2016-10-18			
14	B	15.00	1010	2016-02-17			
15	C	11.00	1011	2016-01-26			
16	C	21.00	1012	2016-11-18			
17	C	30.00	1013	2016-12-26			
18	C	43.00	1014	2016-10-16			
19	C	9.00	1015	2016-11-11			
20	D	29.00	1016	2016-02-16			
21	D	16.00	1017	2016-10-15			
22	D	25.00	1018	2016-04-10			
23	D	10.00	1019	2016-09-17			
24	D	33.00	1020	2016-11-18			
25	E	21.00	1021	2016-12-02			
26	E	10.00	1023	2016-06-18			
27	E	42.00	1024	2016-02-09			
28	E	7.00	1025	2016-11-24			
29	E	11.00	1022	2016-04-24			
30	F	21.00	1026	2016-12-02			
31	F	13.00	1027	2016-05-09			
32	F	9.00	1028	2016-06-17			
33	F	32.00	1029	2016-09-16			
34	F	18.00	1030	2016-10-28			

2. 根据已经建立的应收应付款台账,对该公司的应收应付款进行排序、筛选和分类汇总分析。具体要求包括:

(1) 根据已经建立的应收应付款台账,以客户名称和超过信用期的天数分别作为第一和第二关键字对应收应付款记录进行排序。

(2) 根据已经建立的应收应付款台账,筛选出客户 C 的欠款记录。

(3) 根据已经建立的应收应付款台账,筛选出超过信用期的天数大于 100 天的全部记录。

(4) 根据已经建立的应收应付款台账,按客户类别对大禹公司的应收应付款进行分类汇总。

项目五 财务报表分析与预测

项目目标

1. 掌握财务比率分析模型的设计。
2. 掌握杜邦系统分析模型的设计。
3. 掌握综合财务分析模型的设计。
4. 掌握财务指标雷达图绘制的设计。

5.1 财务比率分析模型

5.1.1 相关知识

根据资产负债表、利润表和现金流量表的有关数据可以计算出很多财务比率指标。通常可以将常用的财务比率指标分为四大类，即偿债能力比率、获利能力比率、营运能力比率和发展能力比率。

1. 偿债能力比率

计算公式如下：

$$流动比率＝流动资产/流动负债$$
$$速动比率＝(流动资产－存货)/流动负债$$
$$现金比率＝可立即动用的资金/流动负债$$
$$现金流量比率＝经营活动现金净流量/流动负债$$
$$资产负债表＝负债总额/资产总额$$
$$股东权益比率＝股东权益总额/资产总额$$
$$偿债保障比率＝负债总额/经营活动现金净流量$$
$$利息保障倍数＝息税前利润/利息费用$$
$$固定费用保障倍数＝税前及支付固定费用前利润/[利息费用＋租金＋优先股股利/(1－税率)]$$

2. 获利能力比率

计算公式如下：

$$销售毛利率＝销售毛利/销售收入$$
$$销售净利率＝净利润/销售收入$$
$$资产净利率＝净利润/资产平均总额$$

$$净资产收益率＝净利润/净资产平均总额$$
$$普通股每股收益＝(净利润－优先股股利)/发行在外的普通股平均股数$$
$$普通股每股现金流量＝(经营活动现金净流量－优先股股利)/发行在外的普通股平均股数$$
$$普通股每股股利＝普通股现金股利/发行在外的普通股平均股数$$
$$市盈率＝普通股每股市价/普通股每股收益$$
$$市净率＝普通股每股市价/普通股每股净资产$$

3. 营运能力比率

计算公式如下:

$$应收账款周转率＝赊销收入净额/应收账款平均余额$$
$$存货周转率＝销售成本/存货平均余额$$
$$流动资产周转率＝销售收入/流动资产平均余额$$
$$固定资产周转率＝销售收入/固定资产平均余额$$
$$总资产周转率＝销售收入/资产平均余额$$
$$经营现金使用效率＝经营活动现金流入/经营活动现金流出$$
$$现金利润比率＝现金及现金等价物净增加额/净利润$$
$$现金收入比率＝经营活动现金净流量/营业收入$$

4. 发展能力比率

计算公式如下:

$$总资产增长率＝(期末总资产－期初总资产)/期初总资产$$
$$净资产增长率＝(期末净资产－期初净资产)/期初净资产$$
$$营业收入增长率＝(本期营业收入－上期营业收入)/上期营业收入$$
$$净利润增长率＝(本期净利润－上期净利润)/上期净利润$$

注意:

(1) 所分析的项目要具有可比性、相关性,将不相关的项目进行对比是没有意义的;

(2) 对比口径的一致性,即比率的分子项与分母项必须在时间、范围等方面保持口径一致;

(3) 选择比较的标准要具有科学性,要注意行业因素、生产经营情况差异性等因素;

(4) 要注意将各种比率有机联系起来进行全面分析,不可孤立地看某种或某类比率,同时要结合其他分析方法,这样才能对企业的历史、现状和将来有一个详尽的分析和了解,达到财务分析的目的。

5.1.2　财务比率分析模型构建

【例5-1】已知 GZ 发展公司 2017 年资产负债表、利润表与现金流量表三张主要会计报表的数据已录入 Excel 工作表中,分别如图5-1、图5-2和图5-3所示。在进行财务比率分析中假设交易性金融资产均为变现能力极强的证券,财务费用全部都是利息费用,公司无优先股,本期租金 0.2 亿元,本期分配普通股现金股利 30 亿元,本年年末普通股市价每股 8 元,销售收入中赊销收入占的比重为 30%,建立财务指标分析模型。

项目	年末数	年初数	项目	年末数	年初数
\multicolumn{6}{c}{GZ发展公司资产负债表}					
					单位：亿元
		\multicolumn{2}{c}{2017-12-31}		
流动资产			流动负债		
货币资金	45.00	26.00	短期借款	50.00	7.00
交易性金融资产	1.00	1.00	应付票据	0.00	0.00
应收账款	12.00	8.00	应付账款	205.00	93.00
存货	81.00	60.00	流动负债合计	255.00	100.00
流动资产合计	139.00	95.00	非流动负债		
非流动资产			长期借款	72.00	80.00
可供出售金融资产	3.00	3.00	应付债券	68.00	0.00
长期应收款	0.00	0.00	非流动负债合计	140.00	80.00
长期股权投资	55.00	5.00	负债合计	395.00	180.00
固定资产净值	281.00	216.00	股东权益		
在建工程	173.00	79.00	股本（面值1元）	78.00	78.00
无形资产	2.00	2.00	资本公积	58.00	58.00
非流动资产合计	514.00	305.00	盈余公积	35.00	29.00
			未分配利润	87.00	55.00
			股东权益合计	258.00	220.00
资产总计	653.00	400.00	负债与股东权益合计	653.00	400.00

图 5 - 1　2017 年资产负债表

项目	本期金额	上期金额
\multicolumn{3}{c}{GZ发展公司利润表}		
		单位：亿元
\multicolumn{3}{c}{2017年度}		
一、营业收入	534.00	416.00
减：营业成本	422.00	338.00
营业税金及附加	3.00	2.00
销售费用	4.00	3.00
管理费用	14.00	13.00
财务费用	2.00	1.00
资产减值损失	0.00	0.00
加：公允价值变动收益	0.00	0.00
二、营业利润	89.00	59.00
加：营业外收入	1.00	1.00
减：营业外支出	1.00	1.00
三、利润总额	89.00	58.00
减：所得税	27.00	19.00
四、净利润	62.00	39.00

图 5 - 2　2017 年利润表

图 5 - 3　2017 年现金流量表

【实验步骤】

（1）由于数据量较大，特此将资产负债表、利润表和现金流量表分别放在"资产负债表""利润表""现金流量表"三个工作表中。同时建立财务比率分析工作表"财务比率分析"，在各比率指标后单位格建立公式。财务指标分析的数据主要来源于"资产负债表""利润表""现金流量表"和"财务比率分析表"四个工作表。具体公式如下：

单元格 D3：＝资产负债表！B9/资产负债表！E8

单元格 D4：＝（资产负债表！B9－资产负债表！B8）/资产负债表！E8

单元格 D5：＝（资产负债表！B5＋资产负债表！B6）/资产负债表！E8

单元格 D6：＝现金流量表！B10/资产负债表！E8

单元格 D7：＝资产负债表！E13/资产负债表！B20

单元格 D8：＝资产负债表！E19/资产负债表！B20

单元格 D9：＝资产负债表！E13/现金流量表！B10

单元格 D10：＝（利润表！B17＋利润表！B16＋利润表！B9）/利润表！B9

单元格 D11：＝（利润表！B17＋利润表 B16＋利润表！B9＋财务比率分析！D33）/（利润表！B9＋财务比率分析！D33）

单元格 D12：＝(利润表！B4－利润表！B5－利润表！B6)/利润表！B4

单元格 D13：＝利润表！B17/利润表！B4

单元格 D14：＝利润表！B17/((资产负债表！B20＋资产负债表！C20)/2)

单元格 D15：＝利润表！B17/((资产负债表！E19＋资产负债表！F19)/2)

单元格 D16：＝利润表！B17/资产负债表！E15

单元格 D17：＝现金流量表！B10/资产负债表！E15

单元格 D18：＝财务比率分析！D34/资产负债表！E15

单元格 D19：＝财务比率分析！D35/财务比率分析！D16

单元格 D20：＝财务比率分析！D35/(资产负债表！E19/资产负债表！E15)

单元格 D21：＝利润表！B4＊财务比率分析！D36/((资产负债表！B7＋资产负债表！C7)/2)

单元格 D22：＝利润表！B5/((资产负债表！B8＋资产负债表！C8)/2)

单元格 D23：＝利润表！B4/((资产负债表！B9＋资产负债表！C9)/2)

单元格 D24：＝利润表！B4/((资产负债表！B14＋资产负债表！C14)/2)

单元格 D25：＝利润表 B4/((资产负债表！B20＋资产负债表！C20)/2)

单元格 D26：＝现金流量表！B6/现金流量表！B9

单元格 D27：＝现金流量表！B25/利润表！B17

单元格 D28：＝现金流量表！B10/利润表！B4

单元格 D29：＝(资产负债表！B20－资产负债表！C20)/资产负债表！C20

单元格 D30：＝(资产负债表！E19－资产负债表！F19)/资产负债表！F19

单元格 D31：＝(利润表！B4－利润表！C4)/利润表！C4

单元格 D32：＝(利润表！B17－利润表！C17)/利润表！C17

(2) 上述公式运行结果如图 5-4 所示。

大类	比率指标名称	计算公式	指标值
		GZ发展公司2017年财务比率分析	
偿债能力比率	流动比率	流动资产/流动负债	54.51%
	速动比率	(流动资产-存货)/流动负债	22.75%
	现金比率	可立即动用的资金/流动负债	18.04%
	现金流量比率	经营活动现金净流量/流动负债	36.86%
	资产负债率	资产负债表/资产总额	60.49%
	股东权益比率	股东权益总额/资产总额	39.51%
	偿债保障比率	负债总额/经营活动现金净流量	420.21%
	利息保障倍数	息税前利润/利息费用	45.50
	固定费用保障倍数	税前及支付固定费用前利润/[利息费用+租金+优先股股利/(1-税率)]	41.45
获利能力比率	销售毛利率	销售毛利/销售收入	20.41%
	销售净利率	净利润/销售收入	11.61%
	资产净利率	净利润/资产平均总额	11.78%
	净资产收益率	净利润/净资产平均总额	25.94%
	普通股每股收益	(净利润-优先股股利)/发行在外的普通股平均股数	0.79
	普通股每股现金流量	(经营活动现金净流量-优先股股利)/发行在外的普通股平均股数	1.21
	普通股每股股利	普通股现金股利/发行在外的普通股平均股数	0.38
	市盈率	普通股每股市价/普通股每股收益	1006.45%
	市净率	普通股每股市价/普通股每股净资产	241.86%
营运能力比率	应收账款周转率	赊销收入净额/应收账款平均余额	1602.00%
	存货周转率	销售成本/存货平均余额	598.58%
	流动资产周转率	销售收入/流动资产平均余额	456.41%
	固定资产周转率	销售收入/固定资产平均余额	214.89%
	总资产周转率	销售收入/资产平均余额	101.42%
	经营现金使用效率	经营活动现金流入/经营活动现金流出	124.74%
	现金利润比率	现金及等价物净增加额/净利润	30.65%
	现金收入比率	经营活动现金净流量/营业收入	17.60%
发展能力比率	总资产增长率	(期末总资产-期初总资产)/期初总资产	63.25%
	总资产增长率	(期末净资产-期初净资产)/期初净资产	17.27%
	营业收入增长率	(本期营业收入-上期营业收入)/上期营业收入	28.37%
	净利润增长率	(本期净利润-上期净利润)/上期净利润	58.97%
本期租金（亿元）			0.2
本期分配普通股现金股利（亿元）			30
本年年末普通股市价（元/股）			8
销售收入中赊销收入占的比重			30%

图 5-4　2017 年财务比率分析表

5.1.3 函数介绍

1. IRR 函数

返回由值中的数字表示的一系列现金流的内部收益率。这些现金流不必等同,因为它们可能作为年金。但是,现金流必须定期(如每月或每年)出现。内部收益率是针对包含付款(负值)和收入(正值)的定期投资收到的利率。

1)语法

IRR(values,[guess])

2)IRR 函数语法的参数

(1)Values 必需。数组或单元格的引用,这些单元格包含用来计算内部收益率的数字。

① Values 必须包含至少一个正值和一个负值,以计算返回的内部收益率。

② IRR 使用值的顺序来说明现金流的顺序。一定要按需要的顺序输入支出值和收益值。

③ 如果数组或引用包含文本、逻辑值或空白单元格,这些数值将被忽略。

(2)Guess 可选。对函数 IRR 计算结果的估计值。

① Microsoft Excel 使用迭代法计算函数 IRR。从 guess 开始,IRR 不断修正计算结果,直至其精度小于 0.000 01%。如果 IRR 运算 20 次,仍未找到结果,则返回错误值♯NUM!。

② 多数情况下,不必为 IRR 计算提供 guess 值。如果省略 guess,则假定它为 0.1(10%)。

③ 如果 IRR 返回错误值♯NUM!,或结果不接近预期的值,可用另一个 guess 值重试。

3)说明

函数 IRR 与净现值函数 NPV 密切相关。IRR 计算的收益率是与 0(零)净现值对应的利率。下列公式说明了 NPV 与 IRR 的关联方式:

NPV(IRR(A2:A7),A2:A7)=1.79E-09[按照 IRR 计算的精度,此值实际上是 0(零)]

4)示例

假设已知某项业务的期初成本费用为 700 000 元,该项目各年的净收入如下所示:

期　数	净收入
第一年	120 000
第二年	150 000
第三年	180 000
第四年	210 000
第五年	260 000

计算该项目投资五年后的内部收益率。

(1)打开 Excel,输入数据,现需要计算该项投资五年后的内部收益率。

(2)选择公式→插入函数→IRR 函数,将弹出如下对话框,输入数据。或在 B6 单元格中输入公式:=IRR(B1:B6)。

(3)点击"确定",该项投资五年后的内部收益率就算出来了。

2. ISPMT 函数

计算特定投资期内要支付的利息。

1) 语法

ISPMT(rate,per,nper,pv)

2) ISPMT 函数语法的参数

(1) Rate 必需。投资的利率。

(2) Per 必需。用于计算利息的期数,必须介于 1 和 nper 之间。

(3) Nper 必需。投资的总支付期数。

(4) Pv 必需。投资的现值。对于贷款来说,pv 是贷款金额。

3) 说明

(1) 请确保指定 rate 和 nper 所用的单位是一致的。如果要以 12% 的年利率按月支付一笔四年期的贷款,则 rate 应为 12%/12,nper 应为 4 ＊ 12。如果对相同贷款每年还一次款,则 rate 应为 12%,nper 应为 4。

(2) 对于所有参数,支出的款项,如银行存款或其他取款,以负数表示;收入的款项,如股息支票和其他存款,以正数表示。

(3) 有关财务函数的其他信息,可参阅 PV 函数。

4) 示例

假设某人向银行贷款 100 000 元,贷款利率为 12%,贷款年限为 5 年,计算贷款期内第一个月应偿还的利息。

(1) 打开 Excel,输入数据,现需要计算该笔贷款第一个月应偿还的利息。

(2) 选择公式→插入函数→ISPMT 函数,将弹出如下对话框,输入数据。或在 B4 单元格中输入公式：＝ISPMT(B1/12,1,B2/12,B3)。

(3) 点击"确定",该笔贷款第一个月应偿还的利息就算出来了。

5.2　杜邦系统分析模型

5.2.1　相关知识

1. 杜邦系统概念

杜邦系统概念是由美国杜邦公司的管理人员在实践中总结出来的一种指标分解体系,即从综合性最强的净资产收益率指标出发,逐层进行指标分解,从而分析影响该指标的因素,以便找到提高净资产收益率的有效途径。

2. 杜邦系统分析特点

可使财务比率分析的层次更清晰、条理更加突出,为报表分析者全面仔细了解企业的经营和盈利状况提供方便。

3. 相关指标含义

(1) 净资产收益率是一个综合性最强的财务分析指标,是杜邦系统分析的核心。

净资产收益率＝资产净利率×平均权益乘数

(2) 资产净利率是影响权益净利率的最重要的指标,具有很强的综合性,而资产净利率又取决于销售净利率和总资产周转率的高低。总资产周转率是反映总资产的周转速度,销售净利率反映销售收入的收益水平。

资产净利率＝销售净利率×总资产周转率

(3) 平均权益乘数表示企业的负债程度,反映了公司利用财务杠杆进行经营活动的程度。资产负债率高,权益乘数就大,这说明公司负债程度高,公司会有较多的杠杆利益,但风险也高。

平均权益乘数＝平均总资产÷平均股东权益

(4) 销售净利率是指企业实现净利润与营业收入的对比关系,用以衡量企业在一定时期的销售收入获取的能力。该指标费用能够取得多少营业利润。

销售净利率＝净利润÷营业收入

(5) 总资产周转率是企业一定时期的营业收入净额与平均总资产之比,它是衡量资产投资规模与销售水平之间配比情况的指标。

总资产周转率＝营业收入÷平均总资产

(6) 平均总资产是指企业资产总额年初数与年末数的平均值。

平均总资产＝(资产总额年初数＋资产总额年末数)÷2

(7) 平均股东权益是指在一段时间内(通常为一年)股东权益的平均值。

平均股东权益＝(期初股东权益＋期末股东权益)÷2

(8) 净利润是指在利润总额中按规定缴纳了所得税以后公司的利润留存,一般也称为税后利润或净收入。净利润是衡量一个企业经营效益的主要指标,净利润多,企业的经营效益就好;净利润少,企业的经营效益就差。

$$净利润＝营业利润＋营业外收入－营业外支出－所得税$$

(9) 营业收入指在一定时期内,商业企业销售商品或提供劳务所获得的货币收入,是从事主营业务所取得的收入。

(10) 营业利润是指企业从事生产经营活动取得的利润,是企业利润的主要来源。营业利润等于主营业务利润加上其他业务利润,再减去营业费用、管理费用和财务费用后的金额。

(11) 营业外收入亦称"营业外收益",指与生产经营过程无直接关系,应列入当期利润的收入,是企业财务成果的组成部分。

(12) 营业外支出是指除主营业务成本和其他业务支出等以外的各项非营业性支出,如罚款支出、捐赠支出、非常损失、固定资产盘亏等。

(13) 所得税是各地政府在不同时期对个人应纳税收入的定义和征收的百分比不尽相同,有时还分稿费收入、工资收入以及偶然所得(如彩票中奖)等情况分别纳税。所得税又称所得课税、收益税,指国家对法人、自然人和其他经济组织在一定时期内的各种所得征收的一类税收。

5.2.2 杜邦系统分析模型构建

GZ 发展公司 2017 年的资产负债表、利润表和现金流量表分别放在"资产负债表""利润表""现金流量表"三个工作表中,如图 5-1、图 5-2 和图 5-3 所示。要求建立一个根据该公司的三张财务报表,确定其 2017 年的杜邦分析系统指标的模型。

【实验步骤】

(1) 新建工作表命名为"杜邦系统图",模型构建如图 5-5 所示。

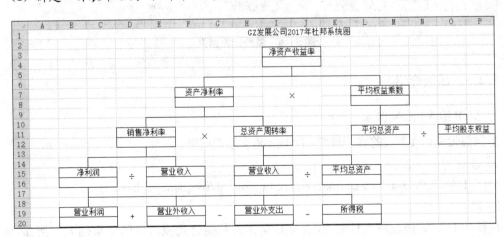

图 5-5 模型构建

(2) 各有关单元格的计算公式如下:

合并单元格 B20：＝利润表! B12

合并单元格 E20：＝利润表! B13

合并单元格 H20：＝利润表! B14

合并单元格 K20：＝利润表！B16

合并单元格 B16：＝利润表！B17

合并单元格 E16：＝利润表！B4

合并单元格 H16：＝利润表！B4

合并单元格 D12：＝B16/E16

合并单元格 H12：＝H16/K16

合并单元格 F8：＝D12＊H12

合并单元格 K16：＝（资产负债表！B20＋资产负债表！C20）/2

合并单元格 L12：＝（资产负债表！B20＋资产负债表！C20）/2

合并单元格 O12：＝（资产负债表！E19＋资产负债表！F19）/2

合并单元格 L8：＝L12/O12

合并单元格 I4：＝F8＊L8

（3）模型运算结果如图 5－6 所示。

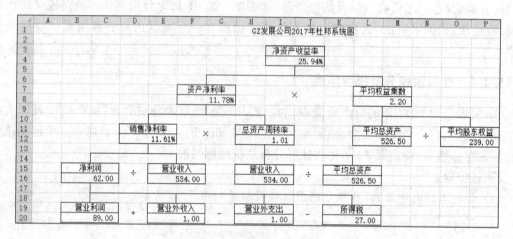

图 5－6　模型运算结果

5.2.3　函数介绍

1. MDURATION 函数

返回假设面值￥100 的有价证券的 Macauley 修正期限。

1）语法

MDURATION(settlement,maturity,coupon,yld,frequency,[basis])

2）要点

应使用 DATE 函数输入日期，或者将日期作为其他公式或函数的结果输入。例如，使用函数 DATE(2008,5,23)输入 2008 年 5 月 23 日。如果日期以文本形式输入，则会出现问题。

3）MDURATION 函数语法的参数

（1）Settlement 必需。有价证券的结算日。有价证券结算日是在发行日之后，有价证券卖给购买者的日期。

（2）Maturity 必需。有价证券的到期日。到期日是有价证券有效期截止时的日期。

（3）Coupon 必需。有价证券的年息票利率。

（4）Yld 必需。有价证券的年收益率。

（5）Frequency 必需。年付息次数。如果按年支付，frequency＝1；按半年期支付，frequency＝2；按季支付，frequency＝4。

（6）Basis 可选。要使用的日计数基准类型。

Basis	日计数基准
0 或省略	US(NASD)30/360
1	实际/实际
2	实际/360
3	实际/365
4	欧洲 30/360

4）说明

（1）Microsoft Excel 可将日期存储为可用于计算的序列号。默认情况下，1900 年 1 月 1 日的序列号是 1，而 2008 年 1 月 1 日的序列号是 39448，这是因为它距 1900 年 1 月 1 日有39 448 天。

（2）结算日是购买者买入息票（如债券）的日期。到期日是息票有效期截止时的日期。例如，在 2008 年 1 月 1 日发行的 30 年期债券，六个月后被购买者买走。则发行日为 2008 年 1 月 1 日，结算日为 2008 年 7 月 1 日，而到期日是在发行日 2008 年 1 月 1 日的 30 年后，即 2038 年 1 月 1 日。

（3）Settlement、maturity、frequency 和 basis 将被截尾取整。

（4）如果 settlement 或 maturity 不是有效日期，则 MDURATION 返回错误值＃VALUE!。

（5）如果 yld＜0 或 coupon＜0，则 MDURATION 返回错误值＃NUM!。

（6）如果 frequency 不是数字 1、2 或 4，则 MDURATION 返回错误值＃NUM!。

（7）如果 basis＜0 或 basis＞4，则 MDURATION 返回错误值＃NUM!。

（8）如果 settlement≥maturity，则 MDURATION 返回错误值＃NUM!。

（9）修正期限的计算公式如下：

$$MDURATION = \frac{DURATION}{1 + \left(\frac{Market\ yield}{Coupon\ payments\ per\ year} \right)}$$

5）示例

某债券结算日为 2017 年 1 月 8 日，到期日为 2017 年 10 月 18 日，票面利率为 8%，债券收益率为 9%，按半年期付息，以实际天数/实际天数为日计数基准，计算出该有价债券的修正期限。

（1）打开 Excel，输入数据，现需要计算出该债券的修正期限。

（2）选择公式→插入函数→MDURATION 函数，将弹出如下对话框，输入数据。或在 B7 单元格中输入公式：＝MDURATION(B1,B2,B4,B3,B5,B6)。

（3）点击"确定"，该债券的修正期限就算出来了。

2. MIRR 函数

返回一系列定期现金流的修改后内部收益率 MIRR 同时考虑投资的成本和现金再投资的收益率。

1）语法

MIRR(values,finance_rate,reinvest_rate)

2）MIRR 函数语法的参数

（1）Values 必需。数组或对包含数字的单元格的引用。这些数值代表一系列定期支出（负值）和收益（正值）。

① Values 必须包含至少一个正值和一个负值，以计算修改的内部收益率。否则 MIRR 返回错误值♯DIV/0！。

② 如果数组或引用参数包含文本、逻辑值或空白单元格，则这些值将被忽略；但包含零值的单元格将计算在内。

（2）Finance_rate 必需。现金流中使用的资金支付的利率。

（3）Reinvest_rate 必需。将现金流再投资的收益率。

3）说明

（1）以 MIRR 使用值的顺序来说明现金流的顺序。一定要按需要的顺序输入支出值和收益值，并使用正确的符号（收到的现金使用正值，支付的现金使用负值）。

（2）如果现金流的次数为 n，finance_rate 为 frate 而 reinvest_rate 为 rrate，则函数 MIRR 的计算公式为：

$$\left(\frac{-\text{NPV}(rrate, values[positive]) * (1+rrate)^n}{\text{NPV}(frate, values[negative]) * (1+frate)} \right)^{\frac{1}{n-1}} - 1$$

5.3 综合财务分析模型

5.3.1 相关知识

1. 综合财务分析模型概念

综合财务分析是指对企业的财务状况和经营成果等各方面情况进行综合的评价。

2. 综合评分法

综合评分法是常用的进行综合财务分析的方法。采用这种方法对企业进行综合财务分析时,首先应选择一套具有代表性的财务指标,然后确定各项财务指标的标准值和标准评分值,再用各指标的标准评分值乘以各指标的实际值与各指标的标准值的关系比例,得到各指标的实际得分值,最后将各指标的实际得分值进行加总得到综合分数,并根据综合分数的高低来对企业的财务状况进行综合评判。

若综合分数大于100,说明企业的财务状况比选定的标准水平更好,反之亦然。

3. 财务综合指标体系特点

一个健全有效的财务综合指标体系必须具有以下特点:

(1) 评价指标要全面。

设置的评价指标要尽可能涵盖偿债能力、营运能力和盈利能力等各方面的考核要求。

(2) 主辅指标功能要匹配。

在分析中要做到明确企业分析指标的主辅地位;能从不同侧面、不同层次反映企业财务状况,揭示企业经营业绩。

(3) 满足各方面经济需求。

设置的指标评价体系既要能满足企业内部管理者决策的需要,也要能满足外部投资者和政府管理机构决策及实施宏观调控的要求。

5.3.2　综合财务分析模型构建

GZ发展公司2017年的资产负债表、利润表和现金流量表分别放在"资产负债表""利润表""现金流量表"三个工作表中,如图5-1、图5-2和图5-3所示。要求根据图5-7中已知条件区域所示的指标体系、各指标的标准评分值和行业标准值,建立一个计算GZ发展公司综合分数并做出综合评价的模型。

【实验步骤】

(1) 新建工作表命名为"综合评分表",模型构建如图5-7所示。

指标类别	指标名称	标准评分值	行业标准值	实际值	实际得分值
		GZ发展公司2017年的综合评分表			
	已知条件			计算结果	
偿债能力比率	流动比率	8	2		
	利息保障倍数	8	20		
	现金比率	8	0		
	股东权益比率	12	50%		
获利能力比率	销售净利率	10	12%		
	资产净利率	10	15%		
	净资产收益率	16	20%		
营运能力比率	存货周转率	8	5		
	应收账款周转率	8	6		
	总资产周转率	12	1		
合计		100			
财务状况综合评价的结论					

图5-7　模型构建

(2) 各有关单元格的计算公式如下:

单元格E4:＝财务比率分析!D3　　　单元格E6:＝财务比率分析!D5

单元格E5:＝财务比率分析!D10　　单元格E7:＝财务比率分析!D8

单元格 E8：＝财务比率分析！D13　　　　　单元格 E11：＝财务比率分析！D22

单元格 E9：＝财务比率分析！D14　　　　　单元格 E12：＝财务比率分析！D21

单元格 E10：＝财务比率分析！D15　　　　单元格 E13：＝财务比率分析！D25

单元格 F4：＝C4＊E4/D4，并将其复制到单元格区域 F5：F13

单元格 F14：＝SUM(F4:F13)

合并单元格 C15：＝IF(F14＝100,"与行业平均水平一致",IF(F14＞100,"比行业平均水平好","比行业平均水平差"))

（3）模型运算结果如图 5-8 所示。

	A	B	C	D	E	F
1	GZ发展公司2017年的综合评分表					
2		已知条件			计算结果	
3	指标类别	指标名称	标准评分值	行业标准值	实际值	实际得分值
4	偿债能力比率	流动比率	8	2	54.51%	2.18
5		利息保障倍数	8	20	46	18.20
6		现金比率	8	0	18.04%	4.81
7		股东权益比率	12	50%	39.51%	9.48
8	获利能力比率	销售净利率	10	12%	11.61%	9.68
9		资产净利率	10	15%	11.78%	7.85
10		净资产收益率	16	20%	25.94%	20.75
11	营运能力比率	存货周转率	8	5	598.58%	9.58
12		应收账款周转率	8	6	1602.00%	21.36
13		总资产周转率	12	1	101.42%	12.17
14	合计		100			116.06
15	财务状况综合评价的结论		比行业平均水平好			

图 5-8　模型运算结果

5.3.3　函数介绍

1. NOMINAL 函数

基于给定的实际利率和年复利期数，返回名义年利率。

1）语法

NOMINAL(effect_rate,npery)

2）NOMINAL 函数语法的参数

（1）Effect_rate 必需。实际利率。

（2）Npery 必需。每年的复利期数。

3）说明

（1）Npery 将被截尾取整。

（2）如果任一参数是非数值，则 NOMINAL 返回错误值 ♯VALUE!。

（3）如果 effect_rate≤0 或 npery＜1，则 NOMINAL 返回错误值 ♯NUM!。

（4）NOMINAL(effect_rate,npery)与 EFFECT(nominal_rate,npery)通过 effective_rate＝(1＋(nominal_rate/npery))＊npery－1 相关联。

（5）以下公式显示了 NOMINAL 和 EFFECT 之间的关系：

$$EFFECT = \left(1 + \frac{Nominal\_rate}{Npery}\right)^{Npery} - 1$$

4）示例

某债券的实际利率为 5.25%，若每季度复利一次，求该债券的名义利率。

（1）打开 Excel，输入数据，现需要计算出该债券的名义利率。

（2）选择公式→插入函数→NOMINAL 函数，将弹出如下对话框，输入数据。或在 B3 单元格中输入公式：＝NOMINAL(B1,B2)。

（3）点击"确定"，该债券的名义利率就算出来了。

2. NPER 函数

基于固定利率及等额分期付款方式，返回某项投资的总期数。

1）语法

NPER(rate,pmt,pv,[fv],[type])

2）NPER 函数语法的参数

（1）Rate 必需。各期利率。

（2）Pmt 必需。各期所应支付的金额，在整个年金期间保持不变。通常 pmt 包括本金和利息，但不包括其他费用或税款。

（3）Pv 必需。现值，或一系列未来付款的当前值的累积和。

（4）Fv 可选。未来值，或在最后一次付款后希望得到的现金余额。如果省略 fv，则假定其值为 0（例如贷款的未来值是 0）。

（5）类型可选。数字 0 或 1，用以指定各期的付款时间是在期初还是期末。

Type	支付时间
0 或省略	期末
1	期初

3. NPV 函数

使用贴现率和一系列未来支出（负值）和收益（正值）来计算一项投资的净现值。

1）语法

NPV(rate,value1,[value2],...)

2）NPV 函数语法的参数

（1）rate 必需。某一期间的贴现率。

（2）value1,value2,...Value1 是必需的，后续值是可选的。这些是代表支出及收入的 1 到 254 个参数。

① Value1,value2,...在时间上必须具有相等间隔，并且都发生在期末。

② NPV 使用 value1,value2,...的顺序来说明现金流的顺序。一定要按正确的顺序输入

支出值和收益值。

③ 忽略以下类型的参数:参数为空白单元格、逻辑值、数字的文本表示形式、错误值或不能转化为数值的文本。

④ 如果参数是一个数组或引用,则只计算其中的数字。数组或引用中的空白单元格、逻辑值、文本或错误值将被忽略。

3) 说明

(1) NPV 投资开始于 value1 现金流所在日期的前一期,并以列表中最后一笔现金流为结束。NPV 的计算基于未来的现金流。如果第一笔现金流发生在第一期的期初,则第一笔现金必须添加到 NPV 的结果中,而不应包含在值参数中。

(2) 如果 n 是值列表中现金流的笔数,则 NPV 的公式如下:

$$NPV = \sum_{i=1}^{n} \frac{values_i}{(1+rate)^i}$$

(3) NPV 类似于 PV 函数(现值)。PV 与 NPV 的主要差别在于:PV 既允许现金流在期末开始也允许现金流在期初开始。与可变的 NPV 的现金流值不同,PV 现金流在整个投资中必须是固定的。有关年金与财务函数的信息,可参阅 PV。

(4) NPV 与 IRR 函数(内部收益率)也有关。函数 IRR 是使 NPV 等于零的比率:NPV(IRR(…),…)=0。

4) 示例

某项投资,初期投资 10 000,发生在期初,希望未来三年中各年的收入分别为 3 000,4 200,6 800。假定每年贴现率是 10%,则投资的净现值为多少?

(1) 打开 Excel,输入数据,现需要计算出该项投资的净现值。

(2) 选择公式→插入函数→NPV 函数,将弹出如下对话框,输入数据。或在 B6 单元格中输入公式:=NPV(B1,−B2,B3,B4,B5)。

(3) 点击"确定",该项投资的净现值就算出来了。

5.4 财务指标雷达图绘制

5.4.1 相关知识

雷达图是对企业财务状况进行综合分析的一种工具,它由若干个同心圆和若干条从原点出发的射线组成,通常由一个同心圆代表各指标的行业平均值,每条射线代表一个指标,同心圆与各条射线的交点相当于各条射线上的刻度。将某个企业各指标的实际值与行业平均值对比的比值标到雷达图的各条射线上的相应位置,并将各数据点连线,所得到的多边代表企业的各项指标相当于行业平均值的高低程度,从而可以直观地对企业的财务状况做出综合的评价。

在运用雷达图对企业经济效益进行综合分析时,通常需要选取反映企业收益性、成长性、流动性、安全性及生产性的五类指标来绘制表并进行分析。为了对企业的财务状况进行综合分析,本节只选择偿债能力、获利能力、营运能力和成长性四个方面的比率指标来绘制图表并进行分析。

5.4.2 财务指标雷达图绘制

GZ 发展公司 2017 年的资产负债表、利润表和现金流量表分别放在"资产负债表""利润表""现金流量表"三个工作表中,如图 5-1、图 5-2 和图 5-3 所示。要求根据图 5-9 的已知条件区域所示的指标体系和行业标准值,建立一个计算 GZ 发展公司雷达分析图主要指标并绘制财务指标雷达图的模型。

【实验步骤】

(1)新建工作表并命名为"雷达图",模型构建如图 5-9 所示。

	GZ发展公司2017年雷达分析图的主要指标			
	已知条件		计算结果	
指标类别	指标名称	行业平均值	实际值	与行业平均对比值
偿债能力比率	流动比率	2		
	速动比率	1		
	资产负债表	50%		
	利息保障倍数	20		
获利能力比率	销售净利率	12%		
	资产净利率	15%		
	净资产收益率	20%		
营运能力比率	存货周转率	5		
	应收应付款周转率	6		
	总资产周转率	1		
成长性比率	营业收入增长率	20%		
	净利润增长率	30%		

图 5-9 模型构建

(2)各有关单元格的计算公式如下:

单元格 D4:=财务比率分析! D3　　　　单元格 D11:=财务比率分析! D22

单元格 D5:=财务比率分析! D4　　　　单元格 D12:=财务比率分析! D21

单元格 D6:=财务比率分析! D7　　　　单元格 D13:=财务比率分析! D25

单元格 D7:=财务比率分析! D10　　　单元格 D14:=财务比率分析! D31

单元格 D8:=财务比率分析! D13　　　单元格 D15:=财务比率分析! D32

单元格 D9:=财务比率分析! D14

单元格 D10:=财务比率分析! D15

单元格 E4:=D4/C4,并将其复制到单元格区域 E5:E15

（3）GZ 发展公司雷达分析图主要财务指标的计算结果如图 5‑10 所示。

			计算结果	
GZ发展公司2017年雷达分析图的主要指标				
已知条件			计算结果	
指标类别	指标名称	行业平均值	实际值	与行业平均对比值
偿债能力比率	流动比率	2	54.51%	0.27
	速动比率	1	22.75%	0.23
	资产负债表	50%	60%	1.21
	利息保障倍数	20	45.50	2.28
获利能力比率	销售净利率	12%	11.61%	0.97
	资产净利率	15%	11.78%	0.79
	净资产收益率	20%	25.94%	1.30
营运能力比率	存货周转率	5	5.99	1.20
	应收应付款周转率	6	16.02	2.67
	总资产周转率	1	1.01	1.01
成长性比率	营业收入增长率	20%	28%	1.42
	净利润增长率	30%	59%	1.97

图 5‑10 主要财务指标的计算结果

（4）选取单元格区域 B4:B15 和 E4:E15，单击工具栏上"插入"中的"图表"按钮，点"其他图标"按钮，选中"雷达图"，在子图标类型区域选中"带数据标记的雷达图"。

（5）单击工具栏上的"布局"按钮，插入图表标题"与行业平均对比值"。

（6）GZ 发展公司财务指标雷达分析图如图 5‑11 所示。

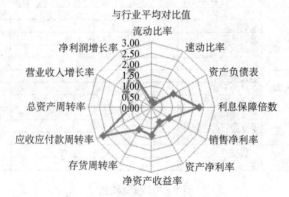

图 5‑11 财务指标雷达分析图

5.4.3 函数介绍

1. ODDFPRICE 函数

返回首期付息日不固定（长期或短期）的面值￥100 的有价证券价格。

1）语法

ODDFPRICE(settlement,maturity,issue,first_coupon,rate,yld,redemption,frequency,[basis])

2）ODDFPRICE 函数语法的参数

（1）Settlement 必需。有价证券的结算日。有价证券结算日是在发行日之后，有价证券卖给购买者的日期。

（2）Maturity 必需。有价证券的到期日。到期日是有价证券有效期截止时的日期。

（3）Issue 必需。有价证券的发行日。

（4）First_coupon 必需。有价证券的首期付息日。

（5）Rate 必需。有价证券的利率。

（6）Yld 必需。有价证券的年收益率。

（7）Redemption 必需。面值￥100 的有价证券的清偿价值。

（8）Frequency 必需。年付息次数。如果按年支付，frequency＝1；按半年期支付，frequency＝2；按季支付，frequency＝4。

（9）Basis 可选。要使用的日计数基准类型。

Basis	日计数基准
0 或省略	US(NASD)30/360
1	实际/实际
2	实际/360
3	实际/365
4	欧洲 30/360

3）说明

（1）Microsoft Excel 可将日期存储为可用于计算的序列号。默认情况下，1900 年 1 月 1 日的序列号是 1，而 2008 年 1 月 1 日的序列号是 39448，这是因为它距 1900 年 1 月 1 日有 39 448 天。

（2）结算日是购买者买入息票（如债券）的日期。到期日是息票有效期截止时的日期。例如，在 2008 年 1 月 1 日发行的 30 年期债券，六个月后被购买者买走。则发行日为 2008 年 1 月 1 日，结算日为 2008 年 7 月 1 日，而到期日是在发行日 2008 年 1 月 1 日的 30 年后，即 2038 年 1 月 1 日。

（3）Settlement、maturity、issue、first_coupon 和 basis 将被截尾取整。

（4）如果 settlement、maturity、issue 或 first_coupon 不是有效日期，则 ODDFPRICE 返回错误值♯VALUE!。

（5）如果 rate＜0 或 yld＜0，则 ODDFPRICE 返回错误值♯NUM!。

（6）如果 basis＜0 或 basis＞4，则 ODDFPRICE 返回错误值♯NUM!。

（7）必须满足下列日期条件，否则，ODDFPRICE 返回错误值♯NUM!：

maturity＞first_coupon＞settlement＞issue

（8）ODDFPRICE 函数的计算公式如下：

① 短期首期不固定息票：

$$ODDFRICE = \left[\frac{redemption}{\left(1+\frac{yld}{frequency}\right)^{\left(N-1+\frac{DSC}{E}\right)}}\right] + \left[\frac{100 \times \frac{rate}{frequency} \times \frac{DFC}{E}}{\left(1+\frac{yld}{frequency}\right)^{\frac{DSC}{F}}}\right]$$

$$+ \left[\sum_{i=2}^{N} \frac{100 \times \frac{rate}{frequency}}{\left(1+\frac{yld}{frequency}\right)^{\left(N-1+\frac{DSC}{E}\right)}}\right] - \left[100 - \frac{rate}{frequency} \times \frac{A}{E}\right]$$

式中，A——付息期的第一天到结算日之间的天数（应计天数）；

DSC——结算日与下一付息日之间的天数；

DFC——从不固定的首付息期的第一天到第一个付息日之间的天数；

E——付息期所包含的天数;

N——结算日与清偿日之间的付息次数(如果包含小数,则向上舍入为整数)。

② 长期首期不固定息票:

$$ODDFPICE = \left[\frac{redemption}{\left(1+\dfrac{yld}{frequency}\right)^{\left(N+N_q+\frac{DGC}{E}\right)}}\right] + \left[\frac{100 \times \dfrac{rate}{frequency} \times \left[\sum_{j=1}^{NC}\dfrac{DC_j}{NL_j}\right]}{\left(1+\dfrac{yld}{frequency}\right)^{\left(N_q+\frac{DSC}{E}\right)}}\right]$$

$$+ \left[\sum_{n=1}^{N}\frac{100 \times \dfrac{rate}{frequency}}{\left(1+\dfrac{yld}{frequency}\right)^{\left(N-N_q+\frac{DGC}{E}\right)}}\right] - \left[100 - \frac{rate}{frequency} \times \sum_{j=1}^{NC}\frac{A_j}{NL_j}\right]$$

式中,A_i——在不固定付息期内,从第 i 个或最后一个准付息期开始的天数(应计天数);

DC_i——从发行日起到第 1 个准付息期($i=1$)之间的天数,或在准付息期($i=2,\cdots,i=NC$)内的天数;

DSC——结算日与下一付息日之间的天数;

E——付息期包含的天数;

N——第一个实际付息日与清偿日之间的付息次数(如果包含小数,则向上舍入为整数);

NC——奇数期内的准票息期期数(如果包含小数,则向上舍入为整数);

NL_i——在不固定付息期内的第 i 个或最后一个准付息期的正常天数;

Nq——从结算日到首期付息日之间完整的准付息期数。

4) 示例

某债券的结算日为 2008 年 11 月 11 日,到期日为 2021 年 3 月 1 日,发行日为 2008 年 10 月 15 日,首期付息日为 2009 年 3 月 1 日,债券的票面利率为 7.85%,收益率为 6.25%,债券清偿为 100 万元,按半年期付息,以实际天数/实际天数为日计数基准,计算该债券的首期付息日不固定的面值￥100 的有价证券的价格。

(1)打开 Excel,输入数据,现需要计算出该有价证券的首期付息日不固定的面值￥100 的有价证券的价格。

(2)选择公式→插入函数→ODDFPRICE 函数,将弹出如下对话框,输入数据。或在 B10 单元格中输入公式:=ODDFPRICE(B1,B2,B3,B4,B5,B6,B7,B8,B9)。

(3)点击"确定",该有价证券的首期付息日不固定的面值￥100 的有价证券的价格就算出来了。

2. ODDFYIELD 函数

返回首期付息日不固定的有价证券(长期或短期)的收益率。

1) 语法

ODDFYIELD(settlement, maturity, issue, first_coupon, rate, pr, redemption, frequency, [basis])

2) ODDFYIELD 函数语法的参数

(1) Settlement 必需。有价证券的结算日。有价证券结算日是在发行日之后,有价证券卖给购买者的日期。

(2) Maturity 必需。有价证券的到期日。到期日是有价证券有效期截止时的日期。

(3) Issue 必需。有价证券的发行日。

(4) First_coupon 必需。有价证券的首期付息日。

(5) Rate 必需。有价证券的利率。

(6) Pr 必需。有价证券的价格。

(7) Redemption 必需。面值￥100 的有价证券的清偿价值。

(8) Frequency 必需。年付息次数。如果按年支付, frequency＝1;按半年期支付, frequency＝2;按季支付, frequency＝4。

(9) Basis 可选。要使用的日计数基准类型。

Basis	日计数基准
0 或省略	US(NASD)30/360
1	实际/实际
2	实际/360
3	实际/365
4	欧洲 30/360

3) 说明

(1) Microsoft Excel 可将日期存储为可用于计算的序列号。默认情况下,1900 年 1 月 1 日的序列号是 1,而 2008 年 1 月 1 日的序列号是 39448,这是因为它距 1900 年 1 月 1 日有39 448 天。

(2) 结算日是购买者买入息票(如债券)的日期。到期日是息票有效期截止时的日期。例如,在 2008 年 1 月 1 日发行的 30 年期债券,六个月后被购买者买走。则发行日为 2008 年 1 月 1 日,结算日为 2008 年 7 月 1 日,而到期日是在发行日 2008 年 1 月 1 日的 30 年后,即 2038 年 1 月 1 日。

(3) Settlement、maturity、issue、first_coupon 和 basis 将被截尾取整。

(4) 如果 settlement、maturity、issue 或 first_coupon 不是有效日期,则 ODDFYIELD 返回错误值＃VALUE!。

(5) 如果 rate＜0 或 pr≤0,则 ODDFYIELD 返回错误值＃NUM!。

(6) 如果 basis＜0 或 basis＞4,则 ODDFYIELD 返回错误值＃NUM!。

(7) 必须满足下列日期条件,否则,ODDFYIELD 返回错误值＃NUM!:

maturity＞first_coupon＞settlement＞issue

（8）Excel 使用迭代法计算函数 ODDFYIELD。该函数基于 ODDFPRICE 中的公式进行牛顿迭代演算。在 100 次迭代过程中，收益率不断变化，直到按给定收益率导出的估计价格接近实际价格。

项目习题

海虹公司 2016 年的资产负债表和利润表如图 5－12 和图 5－13 所示。

	A	B	C	D	E	F
1	海虹公司资产负债表					
2				2016-12-31		单位：万元
3	资产	年初数	年末数	负债及股东权益	年初数	年末数
4	货币资金	110.00	116.00	短期借款	180.00	200.00
5	交易性金融资产	80.00	100.00	应付账款	182.00	285.00
6	应收账款	350.00	472.00	应付职工薪酬	60.00	65.00
7	存货	304.00	332.00	应交税费	48.00	60.00
8	流动资产合计	844.00	1020.00	流动负债合计	470.00	610.00
9	固定资产	470.00	640.00	长期借款	280.00	440.00
10	长期股权投资	82.00	180.00	应付债券	140.00	260.00
11	无形资产	18.00	20.00	长期应付款	44.00	50.00
12	非流动资产合计	570.00	840.00	非流动负债合计	464.00	750.00
13				负债合计	934.00	1360.00
14				股本	300.00	300.00
15				资本公积	50.00	70.00
16				减：库存股	0.00	0.00
17				盈余公积	84.00	92.00
18				未分配利润	46.00	38.00
19				股东权益合计	480.00	500.00
20	资产总计	1414.00	1860.00	负债及股东权益总计	1414.00	1860.00

图 5－12　海虹公司资产负债表

	A	B
1	海虹公司利润表	
2	2016年度	单位：万元
3	项目	本年累计数
4	一、营业收入	5800.00
5	减：营业成本	3480.00
6	营业税金及附加	454.00
7	销售费用	486.00
8	管理费用	568.00
9	财务费用	82.00
10	资产减值损失	0.00
11	加：公允价值变动收益	0.00
12	投资收益	54.00
13	其中：对联营企业和合营企业的投资收益	0.00
14	二、营业利润	784.00
15	加：营业外收入	32.00
16	减：营业外支出	48.00
17	其中：非流动资产处置损失	0.00
18	三、利润总额	768.00
19	减：所得税费用	254.00
20	四、净利润	514.00
21	五、每股收益	0.00
22	（一）基本每股收益	0.00
23	（二）稀释每股收益	0.00

图 5－13　海虹公司利润表

其他资料：

(1) 该公司 2016 年年末有一项未决诉讼，如果败诉预计要赔偿对方 50 万元。

(2) 2016 年是该公司享受税收优惠政策的最后一年，从 2017 年起不再享受税收优惠政策，预计营业税金的综合税率将从现行的 8% 上升到同行业的平均税率 12%。

(3) 该公司所处行业的财务比率平均值如图 5-14 所示。

	A	B	C	D
1	财务比率行业平均值			
2	财务比率	行业均值	财务比率	行业均值
3	流动比率	2	总资产周转率（次）	2.65
4	速动比率	1.2	资产净利率	19.88%
5	资产负债率	0.42	销售净利率	7.50%
6	应收账款周转率（次）	16	净资产收益率	34.21%
7	存货周转率（次）	8.5		

图 5-14 财务比率行业平均值

思考题：

(1) 计算该公司 2016 年年初和年末的流动比率、速动比率和资产负债率，并分析该公司的偿债能力。

(2) 计算该公司 2016 年应收账款周转率、存货周转率和总资产周转率，并分析该公司的营运能力。

(3) 计算该公司 2016 年的资产净利率、销售净利率和净资产收益率，并分析该公司的盈利能力。

项目六　货币时间价值的计算

项目目标

1. 掌握现值与终值函数的运用。
2. 掌握利率、年金、期数、现值与终值之间的关系。
3. 能够运用函数构建各参数之间的关系,并能运用图示体现出来。

6.1　现值与终值

6.1.1　相关知识

1. 货币时间价值的含义

资金时间价值又称货币时间价值,是指一定量的资金经过合理运用一定时间后,因赢利而增加的价值。货币的时间价值是在其周转使用过程中产生的,是货币的所有者让渡货币的经营权而获得的参与社会财富分配的一种形式。

2. 单利和复利的含义

单利是指一定期间内只根据本金计算利息,既得利息不重复利息,计算利息的基础不变。复利是指一定期间内本金连同利息一起计算下期利息,即"利滚利"。

3. 复利的现值与终值

复利终值是现在收到和支付的一笔款项在未来某一时点上的价值。

复利终值计算公式为:

$$FV = P \cdot (1+i)^n$$

式中,FV——复利终值(Future Value);

$\quad P$——本金;

$\quad i$——利率;

$\quad n$——计息期数;

$\quad (1+i)^n$——通常称为复利终值系数,用符号$(F/P, i, n)$表示,如$(F/P, 7\%, 5)$表示利率为7%,5期复利终值系数。复利终值系数可以通过查阅"复利终值系数表"直接获得。

现值又称本金,复利现值是复利终值的逆运算,它是指今后某一特定时点收到或付出一笔款项,按复利计算的相当于现代的价值,其计算公式为:

$$PV = FV \cdot (1+i)^{-n}$$

式中,PV——复利现值(Present Value);

n——贴现期数；

$(1+i)^{-n}$——通常称为复利现值系数,用符号$(P/F,i,n)$表示,如$(P/F,6\%,4)$表示利率为6%,4 期复利现值系数。复利现值系数可以通过查阅"复利现值系数表"直接获得。

6.1.2　货币时间价值的计算

1. 复利现值模型

【例 6 - 1】某人希望第 5 年年末从银行取出 100 000 元,存款利率为 3%,要求建立模型并计算出该人为了在 5 年后获得 100 000 元现金应存入银行多少钱?

【实验步骤】

(1) 打开 Excel,在 Sheet1 工作表的单元格区域 A1:B5 输入已知条件,并在单元格区域 B5 设计计算结果输出区域的格式,如图 6 - 1 所示。

(2) 选取单元格 B5,单击"公式"菜单中的"插入函数",调用 PV 函数,在 PV 对话框中设置有关的参数,如图 6 - 2 所示。

(3) 单击"确定",得到利用 PV 函数计算的复利现值的计算结果(结果保留两位小数),如图 6 - 3 所示。

	A	B
1	复利现值计算模型	
2	现值(元)	100000.00
3	年利率	3%
4	期限(年)	5
5	复利现值(元)	

图 6 - 1　复利现值计算模型

	A	B
1	复利现值计算模型	
2	现值(元)	100000.00
3	年利率	3%
4	期限(年)	5
5	复利终值(元)	86260.88

图 6 - 3　复利现值计算结果

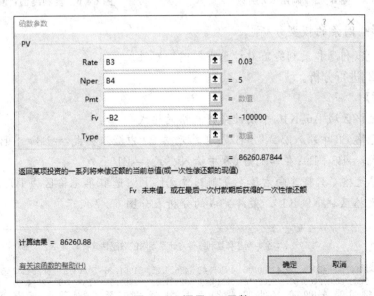

图 6 - 2　调用 PV 函数

2. 复利终值模型

【例 6 - 2】某企业在银行存入 40 000 元,存期 10 年,银行按 5% 的年利率复利计息,要求建立一个复利终值计算模型,计算这笔存款在第 10 年年末的终值为多少?

【实验步骤】

(1) 打开 Excel,在单元格区域 A1:B5 输入已知条件,并在单元格区域 B5 设计计算结果输出区域的格式,如图 6-4 所示。

(2) 选取单元格 B5,输入公式:=FV(B3,B4,-B2),也可选择单击"公式"菜单中的"插入函数",然后在"选择函数"列表框中选择 FV 函数。

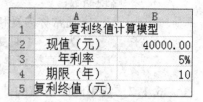

	A	B
1	复利终值计算模型	
2	现值(元)	40000.00
3	年利率	5%
4	期限(年)	10
5	复利终值(元)	

图 6-4 复利终值计算模型

(3) 在 FV 对话框中设置有关的参数,如图 6-5 所示。

(4) 单击"确定",得到利用 FV 函数计算的复利终值的计算结果(结果保留两位小数),如图 6-6 所示。

图 6-5 调用 FV 函数

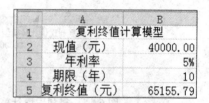

	A	B
1	复利终值计算模型	
2	现值(元)	40000.00
3	年利率	5%
4	期限(年)	10
5	复利终值(元)	65155.79

图 6-6 复利终值计算结果

3. 终值影响因素的模型分析

1) 分析本金、利息和复利终值对计息期限的敏感性

接[例 6-2]进行分析。

【实验步骤】

(1) 在单元格区域 A6:K10 中设计分析表格的格式。

(2) 在单元格 B8 中输入公式"=B2";在单元格 B9 中输入公式:=B8*$B$3;在单元格 B10 中输入公式:=B8+B9;在单元格 C8 中输入公式:=B10。

(3) 选取单元格 C8,将其向右填充复制到单元格 K8;选取单元格区域 B9:B10,将其向右填充复制到单元格区域 K9:K10。最终完成的分析表如图 6-7 所示。

	A	B	C	D	E	F	G	H	I	J	K
6	本金、利息和复利终值对计息期限的敏感性分析										
7	期限(年)	1	2	3	4	5	6	7	8	9	10
8	年初本金(元)	40000.00	42000.00	44100.00	46305.00	48620.25	51051.26	53603.83	56284.02	59098.22	62053.13
9	本年利息(元)	2000.00	2100.00	2205.00	2315.25	2431.01	2552.56	2680.19	2814.20	2954.91	3102.66
10	复利终值(元)	42000.00	44100.00	46305.00	48620.25	51051.26	53603.83	56284.02	59098.22	62053.13	65155.79

图 6-7 敏感性分析表

2) 绘制

接[例 6-2],绘制本金、利息和复利终值与计息期限之间的关系图。

【实验步骤】

(1) 选取单元格区域 A8:K10,点击工具栏上的"插入"按钮,点击"图表"下拉框,在弹出的"插入图表"对话框中,选择"柱形图"图表类型及"簇状柱形图"子图表类型,然后单击"确定"。

(2) 选中制作的图表,单击鼠标右键,从下拉菜单中点击"选择数据"选项,在系统弹出的"选择数据源"对话框中,点击"水平(分类)轴标签"中的"编辑",弹出"轴标签"对话框,在"轴标签区域"内选择数据 B7:K7,点击"确定"按钮,如图 6-8 所示。

(3) 在"选择数据源"对话框中,点击"图例项(系列)"下"编辑",弹出"编辑数据系列"对话框,更改三个系列各自的名称为"年初本金""本年利息""复利终值",并选择相应的系列值,如图 6-9 所示;最终在"选择数据源"对话框中点击"确定"。

图 6-8　轴标签

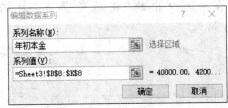

图 6-9　设置系列名称

(4) 单击制作的图表,点击菜单栏中的"图标工具"按钮,然后点击"布局"选项卡,更改"标签"中的"图表标题""坐标轴标题",在对话框中输入图表的标题、(X)轴的名称和(Y)轴的名称,图表制作完成,如图 6-10 所示。

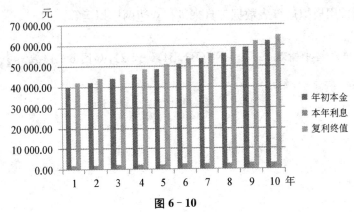

图 6-10

(5) 点击图表中的柱状部分,右击"更改图标系列类型",选择"带数据标记的折线图",最终图表制作完成,如图 6-11 所示。

3) 分析复利终值对利率变化的敏感性

接[例 6-2]采用模拟运算表数据分析工具来进行单变量模拟运算。

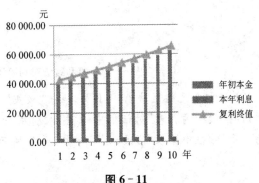

图 6-11

【实验步骤】

（1）设计分析用表格的格式，如图 6-12 所示。

	A	B	C	D	E	F	G	H	I	J	K
12	复利终值对年利率的敏感性分析										
13	年利率										
14	复利终值	2%	4%	6%	8%	10%	12%	14%	16%	18%	20%
15											

图 6-12　复利终值对年利率变化的敏感性

（2）在 A15 单元格中输入公式：＝FV(B3,B4,,-B2)。

（3）选取单元格区域 A14:K15，点击"数据"菜单中的"数据工具"选择"模拟运算表"，在系统弹出的"模拟运算表"对话框中的"输入引用行的单元格"框中输入"＄B＄3"。

（4）单击"确定"，即完成了单变量模拟运算，得到复利终值对利率变化的敏感性分析表，如图 6-13 所示。

	A	B	C	D	E	F	G	H	I	J	K
12	复利终值对年利率的敏感性分析										
13	年利率										
14	复利终值	2%	4%	6%	8%	10%	12%	14%	16%	18%	20%
15	65155.79	48759.777	59209.771	71633.908	86357	103749.7	124233.93	148288.85	176457.4	209353.42	247669.46

图 6-13　复利终值对利率变化的敏感性分析结果

4）分析复利终值对利率和计息期限变化的敏感性

按[例 6-2]采用模拟运算表数据工具来进行双边两模拟运算。

【实验步骤】

（1）在 A19 单元格中输入公式：＝FV(B3,B4,,-B2)，如图 6-14 所示。

	A	B	C	D	E	F	G	H	I	J	K
17	复利终值对年利率和计息期限的敏感性分析										
18	年利率						计息期限				
19	65155.79										
20	2%										
21	4%										
22	6%										
23	8%										
24	10%										
25	12%										
26	14%										
27	16%										
28	18%										
29	20%										

图 6-14　复利终值对利率和计息期限变化的敏感性

（2）选取单元格区域 A19:K29，点击"数据"菜单中的"数据工具"选择"模拟运算表"，在系统弹出的"模拟运算表"对话框中的"输入引用行的单元格"框中输入"＄B＄4"，在"输入引用列的单元格"框中输入"＄B＄3"，如图 6-15 所示。

	A	B	C	D	E	F	G	H	I	J	K
17	复利终值对年利率和计息期限的敏感性分析										
18	年利率	计息期限									
19	65155.79	1	2	3	4	5	6	7	8	9	10
20	2%	40800.00	41616.00	42448.32	43297.29	44163.23	45046.50	45947.43	46866.38	47803.70	48759.78
21	4%	41600.00	43264.00	44994.56	46794.34	48666.12	50612.76	52637.27	54742.76	56932.47	59209.77
22	6%	42400.00	44944.00	47640.64	50499.08	53529.02	56740.76	60145.21	63753.92	67579.16	71633.91
23	8%	43200.00	46656.00	50388.48	54419.56	58773.12	63474.97	68552.97	74037.21	79960.19	86357.00
24	10%	44000.00	48400.00	53240.00	58564.00	64420.40	70862.44	77948.68	85743.55	94317.91	103749.70
25	12%	44800.00	50176.00	56197.12	62940.77	70493.67	78952.91	88427.26	99038.53	110923.15	124233.93
26	14%	45600.00	51984.00	59261.76	67558.41	77016.58	87798.90	100090.75	114103.46	130077.94	148288.85
27	16%	46400.00	53824.00	62435.84	72425.57	84013.67	97455.85	113048.79	131136.60	152118.45	176457.40
28	18%	47200.00	55696.00	65721.28	77551.11	91510.31	107982.17	127418.96	150354.37	177418.15	209353.42
29	20%	48000.00	57600.00	69120.00	82944.00	99532.80	119439.36	143327.23	171992.68	206391.21	247669.46

图 6‑15 复利终值对利率和计息期限变化的敏感性分析结果

5) 绘制不同利率水平下复利终值与计息期限之间的关系图

接[例 6‑2],绘制不同利率水平下复利终值与计息期限之间的关系图。

【实验步骤】

(1) 选取单元格区域 B20:K29,点击工具栏上的"插入"按钮,点击"图表"下拉框,在系统弹出的"插入图表"对话框中,选择"折线图"图表类型及"带数据标记的折线图"子图表类型,然后单击"确定"。

(2) 选中制作的图表,单击鼠标右键,从下拉菜单中点击"选择数据"选项,在系统弹出的"选择数据源"对话框中,单击"图例项(系列)"下方区域中的"系列1",点击"编辑"在"名称"栏输入该系类的名称"2%",然后按同样的方法分别将"系类2"至"系列10"的名称修改为"4%""6%""20%",最后在"水平(分类)轴标签"栏中输入:=Sheet1! $B19:$K$9,点击"确定"按钮,完成图表编辑,如图 6‑16 所示。

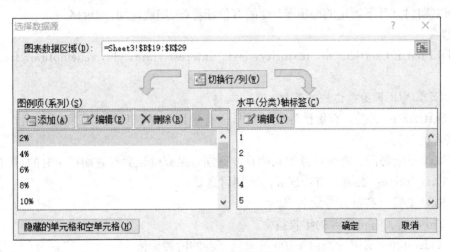

图 6‑16 "选择数据源"对话框

(3) 单击制作的图表,点击菜单栏中的"图标工具"按钮,然后点击"布局"选项卡,更改"标签"中的"图表标题"为"不同利率水平下复利终值与计息期限之间的关系""坐标轴标题",在对话框中输入图表的标题、(X)轴的名称和(Y)轴的名称,图表制作完成。

(4) 将鼠标指针对准图标区域的网格线,单击右键,在弹出的快捷菜单中执行"删除"命令,从而清除图标中网格线。

(5) 由于18%系列和6%系列的颜色分别为浅灰色和灰色,由于颜色较浅,不便于查看。为方便查看,可以将其重新设置为其他颜色。具体方法如下:首先将鼠标指针对准18%系列数据,单击右键,在系统弹出的快捷菜单中执行"数据系列格式"命令,在系统打开的"数据系列格式"对话框的"线条颜色"选项卡中,改线条颜色为黑色、实线,最终修改的图表如图6-17所示。

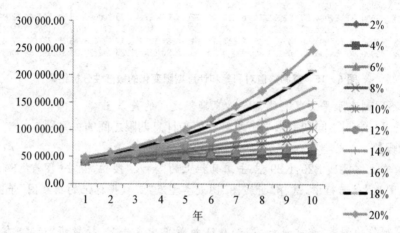

图6-17 不同利率水平下复利终值与计息期限之间的关系

6.1.3 函数介绍

1. ODDLPRICE 函数

返回末期付息日不固定的面值¥100 的有价证券(长期或短期)的价格。

1)语法

ODDLPRICE(settlement,maturity,last_interest,rate,yld,redemption,frequency,[basis])

2)ODDLPRICE 函数语法的参数

(1) Settlement 必需。有价证券的结算日。有价证券结算日是在发行日之后,有价证券卖给购买者的日期。

(2) Maturity 必需。有价证券的到期日。到期日是有价证券有效期截止时的日期。

(3) Last_interest 必需。有价证券的末期付息日。

(4) Rate 必需。有价证券的利率。

(5) Yld 必需。有价证券的年收益率。

(6) Redemption 必需。面值¥100 的有价证券的清偿价值。

(7) Frequency 必需。年付息次数如果按年支付,frequency = 1;按半年期支付,frequency = 2;按季支付,frequency = 4。

(8) Basis 可选。要使用的日计数基准类型。

Basis	日计数基准
0 或省略	US(NASD)30/360
1	实际/实际
2	实际/360
3	实际/365
4	欧洲 30/360

3) 说明

(1) Microsoft Excel 可将日期存储为可用于计算的序列号。默认情况下,1900 年 1 月 1 日的序列号是 1,而 2008 年 1 月 1 日的序列号是 39448,这是因为它距 1900 年 1 月 1 日有39 448 天。

(2) 结算日是购买者买入息票(如债券)的日期。到期日是息票有效期截止时的日期。例如,在 2008 年 1 月 1 日发行的 30 年期债券,六个月后被购买者买走。则发行日为 2008 年 1 月 1 日,结算日为 2008 年 7 月 1 日,而到期日是在发行日 2008 年 1 月 1 日的 30 年后,即 2038 年 1 月 1 日。

(3) Settlement、maturity、last_interest 和 basis 将被截尾取整。

(4) 如果 settlement、maturity 或 last_interest 不是有效日期,则 ODDLPRICE 返回错误值♯VALUE!。

(5) 如果 rate＜0 或 yld＜0,则 ODDLPRICE 返回错误值♯NUM!。

(6) 如果 basis＜0 或 basis＞4,则 ODDLPRICE 返回错误值♯NUM!。

(7) 必须满足下列日期条件,否则,ODDLPRICE 返回错误值♯NUM!:

maturity＞settlement＞last_interest

4) 示例

某债券的结算日为 2008 年 2 月 7 日,到期日为 2008 年 6 月 15 日,末期付息日为 2007 年 10 月 15 日,债券的票面利率为 3.75%,收益率为 4.05%,债券清偿为 100 元,按半年期付息,以 0/360 为日计数基准,计算该债券的末期付息日不固定的面值￥100 的有价证券(长期或短期)的价格。

(1) 打开 Excel,输入如右下图所示数据。

(2) 选择公式→插入函数→ODDLPRICE 函数,将弹出如下对话框,输入数据。或在 B9 单元格中输入公式:＝ODDLPRICE(B1,B2,B3,B4,B5,B6,B7,B8)。

(3) 点击"确定",该有价证券的首期付息日不固定的有价证券的收益率就算出来了。

	A	B
1	结算日	2008-2-7
2	到期日	2008-6-15
3	末期付息日	2007-10-15
4	票面利率	3.75%
5	收益率	4.05%
6	清偿价值	100.00
7	年支付期数	2
8	日计数基准	0
9	末期付息日不固定的面值 ￥100 的有价证券(长期或短期)的价格	

Sheet1　Sheet2　S

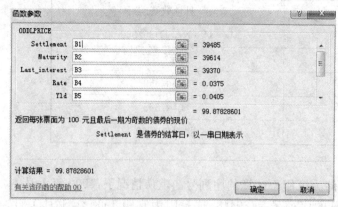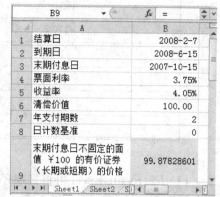

2. ODDLYIELD 函数

返回末期付息日不固定的有价证券(长期或短期)的收益率。

1) 语法

ODDLYIELD(settlement, maturity, last _ interest, rate, pr, redemption, frequency, [basis])

2) ODDLYIELD 函数语法的参数

(1) Settlement 必需。有价证券的结算日。有价证券结算日是在发行日之后,有价证券卖给购买者的日期。

(2) Maturity 必需。有价证券的到期日。到期日是有价证券有效期截止时的日期。

(3) Last_interest 必需。有价证券的末期付息日。

(4) Rate 必需。有价证券的利率。

(5) Pr 必需。有价证券的价格。

(6) Redemption 必需。面值￥100 的有价证券的清偿价值。

(7) Frequency 必需。年付息次数。如果按年支付,frequency=1;按半年期支付,frequency=2;按季支付,frequency=4。

(8) Basis 可选。要使用的日计数基准类型。

Basis	日计数基准
0 或省略	US(NASD)30/360
1	实际/实际
2	实际/360
3	实际/365
4	欧洲 30/360

3) 说明

(1) Microsoft Excel 可将日期存储为可用于计算的序列号。默认情况下,1900 年 1 月 1 日的序列号是 1,而 2008 年 1 月 1 日的序列号是 39448,这是因为它距 1900 年 1 月 1 日有 39 448 天。

（2）结算日是购买者买入息票（如债券）的日期。到期日是息票有效期截止时的日期。例如，在 2008 年 1 月 1 日发行的 30 年期债券，六个月后被购买者买走。则发行日为 2008 年 1 月 1 日，结算日为 2008 年 7 月 1 日，而到期日是在发行日 2008 年 1 月 1 日的 30 年后，即 2038 年 1 月 1 日。

（3）Settlement、maturity、last_interest 和 basis 将被截尾取整。

（4）如果 settlement、maturity 或 last_interest 不是有效日期，则 ODDLYIELD 返回错误值♯VALUE！。

（5）如果 rate<0 或 pr≤0，则 ODDLYIELD 返回错误值♯NUM！。

（6）如果 basis<0 或 basis>4，则 ODDLYIELD 返回错误值♯NUM！。

（7）必须满足下列日期条件，否则，ODDLYIELD 返回错误值♯NUM！：

maturity>settlement>last_interest

（8）函数 ODDLYIELD 的计算公式如下：

$$ODDLYIELD = \left[\frac{\left(redemption + \left(\left(\sum_{j=1}^{NC}\frac{DC_i}{NL_i}\right)\times\frac{100\times rate}{frequency}\right)\right) - \left(par + \left(\left(\sum_{j=1}^{NC}\frac{A_i}{NL_i}\right)\times\frac{100\times rate}{frequency}\right)\right)}{par + \left(\left(\sum_{j=1}^{NC}\frac{A_i}{NL_i}\right)\times\frac{100\times rate}{frequency}\right)}\right] \times \left[\frac{frequency}{\left(\left(\sum_{j=1}^{NC}\frac{DSC_i}{NL_i}\right)\right)}\right]$$

式中，A_i——在不固定付息期内，截止到兑现日之前，从最后一个付息日往前推算的第 i 个或最后一个准付息期的应计天数；

　　　DC_i——由实际付息期所限定的，第 i 个或最后一个准付息期的天数；

　　　NC——在不固定付息期内的准付息期数（如果包含小数，将向上舍入为整数）；

　　　NL_i——在不固定付息期内的第 i 个或最后一个准付息期的正常天数。

4）示例

某债券的结算日为 2008 年 4 月 20 日，到期日为 2008 年 6 月 15 日，末期付息日为 2007 年 12 月 24 日，债券的票面利率为 3.75%，债券价格为 998.75 元，债券清偿为 100 元，按半年期付息，以 0/360 为日计数基准，计算该债券的末期付息日不固定的有价证券（长期或短期）的收益率。

（1）打开 Excel，输入如图所示数据。

（2）选择公式→插入函数→ODDLYIELD 函数，将弹出如下对话框，输入数据。或在 B9 单元格中输入公式：=ODDLYIELD(B1,B2,B3,B4,B5,B6,B7,B8)。

（3）点击"确定"，得到有价证券的首期付息日不固定的有价证券的收益率。

	A	B
	B9	f_x
1	结算日	2008-4-20
2	到期日	2008-6-15
3	末期付息日	2007-12-24
4	票面利率	3.75%
5	债券价格	99.87
6	清偿价值	100.00
7	年支付期数	2
8	日计数基准	0
9	收益率	
10		

	A	B
1	结算日	2008-4-20
2	到期日	2008-6-15
3	末期付息日	2007-12-24
4	票面利率	3.75%
5	债券价格	99.87
6	清偿价值	100.00
7	年支付期数	2
8	日计数基准	0
9	收益率	4.55%
10		

6.2 年金现值与终值

6.2.1 相关知识

在一定时期内每次等额收付的系列款项,称为年金,通常记为 A。年金的形式多种多样,如保险费、租金以及零存整取或整存零取储蓄等。

年金按其收付发生时点不同,可分为普通年金、先付年金、递延年金和永续年金。下面逐一介绍各种年金终值与现值的计算方法。

1. 普通年金终值与现值

普通年金是指一定时期内每期期末等额收付的系列款项,又称后付年金。

1) 普通年金终值

普通年金终值是一定时期内每期期末等额收付款项计算复利终值并求和。

普通年金终值的计算公式为:

$$FVA = A \cdot \frac{(1+i)^n - 1}{i}$$

式中,FVA——年终奖金(Future Value of Annuity);

$\dfrac{(1+i)^n - 1}{i}$——年金终值系数,用符号 $(F/A, i, n)$ 表示。年金终值系数可以通过查阅

"年金终值系数表"获得。

2) 普通年金现值

普通年金现值是一定时期内每期期末等额收付款项计算复利现值并求和。

普通年金现值的计算公式为:

$$FVA = A \cdot \frac{1 - (1+i)^{-n}}{i}$$

式中,PVA——年金现值(Present Value of Annuity);

$\dfrac{1 - (1+i)^{-n}}{i}$——年金现值系数,用符号 $(P/A, i, n)$ 表示。年金现值系数可以通过查阅

"年金现值系数表"直接获得。

2. 先付年金终值与现值

先付年金是指一定时期内每期期初等额收付的系列款项,又称即付年金。

1) 先付年金终值

先付年金终值是一定时期内每期期初收付的等额款项计算复利终值并求和。

先付年金与普通年金的付款次数相同,只是付款时点不同,先付年金终值比普通年金终值多一个计息期。因此,在普通年金终值的基础上乘以$(1+i)$就是先付年金终值,即:

$$XFVA = A \cdot \frac{(1+i)^n - 1}{i} \cdot (1+i)$$

2) 先付年金现值

先付年金现值是一定时期内每期期初收付的等额款项计算复利现值并求和。通过比较可以看出,先付年金与普通年金的付款次数相同,只是付款时点不同,先付年金现值比普通年金现值少折现一期,即在普通年金现值的基础上少一个折现系数$1/(1+i)$,也就是在普通年金现值的基础上乘以$(1+i)$,即:

$$XFVA = A \cdot \frac{1-(1+i)^{-n}}{i} \cdot (1+i)$$

3. 递延年金终值与现值

递延年金又称延期年金,是指第一次收付款发生时间不在第一期,而是第二期或第二期以后才开始发生的系列等额收付款项。递延年金是普通年金的特殊形式,一般用m表示递延期数,用n表示年金实际发生的期数。

递延年金现值的计算公式为:

$$PVA = A \cdot \frac{1-(1+i)^{-(m+n)}}{i} - A \cdot \frac{1-(1+i)^{-m}}{i} \quad \text{或} \quad PVA = A \cdot \frac{1-(1+i)^{-n}}{i} \cdot (1+i)^{-m}$$

4. 永续年金现值

永续年金现值是无限期等额收付的特种年金,由于永续年金持续期无限,因此没有终值,只有现值。永续年金现值的计算公式为:

$$PVA = \frac{A}{i}$$

6.2.2　年金现值与终值的计算

【例6-3】已知有四个年金系列:① 普通年金4 000元,期限10年;② 先付年金4 000元,期限10年;③ 延期年金5 000元,年金的期限10年,递延期5年;④ 永续年金20 000元。假定年利率为8%,要求设计一个可以用来计算普通年金、先付年金、延期年金的终值和现值以及永续年金现值的模型。

【实验步骤】

(1) 设计输入数据区域和计算结果区域的格式,如图6-18所示。

(2) 在单元格B10中输入公式:=FV(B5,B4,-B3),计算普通年金的终值。

（3）在单元格 B11 中输入公式：＝PV(B5,B4,－B3)，计算普通年金的现值。

（4）在单元格 D10 中输入公式：＝FV(D5,D4,－D3,,1)，计算先付年金的终值。

（5）在单元格 D11 中输入公式：＝PV(D5,D4,－D3,,1)，计算先付年金的现值。

（6）在单元格 F10 中输入公式：＝FV(F6,F4,－F3)，计算递延年金的终值。

（7）在单元格 F11 中输入公式：＝PV(F6,(F4＋F5),－F3)－PV(F6,F5,－F3)，或者输入公式：＝PV(F6,F5,,－PV(F6,F4,－F3))计算递延年金的现值。

（8）在单元格 H11 中输入公式：＝H3/H4，计算永续年金的现值。

（9）模型的运行结果如图 6-18 所示。

	A	B	C	D	E	F	G	H
1				输入数据区域				
2	普通年金		先付年金		递延年金		永续年金	
3	年金（元）	4000	年金（元）	4000	年金（元）	5000	年金（元）	20000
4	期限（年）	10	期限（年）	10	期限（年）	10	年利率	8%
5	年利率	8%	年利率	8%	递延期（年）	5		
6					年利率	8%		
7								
8	计算结果区域							
9	普通年金		先付年金		递延年金		永续年金	
10	终值（元）	57946.25	终值（元）	62581.95	终值（元）	72432.81		
11	现值（元）	26840.33	现值（元）	28987.55	现值（元）	22833.84	现值（元）	250000.00

图 6-18　普通年金、先付年金、延期年金的终值和现值以及永续年金现值的模型

【例 6-4】 设计一个可以选择计算普通年金或先付年金的终值或现值的模型。

【实验步骤】

（1）设计模型的输入区域和计算结果区域的格式，如图 6-19 所示。

	A	B	C	D	E	F	G	H
1	输入数据区域			计算结果区域			年金发生	普通年金
2	年金（元）			年金的类型			的时点	先付年金
3	期限（年）			终值或现值（元）			终值或现值	年金终值
4	年利率			计算结果				年金现值

图 6-19　普通年金或先付年金的终值或现值的模型

（2）单击"开发工具"，在"控件"工具栏上插入"组合框控件"按钮，然后将鼠标指针对准单元格 E2 的左上角，向右下方拖曳出一个组合框控件。再将鼠标指针对准该组合框控件的边缘区域，单击右键，在系统弹出的快捷菜单中执行"设置控件格式"命令，打开"设置控件格式"对话框，在该对话框的"控制"选项卡中的"控制源区域"栏中输入 ＄H＄1：＄H＄2，在"单元格链接"栏中输入 ＄E＄2，在"下拉显示项数"栏中输入 2，并选中"三维阴影"复选框，单击"确定"按钮以后，即完成了对 E2 单元格插入的组合框控件的设置，如图 6-20 所示。

（3）按照与上述相同的方法在单元格 E3 中插入一个组合框控件，在"控制"选项卡上的"控制源区域"栏中输入 ＄H＄3：＄H＄4，在"单元格链接"栏中输入 E3，在"下拉显示项数"栏中输入 2，并选中"三维阴影"复选框，单击"确定"按钮以后，即完成了对 E3 单元格插入的组合框控件的设置。

（4）在单元格 E4 中输入公式：＝IF(E2＝1,IF(E3＝1,FV(B4,B3,－B2),PV(B4,B3,－B2)),IF(E3＝1,FV(B4,B3,－B2,,1),PV(B4,B3,－B2,,1)))。该公式的含义是，如果在

E2 单元格的组合框控件中选中"普通年金",则在 E3 单元格的组合框控件中分别选中"年金终值"和"年金现值"的情况下,分别计算普通年金的终值和现值;否则,就会在 E3 单元格的组合框控件中分别选中"年金终值"和"年金现值"的情况下,分别计算先付年金的终值和现值。

(5) 完成选择计算普通年金或先付年金的终值或现值的模型的建立。在 B2:B4 单元格区域中输入已知数据,然后在 E2 和 E3 单元格中选择某个项目,就可以在 E4 单元格中得到相应的计算结果。例如,输入已知的年金 30 000 元,期限 5 年,年利率 10%,选中"普通年金"和"年金终值",则得到的计算结果为 183 153.00 元,如图 6 - 21 所示。如果选中"先付年金"和"年金现值",则得到的计算结果为 125 095.96 元,如图 6 - 22 所示。

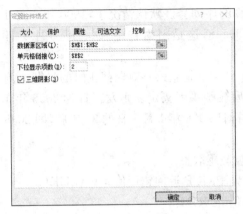

图 6 - 20　设置控件格式

	A	B	C	D	E
1	输入数据区域			计算结果区域	
2	年金(元)	30000		年金的类型	普通年金
3	期限(年)	5		终值或现值(元	年金终值
4	年利率	10%		计算结果	183153.00

图 6 - 21　普通年金的终值模型运算结果

	A	B	C	D	E
1	输入数据区域			计算结果区域	
2	年金(元)	30000		年金的类型	先付年金
3	期限(年)	5		终值或现值(元	年金现值
4	年利率	10%		计算结果	125095.96

图 6 - 22　先付年金的现值模型运算结果

6.2.3　函数介绍

返回定期付息的面值￥100 的有价证券的价格。

1) 语法

PRICE(settlement,maturity,rate,yld,redemption,frequency,[basis])

2) 要点

应使用 DATE 函数输入日期,或者将日期作为其他公式或函数的结果输入。例如,使用函数 DATE(2008,5,23),输入 2008 年 5 月 23 日。如果日期以文本形式输入,则会出现问题。

3) PRICE 函数语法的参数

(1) Settlement 必需。有价证券的结算日。有价证券结算日是在发行日之后,有价证券卖给购买者的日期。

(2) Maturity 必需。有价证券的到期日。到期日是有价证券有效期截止时的日期。

(3) Rate 必需。有价证券的年息票利率。

(4) Yld 必需。有价证券的年收益率。

(5) Redemption 必需。面值￥100 的有价证券的清偿价值。

(6) Frequency 必需。年付息次数。如果按年支付,frequency＝1;按半年期支付,frequency＝2;按季支付,frequency＝4。

(7) Basis 可选。要使用的日计数基准类型。

Basis	日计数基准
0 或省略	US(NASD)30/360
1	实际/实际
2	实际/360
3	实际/365
4	欧洲 30/360

4) 说明

(1) Microsoft Excel 可将日期存储为可用于计算的序列号。默认情况下,1900 年 1 月 1 日的序列号是 1,而 2008 年 1 月 1 日的序列号是 39448,这是因为它距 1900 年 1 月 1 日有 39 448 天。

(2) 结算日是购买者买入息票(如债券)的日期。到期日是息票有效期截止时的日期。例如,在 2008 年 1 月 1 日发行的 30 年期债券,六个月后被购买者买走。则发行日为 2008 年 1 月 1 日,结算日为 2008 年 7 月 1 日,而到期日是在发行日 2008 年 1 月 1 日的 30 年后,即 2038 年 1 月 1 日。

(3) Settlement、maturity、frequency 和 basis 将被截尾取整。

(4) 如果 settlement 或 maturity 不是有效日期,则 PRICE 返回错误值 ♯VALUE!。

(5) 如果 yld<0 或 rate<0,则 PRICE 返回错误值 ♯NUM!。

(6) 如果 redemption≤0,则 PRICE 返回错误值 ♯NUM!。

(7) 如果 frequency 不为数字 1、2 或 4,则 PRICE 返回错误值 ♯NUM!。

(8) 如果 basis<0 或 basis>4,则 PRICE 返回错误值 ♯NUM!。

(9) 如果 settlement≥maturity,则 PRICE 返回错误值 ♯NUM!。

5) 要点

当 $N>1$ 时(N 是结算日与清偿日之间的付息次数),PRICE 的计算公式如下:

$$PRICE = \left[\frac{redemption}{\left(1+\frac{yld}{frequency}\right)^{\left(N-1+\frac{DSC}{E}\right)}}\right] + \left[\sum_{i=1}^{N}\frac{100 \times \frac{rate}{frequency}}{\left(1+\frac{yld}{frequency}\right)^{\left(N-1+\frac{DSC}{E}\right)}}\right]$$

$$-\left(100 \times \frac{rate}{frequency} \times \frac{A}{E}\right)$$

式中,DSC——结算日与下一付息日之间的天数;

E——结算日所在的付息期的天数;

A——当前付息期内截止到结算日的天数。

当 $N=1$ 时(N 是结算日与清偿日之间的付息次数),PRICE 的计算公式如下:

$$DSR = E - A$$

$$T1 = 100 \times \frac{rate}{frequency} + redemption$$

$$T2 = \frac{yld}{frequency} \times \frac{DSR}{E} + 1$$

$$T3 = 100 \times \frac{rate}{frequency} \times \frac{A}{E}$$

$$Price = \frac{T1}{T2} - T3$$

6）示例

某债券的结算日为 2008 年 2 月 15 日，到期日为 2017 年 11 月 15 日，末期付息日为 2017 年 12 月 24 日，债券的票面利率为 11.5%，收益率为 6.05%，债券清偿为 100 元，按半年期付息，以 0/360 为日计数基准，计算该债券的价格。

（1）打开 Excel，输入如图所示数据。

	A	B
1	结算日	2008-2-15
2	到期日	2017-11-15
3	票面利率（半年）	5.75%
4	收益率	6.05%
5	清偿价值	100.00
6	年支付期数	2
7	日计数基准	0
8	债券价格	
9		

（2）选择公式→插入函数→PRICE 函数，将弹出如下对话框，输入数据。或在 B8 单元格中输入公式：＝PRICE(B1,B2,B3,B4,B5,B6,B7)。

（3）点击"确定"，得到有价证券的价格。

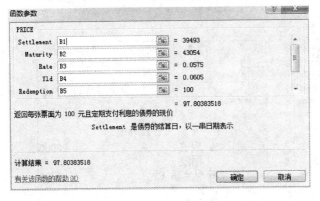

	A	B
1	结算日	2008-2-15
2	到期日	2017-11-15
3	票面利率（半年）	5.75%
4	收益率	6.05%
5	清偿价值	100.00
6	年支付期数	2
7	日计数基准	0
8	债券价格	97.80383518

6.3 计算期数与利率

6.3.1 相关知识

如果实际财务活动中能预知或者预计现值和终值,需要求贴现率或者投资回报期数时,均可视为求终值或现值的逆运算,往往可分三步:第一步,求系数;第二步,查表;第三步,插值法求贴现率或者期数。

6.3.2 期数与利率的计算

【例 6-5】假设 A 公司向银行存入 20 000 元,希望在以后 10 年中每年获得 2 800 元,按复利计息。

(1) 计算利率为多少?

(2) 假设 A 公司有甲、乙两台设备可供选用,甲设备的年使用费比乙设备低 4 000 元,但价格高于乙设备 20 000 元。若资本成本为 8%,要选用甲设备,其使用期应为多少年才有利?

【实验步骤】

（一）建立模型计算利率

(1) 打开 Excel,在计算利率工作表中选择 B3 单元格,输入公式:=B7/B9,完成后按 Enter 键计算年金现值系数,如图 6-23 所示。

(2) 选择 B10 单元格,输入公式:=A2+((B2-B3)/(B2-B4))*(A4-A2),完成后按 Enter 键计算利率,如图 6-24 所示。

(3) 选择 B11 单元格,输入公式:=RATE(B8,-B9,B7),完成后按 Enter 键计算利率,如图 6-24 所示。

	A	B
1	利率	年金现值系数
2	6%	7.3601
3	i	7.142857143
4	7%	7.0236
5		
6	计算利率	
7	现值	20000
8	期限	10
9	每年获取金额（元）	2800
10	利率-方法1	
11	利率-方法2	

图 6-23 利率模型

	A	B
1	利率	年金现值系数
2	6%	7.3601
3	i	7.142857143
4	7%	7.0236
5		
6	计算利率	
7	现值	20000
8	期限	10
9	每年获取金额（元）	2800
10	利率-方法1	6.65%
11	利率-方法2	6.64%

图 6-24 利率模型运算结果

（二）建立模型计算投资回收期

（1）在计算期数工作表中选择 B3 单元格，输入公式：＝B7/B9，完成后按 Enter 键计算年金现值系数，如图 6-25 所示。

（2）选择 B10 单元格，输入公式：＝A4＋(B4－B3)/(B4－B2)＊(A2－A4)，完成后按 Enter 键计算期数，如图 6-26 所示。

（3）选择 B11 单元格，输入公式：＝NPER(B8，－B9,B7)，完成后按 Enter 键计算期数，如图 6-27所示。

	A	B
1	期数	年金现值系数
2	7	5.2064
3	n	5
4	6	4.6229
5		
6	计算期数	
7	现值（元）	20000
8	利率	8%
9	每年支付金额（元）	4000
10	期数-方法1	
11	期数-方法2	

图 6-25　计算年金现值系数

	A	B
1	期数	年金现值系数
2	7	5.2064
3	n	5
4	6	4.6229
5		
6	计算期数	
7	现值（元）	20000
8	利率	8%
9	每年支付金额（元	4000
10	期数-方法1	6.65
11	期数-方法2	

图 6-26　计算期数（方法 1）

	A	B
1	期数	年金现值系数
2	7	5.2064
3	n	5
4	6	4.6229
5		
6	计算期数	
7	现值（元）	20000
8	利率	8%
9	每年支付金额（元	4000
10	期数-方法1	6.65
11	期数-方法2	6.64

图 6-27　计算期数（方法 2）

6.3.3　函数介绍

1. PRICEDISC 函数

返回折价发行的面值￥100 的有价证券的价格。

1）语法

PRICEDISC(settlement,maturity,discount,redemption,[basis])

2）PRICEDISC 函数语法的参数

（1）Settlement 必需。有价证券的结算日。有价证券结算日是在发行日之后，有价证券卖给购买者的日期。

（2）Maturity 必需。有价证券的到期日。到期日是有价证券有效期截止时的日期。

（3）Discount 必需。有价证券的贴现率。

（4）Redemption 必需。面值￥100 的有价证券的清偿价值。

（5）Basis 可选。要使用的日计数基准类型。

Basis	日计数基准
0 或省略	US(NASD)30/360
1	实际/实际
2	实际/360
3	实际/365
4	欧洲 30/360

3）说明

（1）Microsoft Excel 可将日期存储为可用于计算的序列号。默认情况下，1900 年 1 月 1 日的序列号是 1，而 2008 年 1 月 1 日的序列号是 39448，这是因为它距 1900 年 1 月 1 日有 39 448 天。

（2）结算日是购买者买入息票（如债券）的日期。到期日是息票有效期截止时的日期。例如，在 2008 年 1 月 1 日发行的 30 年期债券，六个月后被购买者买走。则发行日为 2008 年 1 月 1 日，结算日为 2008 年 7 月 1 日，而到期日是在发行日 2008 年 1 月 1 日的 30 年后，即 2038 年 1 月 1 日。

（3）Settlement、maturity 和 basis 将被截尾取整。

（4）如果 settlement 或 maturity 不是有效日期，则 PRICEDISC 返回错误值♯VALUE!。

（5）如果 discount≤0 或 redemption≤0，则 PRICEDISC 返回错误值♯NUM!。

（6）如果 basis<0 或 basis>4，则 PRICEDISC 返回错误值♯NUM!。

（7）如果 settlement≥maturity，则 PRICEDISC 返回错误值♯NUM!。

（8）函数 PRICEDISC 的计算公式如下：

$$PRICEDISC = redemption - discount \times redemption \times \frac{DSM}{B}$$

式中，B——一年之中的天数，取决于年基准数；

DSM——结算日与到期日之间的天数。

4）示例

某债券的结算日为 2008 年 2 月 16 日，到期日为 2008 年 3 月 1 日，银行的贴现率为 5.25%，债券清偿为 100 元，以实际/360 为日计数基准，计算折价发行的面值￥100 的有价证券的价格。

（1）打开 Excel，输入数据，现需要计算出折价发行的面值￥100 的有价证券的价格。

	A	B
1	结算日	2008-2-16
2	到期日	2008-3-1
3	贴现率	5.25%
4	清偿价值	100.00
5	日计数基准	2
6	债券价格	

（2）选择公式→插入函数→PRICEDISC 函数，将弹出如下对话框，输入数据。或在 B6 单

元格中输入公式：＝PRICEDISC(B1,B2,B3,B4,B5)。

（3）点击"确定"，得到折价发行的面值￥100的有价证券的价格。

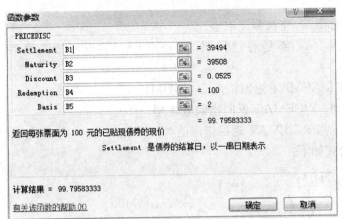

2. PRICEMAT 函数

返回到期付息的面值￥100的有价证券的价格。

1）语法

PRICEMAT(settlement,maturity,issue,rate,yld,[basis])

2）PRICEMAT 函数语法的参数

（1）Settlement 必需。有价证券的结算日。有价证券结算日是在发行日之后，有价证券卖给购买者的日期。

（2）Maturity 必需。有价证券的到期日。到期日是有价证券有效期截止时的日期。

（3）Issue 必需。有价证券的发行日，以时间序列号表示。

（4）Rate 必需。有价证券在发行日的利率。

（5）Yld 必需。有价证券的年收益率。

（6）Basis 可选。要使用的日计数基准类型。

Basis	日计数基准
0 或省略	US(NASD)30/360
1	实际/实际
2	实际/360
3	实际/365
4	欧洲 30/360

3）说明

（1）Microsoft Excel 可将日期存储为可用于计算的序列号。默认情况下，1900 年 1 月 1 日的序列号是 1，而 2008 年 1 月 1 日的序列号是 39448，这是因为它距 1900 年 1 月 1 日有 39 448 天。

（2）结算日是购买者买入息票（如债券）的日期。到期日是息票有效期截止时的日期。例如,在 2008 年 1 月 1 日发行的 30 年期债券,六个月后被购买者买走。则发行日为 2008 年 1 月 1 日,结算日为 2008 年 7 月 1 日,而到期日是在发行日 2008 年 1 月 1 日的 30 年后,即 2038 年 1 月 1 日。

(3) Settlement、maturity、issue 和 basis 将被截尾取整。

(4) 如果 settlement、maturity 或 issue 不是有效日期,则 PRICEMAT 返回错误值 ♯ VALUE!。

(5) 如果 rate<0 或 yld<0,则 PRICEMAT 返回错误值 ♯NUM!。

(6) 如果 basis<0 或 basis>4,则 PRICEMAT 返回错误值 ♯NUM!。

(7) 如果 settlement≥maturity,则 PRICEMAT 返回错误值 ♯NUM!。

(8) 函数 PRICEMAT 的计算公式如下:

$$PRICEMAT = \frac{100 \times \left(\frac{DIM}{B} \times rate \times 100\right)}{1 + \left(\frac{DSM}{B} \times yld\right)} - \left(\frac{A}{B} \times rate \times 100\right)$$

式中,B——一年之中的天数,取决于年基准数;

DSM——结算日与到期日之间的天数;

DIM——发行日与到期日之间的天数;

A——发行日与结算日之间的天数。

4) 示例

某债券的结算日为 2008 年 2 月 15 日,到期日为 2008 年 4 月 13 日,发行日为 2007 年 11 月 11 日,年票面利率为 12.2%,收益率为 6.1%,以 30/360 为日计数基准,计算到期付息的面值￥100 的有价证券的价格。

(1) 打开 Excel,输入如右图所示数据。

(2) 选择公式→插入函数→PRICEMAT 函数,将弹出如下对话框,输入数据。或在 B7 单元格中输入公式:=PRICEMAT(B1,B2,B3,B4,B5,B6)。

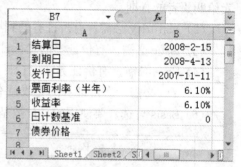

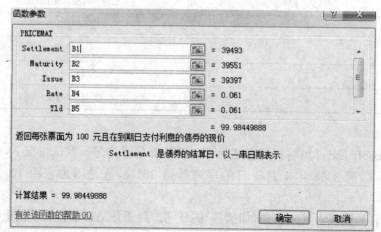

（3）点击"确定"，到期付息的面值￥100 的有价证券的价格就算出来了。

	A	B
1	结算日	2008-2-15
2	到期日	2008-4-13
3	发行日	2007-11-11
4	票面利率（半年）	6.10%
5	收益率	6.10%
6	日计数基准	0
7	债券价格	99.98449888

项目习题

1. 现 A 公司在银行存入 120 000，存期 15 年，银行按 4% 的年利率复利计息，要求：① 建立一个复利终值计算模型；② 计算这笔存款在第 10 年年末的终值；③ 分析本金、利息和复利终值对计息期限的敏感性，同时绘制本金、利息和复利终值与计息期限之间的关系图；④ 分析复利终值对利率变化的敏感性；⑤ 分析复利终值对利率和计息期限变化的敏感性。

2. 假设 B 公司向银行存入 45 000 元，希望在以后 10 年中每年获得 6 000 元，按复利计息。计算利率为多少？

3. 假设有甲、乙两台设备可供选用，乙设备的年使用费比甲设备低 5 000 元，但价格高于甲设备 25 000 元。若资本成本为 9%，要选用乙设备，其使用期应为多少年才有利？

4. 已知有 4 个年金系列：① 先付年金 3 600 元，期限 9 年；② 普通年金 6 000 元，期限 8 年；③ 延期年金 6 000 元，年金的期限 12 年，递延期 6 年；④ 永续年金 36 000 元。假定年利率为 9%，要求设计一个可以用来计算普通年金、先付年金、延期年金的终值和现值以及永续年金现值的模型。

项目七　财务预测体系的构建

项目目标

1. 掌握销售收入模型的构建。
2. 掌握销售增长率预测模型的构建。
3. 能够运用透视表功能进行销售数据分析。
4. 能够运用电子表格实现完全成本法和变动成本法的计算与差异分析。

7.1　销售收入的预测

7.1.1　相关知识

1. 销售预测

财务预测的起点是销售预测,同时销售预测对财务预测的质量有重大影响。如果销售的实际状况超出预测很多,企业没有准备足够的资金添置设备或储备存货,则无法满足顾客需要,不仅会失去盈利机会,并且会丧失原有的市场份额。

2. 移动平均法

移动平均法是指根据过去若干时期的销售数据,计算其平均数,并将计算平均数的时期不断往后推移,每次只用最近若干期的数据进行预测的销售预测方法。

移动平均法可以分为简单移动平均和加权移动平均两种情况,其中简单移动平均法的计算公式为:

$$F=(A_{t-1}+A_{t-2}+A_{t-3}+\cdots+A_{t-n})/n$$

式中,F——对下一期的预测值;

n——移动平均的时期个数;

A_{t-1}——前期实际值;

A_{t-2},A_{t-3}和A_{t-n}——分别表示前两期、前三期直至前n期的实际值。

3. 指数平滑法

指数平滑法是指根据最近时期的实际数据和预测数据,并借助于平滑系数进行销售预测的方法。计算公式为:

$$F=a \cdot D_{t-1}+(1-a)F_{t-1}$$

或
$$F=(1-\beta)D_{t-1}+\beta F_{t-1}$$

式中，F——上期的预测销售数；

F_t——新一期（即计划期）的预测销售数；

D_{t-1}——上期的实际销售数；

a——平滑系数$(0\leqslant a\leqslant 1)$；

β——阻尼系数$(0\leqslant\beta\leqslant 1)$，$\beta=1-a$。

平滑系数a的作用是适当消除偶然事件引起的实际数波动，使预测结果更精确。平滑系数越大或阻尼系数越小，近期实际数对预测结果的影响越大；反之，平滑系数越小或阻尼系数越大，近期实际数对预测结果的影响越小。

7.1.2　利用相关函数预测销售收入模型

【例7-1】甲公司2017年各月冰箱销售的有关数据如图7-1所示。该公司的销售额随时间的推移可能呈现变线性或指数变动趋势。要求建立一个带有选择销售额变动趋势组合框控件的预测下一个月份冰箱销售额的模型。

【实验步骤】

(1) 设计模型的结构，如图7-1所示。

图7-1　销售收入模型

(2) 单击"开发工具"工具栏。在"控件"工具栏上插入"组合框控件"按钮，再对准单元格A11的左上角，向右下方拖曳出一个组合框控件。然后对准该组合框控件的边缘区域，单击右键，在弹出的菜单中执行"设置控件格式"命令，打开"设置控件格式"，选择"控制"选项卡，在"控制源区域"栏中输入＄A＄6：＄A＄7，在"单元格链接"栏中输入＄A＄11，在"下拉显示项数"栏中输入2，并选中"三维阴影"复选框，单击"确定"按钮，完成A11单元格的组合框控件的设置。

(3) 在单元格C11中插入公式：＝IF(＄A＄11＝1,INDEX(LINEST(B4：M4,B3：M3),1),INDEX(LOGEST(B4：M4,B3：M3),1))。

(4) 在单元格C12中输入公式：＝IF(＄A＄11＝1,INDEX(LINEST(B4：M4,B3：M3),2),INDEX(LOGEST(B4：M4,B3：M3),2))。

(5) 在合并单元格F11中输入公式：＝IF(＄A＄11＝1,C12＋C11＊E6,C12＊C11^E6)。

(6) 在合并单元格L11中输入公式：＝IF(＄A＄11＝1,FOREAST(E6,B4：M4,B3：M3),GROWTH(B4：M4,B3：M3,E6))。

(7) 选取单元格区域A14：B18,输入数组公式：＝IF(＄A＄11＝1,LINEST(B4：M4,B3：

M3,,TRUE),LOGEST(B4:M4,B3:M3,,TRUE)),并同时按住 Shift、Ctrl、Enter 即可完成数组公式计算。

（8）完成模型的建立。为了合理地选择销售额的变动趋势，可以根据历史数据绘制散点图，然后根据图形形状判断销售额的变动趋势。选取单元格区域 B3:M4，单击工具栏上的"插入图表"按钮，在弹出的"更改图表类型"对话框中选中"XY"散点图中的"仅带数据标记的散点图"，得到销售额的散点图，如图 7-2 所示，最后根据图形的形状判断现售额的变动趋势。

（9）从散点图中可以看出，该公司 2017 年 12 个月的销售额近似地呈现指数变动趋势，因此在单元格 A11 的组合框控件中选"指数趋势"，所得到的运算结果如图 7-3 所示。该公司以后使用该模型进行销售预测时，可根据新的历史数据的变动趋势在组合框控件中做出新的选择，得到相应的新的结果。

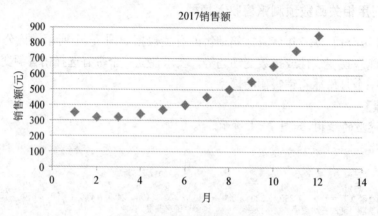

图 7-2　销售额的散点图

	A	B	C	D	E	F	G	H	I	J	K	L	M
1						已知条件							
2	年份					2017年实际							
3	月份	1	2	3	4	5	6	7	8	9	10	11	12
4	销售额（万元）	350	320	320	340	370	400	450	500	550	650	750	850
5	销售额可能的变动趋势		预测期		预测期的自变量								
6	线性趋势		y=m*x+b		2018年1月		13						
7	指数趋势		y=b*m^x										
8													
9						选择与计算模型							
10	变动趋势的选择		利用LINEST或LOGEST函数计算						利用FORECAST或GROWTH函数计算				
11	指数趋势 ▼		系数m	1.09	2018年1月预								
12		2	系数b	256.5	计销售额		829.12		2018年1月预计销售额			829.12	
13	返回的附加回归统计值												
14		1.09	256.48										
15		0.01	0.06										
16		0.92	0.10										
17		109.51	10.00										
18		1.16	0.11										

图 7-3　销售收入模型运算结果

7.1.3　利用数据分析工具预测销售收入模型

1. 基于移动平均法的销售预测模型

【例 7-2】乙公司 2017 年各月彩电销售额的有关数据如图 7-4 所示。要求建立一个利用移动平均法(按3期移动平均)预测下一个月份彩电销售额的模型。

【实验步骤】

(1)设计模型的结构,如图7-4所示。点击"开发工具",再点击"加载项",在"分析工具库"和"分析数据库－VBA"复选框打钩,点击"确定"。成功添加"数据分析插件"后,在"数据"中点击"数据分析",选择"移动平均",点击"确定"。

(2)弹出"移动平均"对话框,在"输入区域"栏中输入＄B＄4：＄M＄4,在"间隔"栏中输入3,在"输出区域"栏中输入＄B＄10,再选中"图表输出"和"标准误差"复选框,单击"确定",即可得到移动平均数、相应的标准误差和图表。

(3)在单元格D12中输入公式：＝M10,即可得到预测结果。

	A	B	C	D	E	F	G	H	I	J	K	L	M
1					已知条件								
2	年度					2017							
3	月份	1	2	3	4	5	6	7	8	9	10	11	12
4	彩电销售额（万元）	100	104	120	130	116	110	132	144	150	166	170	172
5	移动平均的时期个数	3	预测期	2018年1月									
6													
7					预测过程与结果								
8	年度					2017							
9	月份	1	2	3	4	5	6	7	8	9	10	11	12
10	移动平均数（n=3）												
11	标准误差												
12	2018年1月预测彩电销售额（万元）												

图7-4　移动平均法的销售预测模型

(4)模型运算结果和模型输出的图表如图7-5、图7-6所示。

	A	B	C	D	E	F	G	H	I	J	K	L	M
1					已知条件								
2	年度					2017							
3	月份	1	2	3	4	5	6	7	8	9	10	11	12
4	彩电销售额（万元）	100	104	120	130	116	110	132	144	150	166	170	172
5	移动平均的时期个数	3	预测期	2018年1月									
6													
7					预测过程与结果								
8	年度					2017							
9	月份	1	2	3	4	5	6	7	8	9	10	11	12
10	移动平均数（n=3）	#N/A	#N/A	108	118	122	118.67	119.33	128.67	142	153.33	162	169.33
11	标准误差	#N/A	#N/A	#N/A	#N/A	10.392	9.2216	9.5141	12.526	12.377	12.377	9.8055	8.7855
12	2018年1月预测彩电销售额（万元）	169.33											

图7-5　移动平均法的销售预测模型运算结果

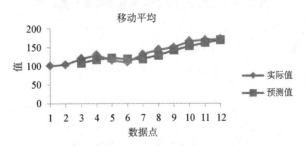

图7-6　移动平均法的销售预测图表

2. 基于指数平滑法的销售预测模型

【例 7-3】乙公司 2017 年各月彩电销售额的有关数据如图 7-8 中已知条件区域所示。要求建立一个利用指数平滑法(阻尼系数＝0.3)预测下一个月份彩电销售额的模型。

【实验步骤】

(1) 设计模型的结构,如图 7-8 所示。执行"数据"菜单中的"数据分析"命令,在系统打开的"数据分析"对话框的"分析工具"栏中执行"指数平滑"命令。

(2) 单击"确定"按钮以后,在系统打开的"指数平滑"对话框中,在"输入区域"栏中输入 $B$4:$M$4,在"阻尼系数"栏中输入 0.3,在"输出区域"栏中输入 $B$10,再选中"图表输出"和"标准误差"复选框,如图 7-7 所示。

图 7-7 指数平滑对话框

(3) 单击"确定"按钮,即可得到各期的预测值、相应的标准误差和图表。

(4) 在单元格 D12 中输入公式:＝M4 * (1－B5)＋M10 * B5,即可得到所需要的预测结果,模型运算的结果和模型输出的图表如图 7-8、图 7-9 所示。

	A	B	C	D	E	F	G	H	I	J	K	L	M
4	彩电销售额（万元）	100	104	120	130	116	110	132	144	150	166	170	172
5	阻尼系数	0.3	预测期	2018年1月		预测方法		指数平滑法					
6													
7						预测过程与结果							
8	年度						2017						
9	月份		1	2	3	4	5	6	7	8	9	10	11	12
10	预测值	#N/A	100	102.8	114.84	125.452	118.8356	112.6507	126.1952	138.6586	146.5976	160.1793	167.0538
11	标准误差	#N/A	#N/A	#N/A	#N/A	13.43708	14.31789	11.50701	13.4388	16.01535	16.53315	16.55389	14.16015
12	2018年1月预测彩电销售额（万元）	170.51613											

图 7-8 指数平滑法的销售预测模型运算结果

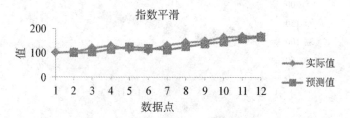

图 7-9 指数平滑法的销售预测图表

7.1.4 函数介绍

1. RECEIVED 函数

返回一次性付息的有价证券到期收回的金额。

1）语法

RECEIVED(settlement,maturity,investment,discount,[basis])

2）RECEIVED 函数语法的参数

（1）Settlement 必需。有价证券的结算日。有价证券结算日是在发行日之后,有价证券卖给购买者的日期。

（2）Maturity 必需。有价证券的到期日。到期日是有价证券有效期截止时的日期。

（3）Investment 必需。有价证券的投资额。

（4）Discount 必需。有价证券的贴现率。

（5）Basis 可选。要使用的日计数基准类型。

Basis	日计数基准
0 或省略	US(NASD)30/360
1	实际/实际
2	实际/360
3	实际/365
4	欧洲 30/360

3）说明

（1）Microsoft Excel 可将日期存储为可用于计算的序列号。默认情况下,1900 年 1 月 1 日的序列号是 1,而 2008 年 1 月 1 日的序列号是 39448,这是因为它距 1900 年 1 月 1 日有 39 448 天。

（2）结算日是购买者买入息票（如债券）的日期。到期日是息票有效期截止时的日期。例如,在 2008 年 1 月 1 日发行的 30 年期债券,六个月后被购买者买走。则发行日为 2008 年 1 月 1 日,结算日为 2008 年 7 月 1 日,而到期日是在发行日 2008 年 1 月 1 日的 30 年后,即 2038 年 1 月 1 日。

（3）Settlement、maturity 和 basis 将被截尾取整。

（4）如果 settlement 或 maturity 不是有效日期,则 RECEIVED 返回错误值♯VALUE!。

（5）如果 investment≤0 或 discount≤0,则 RECEIVED 返回错误值♯NUM!。

（6）如果 basis<0 或 basis>4,则 RECEIVED 返回错误值♯NUM!。

（7）如果 settlement≥maturity,则 RECEIVED 返回错误值♯NUM!。

（8）函数 RECEIVED 的计算公式如下：

$$RECEIVED=\frac{investment}{1-\left(discount\times\dfrac{DIM}{B}\right)}$$

4）示例

某债券的结算日为 2008 年 2 月 15 日,到期日为 2008 年 3 月 15 日,投资额为 10 000 000 元,贴现率为 5.75%,以实际/360 为日计数基准,计算一次性付息的有价证券到期收回的金额。

选择公式→插入函数→RECEIVED 函数，将弹出如下对话框，输入数据。或在 B6 单元格中输入公式：＝RECEIVED(B1,B2,B3,B4,B5)。点击"确定"，得到一次性付息的有价证券到期收回的金额。

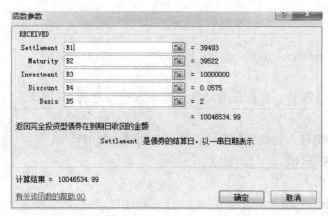

2. SLN 函数

返回一个期间内的资产的直线折旧。

1）语法

SLN(cost,salvage,life)

2）SLN 函数语法的参数

（1）Cost 必需。资产原值。

（2）Salvage 必需。折旧末尾时的值（有时也称为资产残值）。

（3）Life 必需。资产的折旧期数（有时也称作资产的使用寿命）。

3）示例

某企业新增一台设备，原值为 300 000 元，预计净残值为 75 000 元，预计使用寿命为 10 年，按直线法计提折旧，计算该设备每年的折旧。

选择公式→插入函数→SLN 函数，将弹出如下对话框，输入数据。或在 B4 单元格中输入公式：＝SLN(B1,B2,B3)。

点击"确定"，得到该设备的年折旧额。

7.2 销售增长率预测

7.2.1 相关知识

1. 销售增长与外部融资的基本关系

企业可以通过增加内部保留盈余或外部融资来满足企业销售额增长引起的资金需求增加。企业从外部追加资金的数额与销售增长率之间的关系用公式表示为:

$$M = \Delta(A/S)S_0 \times g - \Delta(L/S)S_0 \times g - S_0(1+g)R(1-D)$$
$$= [\Delta(A/S) - \Delta(L/S) - R(1-D)]Sn \times g - Sn \times R \times (1-D)$$

式中,M——外部追加资金数额;

$\quad A/S$——基期经营资产销售百分比;

$\quad L/S$——基期经营负债销售百分比;

$\quad S_0$——基期销售额;

$\quad g$——销售额增长率;

$\quad R$——销售净利率;

$\quad D$——股利支付率。

2. 内含增长率及其敏感性分析

内含增长率是指企业在不增加外部融资、仅靠内部积累的情况下可维持的销售额的最大增长率。根据外部融资数额与销售增长率之间的关系式,令外部融资需求为0,求出内含增长率:

$$M = [\Delta(A/S) - \Delta(L/S) - R(1-D)]S_0 \times g - S_0 R(1-D) = 0$$

可得
$$g = R(1-D)/\Delta(A/S) - \Delta(L/S) - R(1-D)$$

式中,g——内含增长率。

由上述可知,如果企业未来预期的销售增长率等于内含增长率,则外部融资为0;若是企业未来预期的销售增长率大于内含增长率,则外部融资大于0,这意味着企业须依靠外部融资才能维持较高的预期销售增长率;若企业未来预期的销售增长率小于内含增长率,则外部融资小于0,这意味着企业仅靠内部留存的资金即可维持预期的销售增长率,但企业的销售增长不足,预期的销售增长率并未达到企业在不增加外部融资的情况下可维持的最高增长率水平。

3. 可持续增长率及其敏感性分析

可持续增长率是指企业在不增发新股并保持目前经营效率和财务政策的条件下可维持的最大销售额增长率。

企业的可持续增长率可根据期初股东权益计算或期末股东权益计算。

1) 根据期初股东权益计算的可持续增长率

在企业保持资本结构和财务比率不变的情况下,计算公式为:

可持续增长率＝销售净利率×总资产周转次数×收益留存率×期初权益期末总资产乘数

或者

可持续增长率＝(本期净利÷本期销售)×(本期销售÷期末总资产)×本期收益留存率×
　　　　　　(期末总资产÷期初股东权益)

2) 根据期末股东权益计算的可持续增长率

在企业保持资本结构和财务比率不变并且不对外发行新股的情况下,计算公式为:

可持续增长率＝[收益留存率×销售净利率×(1＋负债÷股东权益)]÷[资产÷销售额－
　　　　　　收益留存率×销售净利率×(1＋负债÷股东权益)]

或者

可持续增长率＝[收益留存率×销售净利率×权益乘数×总资产周转率]÷[1－收益留存率×
　　　　　　销售净利率×权益乘数×总资产周转率]

7.2.2 实验案例

1. 销售增长率与外部融资之间的关系分析模型

【例7-4】甲公司2017年实际和2018年预计销售收入等有关数据以及销售增长率、销售净利率和股利支付率的模拟运算数据如图7-10所示。要求建立一个计算该公司2018年外部融资需求数额的模型,进行外部融资需求对销售增长率变动的单因素敏感性分析,以及外部融资需求对销售净利率和股利支付率变动的双因素敏感性分析,并绘制相应的图表。

【实验步骤】

(1) 设计模型,如图7-10所示。

	A	B	C	D	E	F	G
1				已知条件			
2	2017年实际		2018年实际				
3	销售收入（万元）	4000	销售收入（万元）		5200		
4	经营资产（万元）	1800	销售净利率		8.0%		
5	经营负债（万元）	300	股利支付率		60%		
6			模拟运算数据				运算初值
7	销售增长率	10%	20%	30%	40%	50%	0%
8	销售净利率	2%	4%	6%	8%	10%	0%
9	股利支付率	20%	40%	60%	80%	100%	0%
10							
11				计算结果			
12	基期经营资产销售百分比			销售增长率			
13	基期经营负债销售百分比			外部融资需求			
14		外部融资需求对销售增长率变动的单因素敏感分析					
15				销售增长率			
16							
17	外部融资需求						
18		外部融资需求对销售近利率和股利支付率变动的双因素敏感性分析（万元）					
19		计算公式			股利支付率		
20							
21							
22							
23	销售净利率						
24							
25							

图7-10　销售增长率与外部融资之间的关系分析模型

（2）在单元格 C12 中输入公式：＝B4/B3。

（3）在单元格 C13 中输入公式：＝B5/B3。

（4）在单元格 F12 中输入公式：＝(E3－B3)/B3。

（5）在单元格 F13 中输入公式：＝(C12－C13－E4＊(1－E5))＊B3＊F12－B3＊E4＊(1－E5)。

（6）选取单元格区域 C16：G16，输入数组公式：＝B7：F7 后，同时按 Shift＋Ctrl＋Enter 键，得到数值。

（7）在单元格 B17 中输入公式：＝(C12－C13－E4＊(1－E5))＊B3＊G7－B3＊E4＊(1－E5)。

（8）选取单元格区域 B16：G17，执行"数据"菜单的"模拟运算表"命令，在弹出的"模拟运算表"对话框中的"输入引用行的单元格"栏输入＄G＄7，然后单击"确定"。

（9）选取单元格区域 C20：G20，输入数组公式：＝B9：F9，得到数值。

（10）选取单元格区域 B21：B25，输入数组公式：＝TRANSPOSE(B8：F8)，得到数值。

（11）在单元格 B20 中输入公式：＝(C12－C13－G8＊(1－G9))＊B3＊F12－B3＊G8＊(1－G9)。

（12）选取单元格区域 B20：G25，执行"数据"菜单中"模拟运算表"命令，在系统弹出"模拟运算表"对话框的"输入引用行的单元格"栏输入＄G＄9，在"输入引用列的单元格"栏输入＄G＄8，然后单击"确定"。最终运算结果如图 7-11 所示。

	A	B	C	D	E	F	G
1			已知条件				
2	2017年实际			2018年实际			
3	销售收入（万元）	4000	销售收入（万元）		5200		
4	经营资产（万元）	1800	销售净利率		8.0%		
5	经营负债（万元）	300	股利支付率		60%		
6			模拟运算数据				运算初值
7	销售增长率	10%	20%	30%	40%	50%	0%
8	销售净利率	2%	4%	6%	8%	10%	0%
9	股利支付率	20%	40%	60%	80%	100%	0%
10							
11			计算结果				
12	基期经营资产销售百分比		45.00%	销售增长率		30.00%	
13	基期经营负债销售百分比		7.50%	外部融资需求		283.6	
14	外部融资需求对销售增长率变动的单因素敏感分析						
15					销售增长率		
16			10%	20%	30%	40%	50%
17	外部融资需求	-128	9.2	146.4	283.6	420.8	558
18	外部融资需求对销售近利率和股利支付率变动的双因素敏感性分析（万元）						
19		计算公式			股利支付率		
20		450	20%	40%	60%	80%	100%
21		2%	366.80	387.60	408.40	429.20	450.00
22		4%	283.60	325.20	366.80	408.40	450.00
23	销售净利率	6%	200.40	262.80	325.20	387.60	450.00
24		8%	117.20	200.40	283.60	366.80	450.00
25		10%	34.00	138.00	242.00	346.00	450.00

图 7-11 销售增长率与外部融资之间的关系分析模型运算结果

（13）选取单元格区域 C17：G17，单击工具栏上的"插入图表"，在弹出的"图表类型"对话框中选中"带数据标记的折线图",得到外部融资需求与销售增长率之间的关系图,如图 7 - 12 所示。

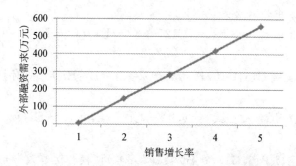

图 7 - 12　外部融资需求与销售增长率关系图

（14）选取单元格区域 C21:G25,单击工具栏上的"插入图表",在弹出的"图表类型"对话框中选中"带有数据标记的折线图",得到绘制的外部融资需求与销售净利率和股利增长率之间的关系图,如图 7 - 13 所示。

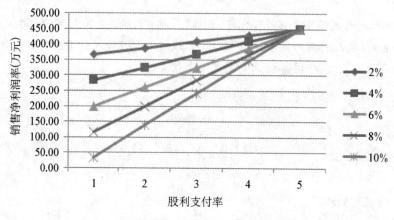

图 7 - 13　外部融资需求与销售净利率和股利增长率关系图

由上述可知,在其他条件一定的情况下,企业的销售增长率越高,外部融资需求越大;股利支付率越高,外部融资需求越大;销售净利率越高,外部融资需求越少。

2. 内含增长率及其敏感性分析模型

【例 7 - 5】甲公司 2017 年实际和 2018 年预计销售收入等有关数据以及销售净利率和股利支付率的模拟运算数据如图 7 - 14 所示。要求建立一个计算该公司 2018 年内含增长率的模型,并进行内含增长率对销售净利率和股利支付率变动的双因素敏感性分析,同时绘制相应的图表。

【实验步骤】

（1）设计模型,如图 7 - 14 所示。

	A	B	C	D	E	F	G
1				已知条件			
2		2017年实际			2018年实际		
3	销售收入（万元）	4000	销售收入（万元）		5200		
4	经营资产（万元）	1800	销售净利率		8%		
5	经营负债（万元）	300	股利支付率		60%		
6			模拟运算数据				运算数值
7	销售净利率	2%	4%	6%	8%	10%	0%
8	股利支付率	20%	40%	60%	80%	100%	0%
9							
10				计算结果			
11	基期经营资产销售百分比			利用单变量求解工具计算内含增长率			
12	基期经营负债销售百分比			外部融资需求（目标单元格）			
13	利用公式计算的内含增长率			内含增长率（可变单元格）			
14		2018年预计的销售额增长率		0.3			
15			内含增长率的双因素敏感性分析（万元）				
16		计算公式			股利支付率		
17							
18	销售净利率						
19							
20							
21							
22							

图 7-14　内含增长率及其敏感性分析模型

(2) 在单元格 C11 中输入公式：=B4/B3。

(3) 在单元格 C12 中输入公式：=B5/B3。

(4) 在单元格 C13 中输入公式：=E4＊(1－E5)/(C11－C12－E4＊(1－E5))。

(5) 在单元格 G12 中输入公式：=(C11－C12－E4＊(1－E5))＊B3＊G13－B3＊E4＊(1－E5)。

(6) 执行"数据"菜单中"单变量求解"命令，在弹出的"单变量求解"对话框中的"目标单元格"栏中输入＄G＄12，在"目标值"栏中输入 0，在"可变单元格"栏中输入＄G＄13，然后单击"确定"。

(7) 在单元格 D14 中输入公式：=(E3－B3)/B3。

(8) 选取单元格区域 C17：G17，输入数组公式：=B8:F8，得到数值。

(9) 选取单元格区域 B18：B22，输入数组公式：=TRANSPOSE(B7:F7)，得到数值。

(10) 在单元格 B17 中输入公式：=G7＊(1－G8)/(C11－C12－G7＊(1－G8))。

(11) 选取单元格区域 B17：G22，执行"数据"菜单的"模拟运算表"命令，在弹出的"模拟运算表"对话框的"输入引用行的单元格"栏中输入＄G＄8，在"输入引用列的单元格"栏中输入＄G＄7，然后单击"确定"。

(12) 模型的运算结果如图 7-15 所示。

	A	B	C	D	E	F	G
1				已知条件			
2		2017年实际		2018年实际			
3	销售收入（万元）	4000	销售收入（万元）		5200		
4	经营资产（万元）	1800	销售净利率		8%		
5	经营负债（万元）	300	股利支付率		60%		
6			模拟运算数据				运算数值
7	销售净利率	2%	4%	6%	8%	10%	0%
8	股利支付率	20%	40%	60%	80%	100%	0%
9							
10				计算结果			
11	基期经营资产销售百分比		45.00%	利用单变量求解工具计算内含增长率			
12	基期经营负债销售百分比		7.50%	外部融资需求（目标单元格）			0
13	利用公式计算的内含增长率		9.33%	内含增长率（可变单元格）			9.33%
14	2018年预计的销售额增长率			0.3			
15			内含增长率的双因素敏感性分析（万元）				
16		计算公式		股利支付率			
17			0	20%	40%	60%	80%	100%
18	销售净利率		2%	4%	3%	2%	1%	0%
19			4%	9%	7%	4%	2%	0%
20			6%	15%	11%	7%	3%	0%
21			8%	21%	15%	9%	4%	0%
22			10%	27%	19%	12%	6%	0%

图 7‑15　内含增长率及其敏感性分析模型运算结果

由运行结果得知，该公司 2018 年预计的销售增长率大于内含增长率，公司须从外部筹措资金才能维持销售额的增长。由计算结果还可看出，在其他条件一定的情况下，公司的销售净利率越高，内含增长率越高；股利支付率越高，内含增长率越低。

3. 可持续增长率及其敏感性分析模型

【例 7‑6】甲公司 2017 年实际和 2018 年预计的销售收入、利润等有关数据以及销售净利率、收益留存率的模拟运算数据如图 7‑16 所示。要求建立一个计算该公司 2019 年可持续增长率的模型，进行可持续增长率对销售净利率和收益留存率变动的双因素敏感性分析，并绘制相应的图表。

【实验步骤】

(1) 设计模型的结构，如图 7‑16、7‑17 所示。

(2) 在单元格 B14 中输入公式：＝C5/C4。

(3) 在单元格 B15 中输入公式：＝C4/C10。

(4) 在单元格 B16 中输入公式：＝C10/B8。

(5) 在单元格 B17 中输入公式：＝C7/C5。

(6) 在单元格 B18 中输入公式：＝C9/C8。

(7) 在单元格 B19 中输入公式：＝C10/C4。

(8) 在合并单元格 E14 中输入公式：＝B14＊B15＊B17＊B16。

(9) 在合并单元格 E16 中输入公式：＝B14＊B17＊(1＋B18)/(B19－B14＊B17＊(1＋B18))。

(10) 在合并单元格 E18 中输入公式：＝(C4－B4)/B4。

(11) 选取单元格区域 C22:G22，输入数组公式：＝TRANSPOSE(E4:E8)。

（12）选取单元格区域 B23:B27，输入数组公式：＝D4:D8。

（13）在单元格 B22 中输入公式：＝D10＊B15＊E10＊B16。

（14）选取单元格区域 B22:G27，执行"数据"菜单中"模拟运算表"命令，在弹出的"模拟运算表"对话框的"输入引用行的单元格"栏输入＄E＄10，在"输入引用列的单元格"栏中输入＄D＄10，然后单击"确定"。模型运算结果如图 7-18 所示。

	A	B	C	D	E
1		已知条件			
2	简要的财务报表数据			模拟运算数据	
3	年度	2017年实际	2018年预计	销售净利率	收益留存率
4	销售收入（万元）	3000	3240	2%	20%
5	税后利润（万元）	180	210	4%	40%
6	股利（万元）	208	126	6%	60%
7	留存利润（万元）	72	84	8%	80%
8	股东权益（万元）	990	1080	10%	100%
9	负债（万元）	180	210	模拟运算的初值	
10	总资产（万元）	1170	1290	0%	0%

图 7-16　模拟运算数据

	A	B	C	D	E
12		计算结果			
13	相关的财务比率			增长率的计算	
14	销售净利率			按期初股东	
15	销售/总资产		可持续增长	权益计算	
16	总资产/期初股东权益		率	按期末股东	
17	收益留存率			权益计算	
18	负债/期末股东权益			2018年预计的销售增长	
19	资产/销售额			率	
20		可持续增长率的双因素敏感性分析			
21		计算公式		留存收益率	
22					
23					
24					
25	销售净利率				
26					
27					

图 7-17　可持续增长率及其敏感性分析模型

	A	B	C	D	E	F	G
12		计算结果					
13	相关的财务比率			增长率的计算			
14	销售净利率	6%		按期初股东			
15	销售/总资产	2.51	可持续增长	权益计算	8.48%		
16	总资产/期初股东权益	1.30	率	按期末股东	8.43%		
17	收益留存率	40%		权益计算			
18	负债/期末股东权益	0.19		2018年预计的销售增长率	8.00%		
19	资产/销售额	0.40					
20		可持续增长率的双因素敏感性分析					
21		计算公式		留存收益率			
22		0.00%	20.00%	40.00%	60.00%	80.00%	100.00%
23		2.00%	1.31%	2.62%	3.93%	5.24%	6.55%
24		4.00%	2.62%	5.24%	7.85%	10.47%	13.09%
25	销售净利率	6.00%	3.93%	7.85%	11.78%	15.71%	19.64%
26		8.00%	5.24%	10.47%	15.71%	20.95%	26.18%
27		10.00%	6.55%	13.09%	19.64%	26.18%	32.73%

图 7-18　可持续增长率及其敏感性分析模型运算结果

（15）选取单元格区域 C23：G27，单击工具栏中的"插入图表"，在弹出的"图表类型"对话框中选中"带有数据标记的折线图"，得到可持续增长率与销售净利率和收益留存率之间的关系图，如图 7-19 所示。

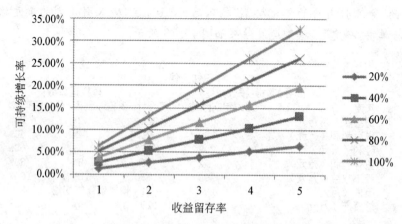

图 7-19　可持续增长率与销售净利率和收益留存率的关系图

由模型的运行结果和输出的图表可以看出：该公司 2018 年预计的销售增长率等于可持续增长率，表明公司不必对外发行新股就能维持销售额的增长。在其他条件一定的情况下，公司的销售净利率越高，可持续增长率越高；收益留存率越高，可持续增长率也越高。

7.2.3　函数介绍

返回在指定期间内资产按年限总和折旧法计算的折旧。

1. 语法

SYD(cost,salvage,life,per)

2. SYD 函数语法的参数

（1）Cost 必需。资产原值。

（2）Salvage 必需。折旧末尾时的值（有时也称为资产残值）。

（3）Life 必需。资产的折旧期数（有时也称作资产的使用寿命）。

（4）per 必需。期间，必须与 life 使用相同的单位。

3. 示例

某企业新增一台设备，原值为 300 000 元，预计净残值为 75 000 元，预计使用寿命为 10 年，按年限总和法计提折旧，计算该设备第一年和第十年的折旧额。

选择公式→插入函数→SYD 函数，将弹出如下对话框，输入数据。在 B4 单元格中输入公式：＝SYD(B1,B2,B3,1)；在 B5 单元格中输入公式：＝SYD(B1,B2,B3,10)。计算过程及结果如下图所示。

 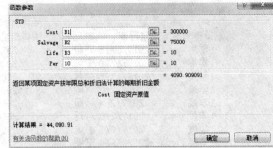

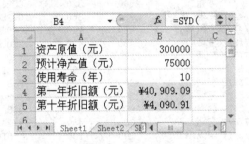

7.3 销售数据的透视分析

7.3.1 相关知识

1. 建立销售数据透视表

数据透视表是一种交互式的表,所进行的计算与数据跟数据透视表中的排列有关。

数据透视表可以动态地改变它们的版面布置,以便按照不同方式分析数据,也可以重新安排行号、列标和页字段。另外,如果原始数据发生更改,则可以更新数据透视表。

2. 绘制销售数据图

数据透视图是关联数据透视表中的数据提供的图形表示形式。创建数据透视图时,会显示数据透视图筛选窗格。可使用此筛选窗格对数据透视图的基础数据进行排序和筛选。

7.3.2 实验案例

【例7-7】甲公司2017年四个季度的销售数据清单如图7-20所示。要求建立一个销售数据透视表,以便能够快捷地查看对源数据的不同方式的汇总结果。

销售季度	销售日期	商品名称	销售单价	销售数量	销售收入（元）	销售地点	销售人员
					乙公司2017年的销售数据清单		
1季度	2017/1/15	彩电	2980	500	1490000	北京	刘新
1季度	2017/1/20	空调	3200	300	960000	南京	高玉
1季度	2017/1/25	冰箱	2600	200	520000	上海	王华
1季度	2017/2/3	彩电	2980	300	894000	北京	李林甫
1季度	2017/2/4	冰箱	2600	300	780000	沈阳	唐旭
1季度	2017/2/5	冰箱	2600	250	650000	上海	王华
1季度	2017/3/7	彩电	2980	290	864200	北京	刘新
1季度	2017/3/14	空调	3200	270	864000	太原	田雪
1季度	2017/3/28	电风扇	290	150	43500	长春	李想
1季度	2017/4/5	冰箱	2600	320	832000	上海	王华
2季度	2017/4/16	彩电	2980	360	1072800	北京	刘新
2季度	2017/4/22	电风扇	290	140	40600	长春	李想
2季度	2017/5/4	空调	3200	400	1280000	南京	高玉
2季度	2017/5/5	空调	3200	350	1120000	太原	田雪
2季度	2017/5/16	电风扇	290	190	55100	长春	李想
2季度	2017/5/18	空调	3200	340	1088000	南京	高玉
2季度	2017/5/23	空调	3200	440	1408000	太原	田雪
2季度	2017/5/29	彩电	2980	335	998300	北京	刘新
2季度	2017/6/1	空调	3200	460	1472000	南京	高玉
2季度	2017/6/11	电风扇	290	190	55100	长春	李想
2季度	2017/6/16	电脑	6800	460	3128000	武汉	张琴
2季度	2017/6/19	空调	3200	450	1440000	南京	高玉
2季度	2017/6/26	彩电	2980	200	596000	太原	田雪
2季度	2017/6/30	电脑	6800	300	2040000	武汉	张琴
3季度	2017/7/5	空调	3200	475	1520000	太原	田雪
3季度	2017/7/10	冰箱	2600	350	910000	沈阳	杨梅
3季度	2017/7/15	彩电	2980	320	953600	太原	田雪
3季度	2017/7/24	空调	3200	500	1600000	南京	高玉
3季度	2017/8/8	彩电	2980	256	762880	太原	田雪
3季度	2017/8/16	空调	3200	300	960000	南京	高玉
3季度	2017/8/27	电脑	6800	500	3400000	武汉	张琴
3季度	2017/8/31	冰箱	2600	230	598000	沈阳	唐旭
3季度	2017/9/8	彩电	2980	360	1072800	太原	田雪
3季度	2017/9/16	电脑	6800	550	3740000	武汉	张琴
3季度	2017/9/27	彩电	2980	168	500640	北京	刘新
3季度	2017/9/30	冰箱	2600	200	520000	沈阳	唐旭
4季度	2017/10/2	彩电	2980	173	515540	太原	田雪
4季度	2017/10/6	电脑	6800	260	1768000	武汉	张琴
4季度	2017/10/13	冰箱	2600	150	390000	沈阳	唐旭
4季度	2017/10/28	电脑	6800	245	1666000	武汉	张琴
4季度	2017/11/3	彩电	2980	500	1490000	太原	田雪
4季度	2017/11/6	电脑	6800	400	2720000	武汉	张琴
4季度	2017/11/15	电风扇	290	500	145000	长春	李想
4季度	2017/11/22	冰箱	2600	500	1300000	沈阳	唐旭
4季度	2017/11/25	空调	3200	400	1280000	太原	田雪
4季度	2017/12/1	电脑	6800	500	3400000	武汉	张琴
4季度	2017/12/16	彩电	2980	200	596000	太原	田雪
4季度	2018/12/28	冰箱	2600	500	1300000	沈阳	杨梅

图 7-20 销售原始数据

【实验步骤】

（一）建立数据透视表

建立数据透视表的步骤如下所示：

（1）选择菜单栏中的"插入"选项卡，点击"数据透视表"，出现如图 7-21 所示窗口。

（2）在窗口右侧的"数据透视表字段列表"选择需要的字段，就会在新工作表中显示汇总的结果。

（3）当用鼠标单击数据透视表以外的任意单元格时，数据透视表字段列表将会被关闭，只显示数据透视表，并且数据透视表处于没有被选中的状态；当用鼠标单击数据透视表区域内的任意单元格时，数据透视表字段列表将会重新被打开，并且数据透视表处于被选中的状态。

（4）在建立好的数据透视表上，单击某个"倒三角形"按钮即可展开相应的选项菜单，可从中选择所需要的项目，从而使数据透视表只显示所需要查看的数据。

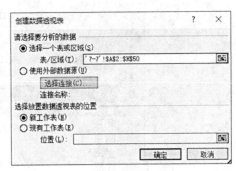

图 7-21 创建数据透视表窗口

（5）点击 B1 栏中的"倒三角形"按钮，选中"2 季度"，然后单击"确定"，即可得到 2 季度各销售地点各种产品销售收入的相关汇总信息，如图 7-22 所示。

	A	B	C	D	E	F
1	销售季度	2季度				
2						
3	求和项:销售收入（元）	列标签				
4	行标签	彩电	电风扇	电脑	空调	总计
5	北京	2071100				2071100
6	南京				5280000	5280000
7	太原	596000			2528000	3124000
8	武汉			5168000		5168000
9	长春		150800			150800
10	总计	2667100	150800	5168000	7808000	15793900

图 7-22 2 季度各销售地点各种产品销售收入的汇总表

（6）类似的，可以单击 A4 单元格右边的"倒三角形"按钮，在展开的选项菜单中选择所需要的销售地点，从而使数据透视表显示所选择的销售地点的各种商品销售收入的有关汇总信息；同时也可以根据需要对数据透视表的布局进行调整。例如，将数据透视表右边的字段列表中的"销售数量"字段按钮拖动到数据透视表的右侧数值区域，则数据透视表将会同时显示销售数量和销售收入的汇总信息，如图 7-23 所示。

	A	B	C	D	E	F	G	H	I	J	K
1	销售季度	2季度									
2											
3		商品名称				求和项:销售收入（元）2				求和项:销售数量汇总	求和项:销售收入（元）2汇总
4		求和项:销售数量									
5	销售地点	彩电	电风扇	电脑	空调	彩电	电风扇	电脑	空调		
6	北京	695				2071100				695	2071100
7	南京				1650				5280000	1650	5280000
8	太原	200			790	596000			2528000	990	3124000
9	武汉			760				5168000		760	5168000
10	长春		520				150800			520	150800
11	总计	895	520	760	2440	2667100	150800	5168000	7808000	4615	15793900

图 7-23 销售数量和销售收入的汇总表

（7）在数据透视表中，将数据透视表右边的字段列表中的"销售数量"字段按钮拖动到数据透视表的数值区域，即可得到各销售地点各种不同商品销售量的汇总信息，如图 7-24 所示。

求和项:销售数量	商品名称				
销售地点	冰箱	彩电	电风扇	空调	总计
北京		1090			1090
南京				300	300
上海	770				770
沈阳	300				300
太原				270	270
长春			150		150
总计	1070	1090	150	570	2880

图 7-24 各销售地点各种不同商品销售量的汇总表

（8）在建立好的数据透视表上，可以非常方便地查看按各不同字段进行汇总的信息，也可以根据需要对数据透视表的布局进行调整，从而使数据透视表显示对用户最有用的汇总信息。

（二）建立数据透视图

（1）在建立了销售数据透视表后，可以进一步绘制销售数据透视图。假定在建立好各销售地点不同商品的销售数量汇总信息的数据透视表后，进一步绘制数据透视图，在如图 7-24 所示的数据透视表中，单击任意一个非空单元格，然后单击工具栏上的"选项"按钮，点击"数据透视图"则系统就会自动在当前的工作簿中插入一个新的数据透视图，如图 7-25 所示。

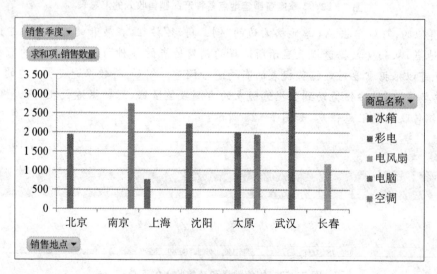

图 7-25 数据透视图

（2）如果在如图 7-25 所示的数据透视图的左上角区域单击"倒三角形"按钮，在系统展开的下拉菜单中选中"4 季度"，即可得到反映在各个销售地点 4 季度各种商品销售数量汇总信息的数据透视图，如图 7-26 所示。

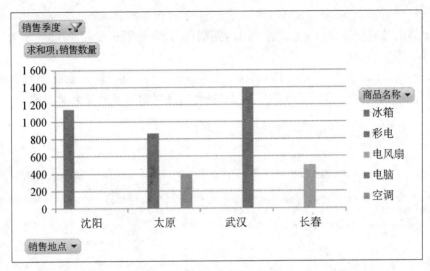

图7-26　各个销售地点4季度各种商品销售数量汇总信息的数据透视图

（3）类似的，还可以根据需要在数据透视表的下边区域单击"倒三角形"按钮，在系统展开的下拉菜单中选择某个销售地点，从而创建显示某个销售地点各种商品销售数量汇总信息的数据透视图。

7.3.3　函数介绍

返回国库券的等效收益率。

1. 语法

TBILLEQ(settlement,maturity,discount)

2. TBILLEQ 函数语法的参数

（1）Settlement 必需。国库券的结算日即在发行日之后，国库券卖给购买者的日期。

（2）Maturity 必需。国库券的到期日。到期日是国库券有效期截止时的日期。

（3）Discount 必需。国库券的贴现率。

3. 说明

（1）Microsoft Excel 可将日期存储为可用于计算的序列号。默认情况下，1900 年 1 月 1 日的序列号是 1，而 2008 年 1 月 1 日的序列号是 39448，这是因为它距 1900 年 1 月 1 日有 39 448 天。

（2）Settlement 和 maturity 将截尾取整。

（3）如果 settlement 或 maturity 不是有效日期，则 TBILLEQ 返回错误值♯VALUE!。

（4）如果 discount≤0，则 TBILLEQ 返回错误值♯NUM!。

（5）如果 settlement＞maturity 或 maturity 在 settlement 之后超过一年，则 TBILLEQ 返回错误值♯NUM!。

（6）函数 TBILLEQ 的计算公式为：

$$TBILLEQ=(365\times rate)/(360-(rate\times DSM))$$

式中，DSM 是按每年 360 天的基准计算的结算日与到期日之间的天数。

4. 示例

某国库券的结算日为 2008 年 3 月 31 日，到期日为 2008 年 6 月 1 日，贴现率为 9.14％，计算该国库券的等效收益率。

选择公式→插入函数→TBILLEQ 函数，将弹出如下对话框，输入数据。或在 B4 单元格中输入公式：＝TBILLEQ(B1,B2,B3)。点击"确定"，得到国库券的等效收益率。

7.4　成本分析模型

7.4.1　相关知识

1. 完全成本计算法

完全成本法是指把一定期间内在生产过程中所消耗的直接材料、直接人工、变动制造费用和固定制造费用的全部成本都归纳到产品成本和存货成本中去。在完全成本法下，单位产品成本受产量的直接影响，产量越大，单位产品成本越低，越能刺激企业提高产品生产的积极性。但该法不利于成本管理和企业的短期决策。

完全成本法的特点如下：

（1）成本按经济用途分类。

企业的全部生产费用按经济用途分类可分为生产成本和非生产成本两大类。

（2）产品成本及期间成本的构成内容。

在完全成本计算法模式下，产品成本包括全部生产成本，非生产成本作为期间费用，直接计入当期损益。

（3）单位产品成本的计算。

单位产品成本包括单位产品的直接材料费、直接人工费和单位制造费。在企业一定时期内同时生产多种产品的情况下，应将该时期成本费用的总额按照一定的标准分配给各种产品。

（4）销货成本及存货成本的确定。

销货成本、生产成本和存货成本之间的关系为：

本期销货成本＝期初存货成本＋本期单位生产成本－期末存货成本

（5）损益的确定程序。

在完全成本法下，营业利润按下列公式计算：

$$营业收入－营业成本＝营业毛利$$
$$营业毛利－营业费用＝营业利润$$

2. 变动成本计算法

变动成本计算法主要具有以下几个方面的特点：

（1）成本按性态进行分类。

变动成本计算法按照成本与产销量之间的关系，将成本分为变动成本和固定成本两大类。

（2）产品成本及期间成本的构成内容。

在变动成本计算法模式下，产品成本只包括变动生产成本，固定生产成本和非生产成本则全部作为期间费用处理，直接计入当期损益。

（3）单位产品成本的计算。

单位产品成本包括单位产品的直接材料费、直接人工费和单位变动制造费，不需要再对固定生产成本进行分配，从而大大简化了成本计算程序，减少了成本计算的工作量。

（4）销货成本及存货成本的确定。

在变动成本计算法模式下，销货成本和存货成本之间的关系表示为：

$$本期销货成本＝期初存货成本＋本期单位生产成本－期末存货成本$$

（5）损益的确定程序。

在变动成本法下，营业利润按下列公式计算：

$$营业收入－变动成本＝边际贡献$$
$$边际贡献－固定成本＝营业利润$$

3. 标准成本执行情况的分析模型

（1）直接材料费成本差异分析。

单位产品直接材料费的成本差异包括材料用量差异和价格差异两部分。

$$直接材料费的总成本差异＝实际产量×单位产品直接材料费的成本差异$$

（2）直接人工费成本差异分析。

单位产品直接人工费的成本差异包括人工效率差异和工资率差异。

$$直接人工费的总成本差异＝实际产量×单位产品直接人工费的成本差异$$

（3）变动制造费用成本差异分析。

在实行标准成本制度的企业里，制造费用划分为变动制造费和固定制造费两部分。而单位产品变动制造费的成本差异包括工时效率差异和开支差异两部分。

（4）固定制造费用成本差异分析。

固定制造费用成本差异可以分为效率差异、能力差异和开支差异三部分。

$$固定制造费用成本差异＝实际固定制造费用－标准固定制造费用$$
$$效率差异＝（实际工时－标准工时）×固定制造费用标准分配率能力差异$$
$$＝（预算工时－实际工时）×固定制造费用标准分配率$$

开支差异＝实际固定制造费用－预算固定制造费用

＝实际工时×固定制造费用实际分配率－预算工时×固定制造费用标准分配率

上述的效率差异与能力差异之和可称为能量差异。

按上述公式计算的结果，负数为有利差异，表示实际成本比标准成本降低形成节约；正数为不利差异，表示实际成本比标准成本升高形成超支。

7.4.2 实验案例

【例 7－8】某公司 2017 年只生产一种产品，有关资料如图 7－27 的已知条件区域所示。要求建立一个分别按完全成本法和变动成本法计算各月的销售收入、销货成本和营业利润的模型。

【实验步骤】

(1) 设计模型的结构如图 7－27 所示。

图 7－27 完全成本法和变动成本法的模型

(2) 单元格 B12 中输入公式：＝SUM($B$3:$B$5)＋$E$3/H5，并将其复制到单元格 C12 和 D12。

(3) 在单元格 B13 中输入公式：＝H4＊E6。

(4) 在单元格 C13 中输入公式：＝I4＊B12，并将其复制到单元格 D13。

(5) 选取单元格区域 B14:D14，输入数组公式：＝H5:J5＊B12:D12。

(6) 选取单元格区域 B15:D15，输入数组公式：＝H7:J7＊B12:D12。

(7) 选取单元格区域 B16:D16，输入数组公式：＝B13:D13＋B14:D14－B15:D15。

(8) 选取单元格区域 B17:D17，输入数组公式：＝H6:J6＊B6。

(9) 选取单元格区域 B18:D18，输入数组公式：＝B16:D16。

(10) 选取单元格区域 B19:D19，输入数组公式：＝B17:D17－B18:D18。

(11) 选取单元格区域 B20:D20，输入数组公式：＝H6:J6＊B7＋E4。

(12) 选取单元格区域 B21:D21，输入数组公式：＝E5。

(13) 选取单元格区域 B22:D22,输入数组公式:=B19:D19-B20:D20-B21:D21。

(14) 在单元格 E13 中输入公式:=B13。

(15) 在单元格 E15 中输入公式:=D15。

(16) 在单元格 E14 中输入公式:=SUM(B14:D14),并拖动右下方指针到单元格区域 E16:B22。

(17) 选取单元格区域 H12:J12,输入数组公式:=SUM(B3:B5)。

(18) 选取单元格区域 H13:J13,输入数组公式:=H4:J4*H12:J12。

(19) 选取单元格区域 H14:J14,输入数组公式:=H5:J5*H12:J12。

(20) 选取单元格区域 H15:J15,输入数组公式:=H7:J7*H12:J12。

(21) 选取单元格区域 H16:J16,输入数组公式:=H6:J6*H12:J12。

(22) 选取单元格区域 H17:J17,输入数组公式:=H6:J6*B6。

(23) 选取单元格区域 H18:J18,输入数组公式:=H16:J16。

(24) 选取单元格区域 H19:J19,输入数组公式:=H6:J6*B7。

(25) 选取单元格区域 H20:J20,输入数组公式:=H17:J17-H18:J18-H19:J19。

(26) 选取单元格区域 H21:J21,输入数组公式:=E3。

(27) 选取单元格区域 H22:J22,输入数组公式:=E4。

(28) 选取单元格区域 H23:J23,输入数组公式:=E5。

(29) 选取单元格区域 H24:J24,输入数组公式:=H20:J20-H21:J21-H22:J22-H23:J23。

(30) 在单元格 K13 中输入公式:=H13。

(31) 在单元格 K15 中输入公式:=J15。

(32) 在单元格 K14 中输入公式:=SUM(H14:J14),并对单元格区域 K16:K24 进行求和。

(33) 模型的运算结果如图 7-28 所示。

	A	B	C	D	E	F	G	H	I	J	K
1					已知条件						
2	单位产品数据(元/件)		每月发生的费用(元)				产销量和存货变动数据(件)				
3	直接材料费	280	固定制造费		8000		月份	1月	2月	3月	合计
4	直接人工费	120	固定销售费		3000		期初存货量	100	100	200	400
5	变动制造费	60	管理费用		5000		本期生产量	500	500	400	1400
6	销售单价	600	1月初存货的单位成本		380		本期销售量	500	400	500	1400
7	变动销售费	3					期末存货量	100	200	100	400
8											
9					计算过程和结果						
10		按完全成本法计算的成本和利润(元)					按变动成本法计算的成本和利润(元)				
11	月份	1月	2月	3月	合计		月份	1月	2月	3月	合计
12	单位生产成本	476	476	480.00			单位生产成本	460	460	460	
13	期初存货成本	38000	47600	95200	38000		期初存货成本	46000	46000	92000	46000
14	本期生产成本	238000	238000	192000	668000		本期生产成本	230000	230000	184000	644000
15	本期存货成本	47600	95200	48000	48000		期末存货成本	46000	92000	46000	46000
16	本期销货成本	228400	190400	239200	658000		本期销货成本	230000	184000	230000	644000
17	销售收入	300000	240000	300000	840000		销售收入	300000	240000	300000	840000
18	本期销货成本	228400	190400	239200	658000		本期销货成本	230000	184000	230000	644000
19	销售毛利	71600	49600	60800	182000		变动销售费用	1500	1200	1500	4200
20	销售费用	4500	4200	4500	13200		边际贡献	68500	54800	68500	191800
21	管理费用	5000	5000	5000	15000		固定制造费用	8000	8000	8000	24000
22	营业利润	62100	40400	51300	153800		固定销售费用	3000	3000	3000	9000
23							固定管理费用	5000	5000	5000	15000
24							营业利润	52500	38800	52500	143800

图 7-28 完全成本法和变动成本法的模型运算结果

【例 7-9】某公司有两个生产部门共同生产甲、乙两种产品,有关资料如图 7-29 的已知条件区域所示。要求建立一个按完全成本法计算甲、乙两种产品的单位成本和总成本的模型，其中的制造费用分别按以下三种不同的标准分类：① 全厂统一按机器工时为标准分配制造费用；② 属于劳动密集型的部门 1 以人工小时为标准分配该车间发生的制造费，属于机器密集型的部门 2 以机器工时为标准分配该车间发生的制造费用；③ 制造费用各明细项目分别按与每项费用发生有关的作业量为标准进行分配。

【实验步骤】

（1）设计模型结构，如图 7 - 29、图 7 - 30 所示。

	A	B	C	D	E	F	G	H	I
1					已知条件				
2	项目	甲产品	乙产品	合计	项目	明细项目	部门1	部门2	合计
3	生长量（件）	5000	10000	15000	直接人工	甲产品	7000	4900	11900
4	直接材料成本（元）	6000	20000	26000	小时（小	乙产品	6000	4000	10000
5	直接人工成本（元）	4000	15000	19000	时）	合计	13000	8900	21900
6	流水线（条）	6	4	10		甲产品	11000	3000	4100
7	检查工时	210	290	500	机器工时	乙产品	1800	4000	5800
8	机器工时	4100	5800	9900	小时	合计	2900	7000	9900
9	直接人工小时	11900	10000	21900		调整准备费	6200	5000	11200
10		调整设备费	流水线（条）			检查费	4500	3500	8000
11	与制造费用各明细	检查费	检查工时（小时）		制造费用	动力费	3200	14000	17200
12	项目有关的业务量	动力费	机器工时（小时）		（元）	职工福利费	10400	5200	15600
13		职工福利费	直接人工小时			合计	24300	27700	52000

图 7‑29　完全成本法的模型

	A	B	C	D	E	F	G
15			计算过程与结果				
16	全部产品总成本				（c）以作业为基础分配制造费用		
17	（a）全厂统一按机器工时分配制造费用			制造费用项目	分配基础	分配率	
18	制造费用分配率			调整准备费	流水线		
19	（b）按部门分配制造费用			检查费	检查工时		
20	部门1的分配率（按人工小时）			动力费	机器工时		
21	部门2的分配律（按机器工时）			职工福利费	直接人工小时		
22			产品单位成本和总成本				
23	项目	（a）		（b）		（c）	
24		甲产品	乙产品	甲产品	乙产品	甲产品	乙产品
25	直接材料成本						
26	直接人工成本						
27	单位制造费用						
28	单位产品成本						
29	产品总成本						
30	总成本合计						

图 7‑30　完全成本法的模型

（2）在单元格 C16 中输入公式：＝D4＋D5＋I13。

（3）在单元格 C18 中输入公式：＝I13/I8。

（4）在单元格 C20 中输入公式：＝G13/G5。

（5）在单元格 C21 中输入公式：＝H13/H8。

（6）选取单元格区域 G18:G21，输入数组公式：＝I9:I12/D6:D9。

（7）在单元格 B25 中输入公式：＝\$B\$4/\$B\$3。

（8）在单元格 B26 中输入公式：＝\$B\$5/\$B\$3。

（9）选取单元格区域 B25：B26，将其复制到单元格区域 D25：D26 和 F25：F26。

（10）在单元格 C25 中输入公式：＝＄C＄4/＄C＄3。

（11）在单元格 C26 中输入公式：＝＄C＄5/＄C＄3。

（12）选取单元格区域 C25：C26，将其复制到单元格区域 E25：E26 和 G25：G26。

（13）在单元格 B27 中输入公式：＝I6＊C18/B3。

（14）在单元格 C27 中输入公式：＝I7＊C18/C3。

（15）在单元格 D27 中输入公式：＝（G3＊C20＋H6＊C21）/B3。

（16）在单元格 E27 中输入公式：＝（G4＊C20＋H7＊C21）/C3。

（17）在单元格 F27 中输入公式：＝SUMPRODUCT（B6：B9，＄G＄18：＄G＄21）/B3，并拖动右下方的实心指针到单元格 G27。

（18）在单元格 B28 中输入公式：＝SUM（B25：B27），并拖动右下方实心指针到单元格区域 C28：G28。

（19）在单元格 B29 中输入公式：＝B28＊＄B＄3，并在单元格 D29 和 F29 分别输入公式 D28＊＄B＄3 和 F28＊＄B＄3。

（20）在单元格 C29 中输入公式：＝C28＊＄C＄3，并在单元格 E29 和 G29 分别输入 E28＊＄C＄3 和 G28＊＄C＄3。

（21）在合并单元格 B30 中输入公式：＝B29＋C29，并拖动右下方实心指针到合并单元格 D30 及合并单元格和 F30。

（22）模型的运算结果如图 7-31 所示。

	A	B	C	D	E	F	G
15			计算过程与结果				
16	全部产品总成本		97000	（c)以作业为基础分配制造费用			
17	(a)全厂统一按机器工时分配制造费用			制造费用项目	分配基础	分配率	
18	制造费用分配率		5.25	调整准备费	流水线	1120	
19	(b)按部门分配制造费用			检查费	检查工时	16	
20	部门1的分配率（按人工小时）		1.87	动力费	机器工时	1.74	
21	部门2的分配律（按机器工时）		3.96	职工福利费	直接人工小时	0.71	
22			产品单位成本和总成本				
23	项目	(a)		(b)		(c)	
24		甲产品	乙产品	甲产品	乙产品	甲产品	乙产品
25	直接材料成本	1.2	2	1.2	2	1.2	2
26	直接人工成本	0.8	1.5	0.8	1.5	0.8	1.5
27	单位制造费用	4.31	3.05	4.99	2.7	5.14	2.63
28	单位产品成本	6.31	6.55	6.99	6.2	7.14	6.13
29	产品总成本	31535.35	65464.65	34956.04	62043.96	35679.94	61320.06
30	总成本合计	97000.00		97000.00		97000.00	

图 7-31　完全成本法的模型运算结果

【例 7-10】某公司生产甲产品的产量、标准成本及料、工、费实际消耗等有关资料如图 7-32 所示。要求建立一个对该公司甲产品的实际成本脱离标准成本的差异进行分析的模型。

【实验步骤】

(1) 设计模型结构,如图 7-32 所示。

(2) 在单元格 B11 中输入公式:=B8/B7。

(3) 在单元格 B12 中输入公式:=G4/B7。

(4) 在单元格 G11 中输入公式:=G6/G7。

(5) 在单元格 G12 中输入公式:=G8/B7。

(6) 在单元格 D14 中输入公式:=(B3-B2 * B4) * B5。

(7) 在单元格 D15 中输入公式:=B3 * (B6-B5)。

(8) 在单元格 D16 中输入公式:=(B7-B2 * G2) * G3。

(9) 在单元格 D17 中输入公式:=B7 * (B11-G3)。

(10) 在单元格 D18 中输入公式:=(B7-B2 * G2) * G5。

(11) 在单元格 D19 中输入公式:=B7 * (B12-G5)。

(12) 在单元格 D20 中输入公式:=(B7-B2 * G2) * G11。

(13) 在单元格 D21 中输入公式:=(G7-B7) * G11。

(14) 在单元格 D22 中输入公式:=B7 * G12-G7 * G11。

(15) 在单元格 D23 中输入公式:=SUM(D14:D22),并将其复制到单元格 F23。

(16) 在单元格 E14 中输入公式:=IF(D14<0,"节约",IF(D14=0,"持平","超支"并将其复制到单元格区域 E15:E23 和单元格 G23。

(17) 在合并单元格 F14 中输入公式:=D14+D15。

(18) 在合并单元格 G14 中输入公式:=IF(F14<0,"节约",IF(D14=0,"持平","超支"))。

(19) 选取单元格区域 F14:G14,拖动右下方实心指针到单元格区域 F16:G19。

(20) 在合并单元格 F20 中输入公式:=SUM(D20:D22)。

(21) 在合并单元格 G20 中输入公式:=IF(F20<0,"节约",IF(F20=0,"持平","超支"))。

(22) 模型的运算结果如图 7-33 所示。

▲	A	B	C	D	E	F	G
1			已知条件				
2	甲产品产量（件）	500	单位产品标准工时耗用量（小时/件）				30
3	材料实际耗用量（公斤）	960	标准工资率				8.2
4	单位产品标准材料耗用量（公斤/件）	7.2	实际变动制造费（元）				86000
5	材料标准单价（元/公斤）	120	变动制造费标准分配率（元/小时）				5.4
6	材料实际单价（元/公斤）	125	预算固定制造费				69000
7	实际耗用工时（小时）	15300	预算总工时（小时）				13500
8	实际耗用工资总额（元）	128000	实际固定制造费（元）				56000
9							
10			计算过程与结果				
11	实际工资率			固定制造费用标准分配率			
12	变动制造费实际分配率			固定制造费用实际分配率			
13			甲产品成本差异的计算（单位：元）				
14	直接材料成本差异分析		材料用量差异				
15			材料价格差异				
16	直接人工成本差异分析		人工效率差异				
17			工资率差异				
18	变动制造费用成本差异分析		效率差异				
19			开支差异				
20	固定制造费用成本差异分析		效率差异				
21			能力差异				
22			开支差异				
23	甲产品成本总差异						

图 7-32　成本差异分析模型

	A	B	C	D	E	F	G
1			已知条件				
2	甲产品产量（件）	500	单位产品标准工时耗用量（小时/件）				30
3	材料实际耗用量（公斤）	960	标准工资率				8.2
4	单位产品标准材料耗用量（公斤/件）	7.2	实际变动制造费（元）				86000
5	材料标准单价（元/公斤）	120	变动制造费标准分配率（元/小时）				5.4
6	材料实际单价（元/公斤）	125	预算固定制造费				69000
7	实际耗用工时（小时）	15300	预算总工时（小时）				13500
8	实际耗用工资总额（元）	128000	实际固定制造费（元）				56000
9							
10			计算过程与结果				
11	实际工资率	8.37		固定制造费用标准分配率			5.11
12	变动制造费实际分配率	5.62		固定制造费用实际分配率			3.66
13			甲产品成本差异的计算（单位：元）				
14	直接材料成本差异分析	材料用量差异		−316800.00	节约	−312000.00	节约
15		材料价格差异		4800.00	超支		
16	直接人工成本差异分析	人工效率差异		2460.00	超支	5000.00	超支
17		工资率差异		2540.00	超支		
18	变动制造费用成本差异分析	效率差异		1620.00	超支	5000.00	超支
19		开支差异		3380.00	超支		
20	固定制造费用成本差异分析	效率差异		1533.33	超支	−20666.67	节约
21		能力差异		−9200.00	节约		
22		开支差异		−13000.00	节约		
23	甲产品成本总差异			−322666.67	节约	−322666.67	节约

图 7-33 成本差异分析模型运算结果

7.4.3 函数介绍

返回面值￥100 的国库券的价格。

1. 语法

TBILLPRICE(settlement,maturity,discount)

2. TBILLPRICE 函数语法的参数

（1）Settlement 必需。国库券的结算日。即在发行日之后，国库券卖给购买者的日期。

（2）Maturity 必需。国库券的到期日。到期日是国库券有效期截止时的日期。

（3）Discount 必需。国库券的贴现率。

3. 说明

（1）Microsoft Excel 可将日期存储为可用于计算的序列号。默认情况下，1900 年 1 月 1 日的序列号是 1，而 2008 年 1 月 1 日的序列号是 39448，这是因为它距 1900 年 1 月 1 日有39 448 天。

（2）Settlement 和 maturity 将截尾取整。

（3）如果 settlement 或 maturity 不是有效期，则 TBILLPRICE 返回错误值♯VALUE！。

（4）如果 discount≤0，则 TBILLPRICE 返回错误值♯NUM！。

（5）如果 settlement＞maturity 或 maturity 在 settlement 之后超过一年，则 TBILLPRICE 返回错误值♯NUM！。

（6）函数 TBILLPRICE 的计算公式如下：

$$TBILLPRICE=100\times\left(1-\frac{discount\times DSM}{360}\right)$$

4. 示例

某国库券的结算日为 2008 年 3 月 31 日,到期日为 2008 年 6 月 1 日,贴现率为 9.14%,计算面值¥100 的国库券的价格。

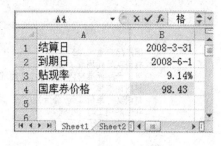

选择公式→插入函数→TBILLPRICE 函数,将弹出如下对话框,输入数据。或在 B4 单元格中输入公式:＝TBILLPRICE(B1,B2,B3),点击"确定"。

(1)打开 Excel,输入数据,现需要计算面值¥100 的国库券的价格。

(2)选择公式→插入函数→TBILLPRICE 函数,将弹出如下对话框,输入数据。或在 B4 单元格中输入公式:＝TBILLPRICE(B1,B2,B3)。

(3)点击"确定",面值¥100 的国库券的价格就算出来了。

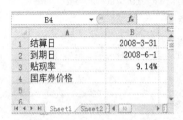  

项目习题

1. 某日化公司江西分公司 2017 年新生产了一种护肤品,有关资料如下图的已知条件区域所示。要求建立一个分别按完全成本法和变动成本法计算各月的销售收入、销货成本和营业利润的模型。

	A	B	C	D	E	F	G	H	I	J	K
1						已知条件					
2	单位产品数据（元/件）		每月发生的费用（元）					产销量和存货变动数据（件）			
3	直接材料费	360	固定制造费		12000	月份		1月	2月	3月	合计
4	直接人工费	150	固定销售费		5000	期初存货量		12000	16740	22740	51480
5	变动制造费	65	管理费用		4500	本期生产量		8000	72000	73560	153560
6	销售单价	680	1月初存货的单位成		580	本期销售量		75260	66000	67800	209060
7	变动销售费	50	本			期末存货量		16740	22740	28500	67980

2. 顺发公司 2017 年实际和 2018 年预计销售收入等有关数据以及销售增长率、销售净利率和股利支付率的模拟运算数据如下图的已知条件区域条件所示。

	A	B	C	D	E	F	G
1				已知条件			
2	2017年实际			2018年实际			
3	销售收入（万元）	3600	销售收入（万元）		4320		
4	经营资产（万元）	2200	销售净利率		8%		
5	经营负债（万元）	345	股利支付率		60%		
6							
7			模拟运算数据				运算数值
8	销售增长率	10%	20%	30%	40%	50%	
9	销售净利率	2%	4%	6%	8%	10%	0%
10	股利支付率	20%	40%	60%	80%	100%	0%

(1)要求建立一个计算该公司 2018 年外部融资需求对数额的模型,并进行外部融资需求

对销售增长率变动的单因素敏感性分析,以及外部融资需求对销售净利率和股利支付率变动的双因素敏感性分析,同时绘制相应的图表。

(2) 要求建立一个计算该公司 2018 年内含增长率的模型,并进行内含增长率对销售净利率和股利支付率变动的双因素敏感性分析,同时绘制相应的图表。

3. 联汽公司 2017 年各月汽车销售额的有关数据如下图的已知条件区域所示。要求建立一个利用指数平滑法(阻尼系数＝0.4)预测下一个月份汽车销售额的模型。

	A	B	C	D	E	F	G	H	I	J	K	L	M
1						已知条件							
2	年度						2017						
3	月份	1	2	3	4	5	6	7	8	9	10	11	12
4	汽车销售额(亿)	40	42	42.6	41.5	40.6	43.4	45.4	47.89	49	50	51.86	52.43
5	阻尼系数	0.4	预测期	2018年1月		预测方法		指数平滑法					

4. 广悦公司 2017 年各月空调销售的有关数据如下图的已知条件区域所示。据以往数据分析,该公司的销售额随着时间的推移有可能呈现变动趋势或指数变动趋势。要求建立一个带有选择销售额变动趋势的组合框控件预测下一个月份空调销售额的模型。

	A	B	C	D	E	F	G	H	I	J	K	L	M
1					已知条件								
2	年份				2017年实际								
3	月份	1	2	3	4	5	6	7	8	9	10	11	12
4	销售额(万元)	290	274	280	285	300	322	341	357	349	335	320	312
5	销售额可能的变动趋势		预测期		预测期的自变量								
6	线性趋势	y=m*x+b	2018年1月		13								
7	指数趋势	y=b*m^x											

项目八　筹资决策模型设计

项目目标

1. 掌握资金需要量预测模型的构建。
2. 掌握几种类型的资本成本计算模型的构建。
3. 能够运用电子表格功能进行最佳资本结构决策模型的设计。
4. 能够运用电子表格实现财务杠杆系数的计算。

8.1　资金需要量预测模型

8.1.1　销售百分比法

确定资产和负债项目的销售百分比，可以根据通用的财务报表数据预计，也可以使用经过调整的管理用财务报表数据预计，后者更方便，也更合理。资产和负债项目占销售收入的百分比，可以根据基期的数据确定，也可以根据以前若干年度的平均数确定。

运用销售百分比法预测资金需要量的具体操作步骤如下：

(1) 对资产负债表上的项目进行分类。

根据资产负债表上的项目与销售收入之间的依存关系，将其分为敏感性项目和非敏感性项目两大类。敏感性项目是指资产负债表中与销售收入增减有直接关系的项目，如货币资金、应收账款、存货、需扩充的固定资产、应付账款、应交税金等。非敏感性项目是指资产负债表中与销售收入增减没有直接关系的项目，如不需扩充的固定资产、无形资产、长短期借款、资本金等。

(2) 计算敏感性资产和负债项目占基期销售收入的百分比。

(3) 按下述公式确定计划期企业需要从外部追加筹措资金的数额：

$$M=\Delta(A/S)(S_1-S_0)-\Delta(L/S)(S_1-S_0)-S_1\times R(1-D)+M_1$$

式中，M——外部追加资金需求量；

D——股利支付率；

S_0——基期销售额；

S_1——计划销售额；

$\Delta(A/S)$——基期敏感性资产占销售额百分比；

$\Delta(L/S)$——基期敏感性负债占销售额百分比；

R——销售净利率；

M_1——计划期的其他资金需求，即不随销售额呈正比例变动的其他资金需要量。

【例 8－1】某公司 2008 年年末简要的资产负债表以及 2008 年的销售收入和 2009 年预计

的销售收入等有关资料如图 8-1 所示,要求建立一个模型。

建立基本数据表格如图 8-1 所示。

	A	B	C	D	E	F	G	H	I
1				已知条件（金额单位:万元）					
2				2008年末简要的资产负债表及各项目的敏感性			其它有关数据		
3	资产项目	金额	是否敏感项目	负债和所有者权益项目	金额	是否敏感项目	2008年销售收入		1000
4	货币资金	150	是	短期借款	180	是	2008年销售净利润		10%
5	应收账款	200	是	应付账款	260	是	2008年股利支付率		60%
6	存货	580	是	应交税金	90	是	2009年预计销售收入		1500
7	长期投资	400	否	长期负债	600	否	2009年预计销售净利润		10%
8	固定资产净值	1500	否	普通股本	1000	否	2009年预计股利支付率		60%
9	无形资产	100	否	留存收益	800	特殊	2009年其他资金需要		70
10	资产合计	2930		负债及所有者权益合计	2930		追加资金筹集的方式		长期负债

图 8-1　基本数据表格

【实验步骤】

(1) 在单元格 B14 中输入公式:=IF(C4="是",B4/$I$3,"不适用")。

(2) 在单元格 C14 中输入公式:=IF(C4="是",IF(A14="货币资金",I6*$B$14+I9,$I$6*B14),B4)。

(3) 选取单元格区域 B14:C14,将其复制到单元格区域 B15:C19。

(4) 在单元格 E14 中输入公式:=IF(F4="是",E4/$I$3,"不适用")。

(5) 在合并单元格 F14 中输入公式:=IF(F4="是",$I$6*E14,IF(F4="特殊",$E$9+$I$7*(1-$I$8),E4))。

(6) 在合并单元格 H14 中输入公式:=IF(D14=$I$10,F14+$F$21,F14)。

(7) 选取单元格区域 E14:I14,将其复制到单元格区域 E15:I19。

(8) 在单元格 B20 中输入公式:=SUM(B14:B19),并将其复制到单元格 C20 和单元各区域 E20:I20。在单元格 F21 中输入公式:=C20-F20。

(9) 在单元格 F22 中输入公式:=(B20-E20)*(I6-I3)-I6*I7*(1-I8)+I9。

(10) 模型的运算结果如图 8-2 所示。

	A	B	C	D	E	F	G	H	I
1				已知条件（金额单位:万元）					
2				2008年末简要的资产负债表及各项目的敏感性			其它有关数据		
3	资产项目	金额	是否敏感项目	负债和所有者权益项目	金额	是否敏感项目	2008年销售收入		1000
4	货币资金	150	是	短期借款	180	是	2008年销售净利润		10%
5	应收账款	200	是	应付账款	260	是	2008年股利支付率		60%
6	存货	580	是	应交税金	90	是	2009年预计销售收入		1500
7	长期投资	400	否	长期负债	600	否	2009年预计销售净利润		10%
8	固定资产净值	1500	否	普通股本	1000	否	2009年预计股利支付率		60%
9	无形资产	100	否	留存收益	800	特殊	2009年其他资金需要		70
10	资产合计	2930		负债及所有者权益合计	2930		追加资金筹集的方式		长期负债
11									
12				2009年外部追加资金需要量的预测及预计的资产负债表（金额单位:万元）					
13	资产项目	占基期销售收入百分比	2009年预计	负债和所有者权益项目	占基期销售收入百分比	2009年追加筹资前预计数		2009年追加筹资后预计数	
14	货币资金	15%	295	短期借款	18%	270		270	
15	应收账款	20%	300	应付账款	26%	390		390	
16	存款	58%	870	应交税金	9%	135		135	
17	长期投资	不适用	400	长期负债	不适用	600		810	
18	固定资产净值	不适用	1500	普通股本	不适用	1000		1000	
19	无形资产	不适用	100	留存收益	不适用	860		860	
20	合计	93%	3465	合计	53%	3255		3465	
21		按预计资产负债表计算的2009年资金缺口或外部追加资金需要量				210			
22		直接按公式计算的2009年外部追加资金需要量				210			

图 8-2　模型运算结果

8.1.2　资金习性法

所谓资金习性,是指资金的变动与产销量变动之间的依存关系。按照依存关系,资金可以分为不变资金、变动资金和半变动资金。不变资金是指在一定的产销量范围内,不受产销量变化的影响,保持固定不变的那部分资金,包括为维持营业而占用的最低数额的现金,原材料的保险储备,必要的成品储备,以及厂房、机器设备等固定资产占用的资金。变动资金是指随产销量的变动而同比例变动的那部分资金,包括直接构成产品实体的原材料、外购件等占用的资金,以及最低储备以外的现金、存货、应收账款等。半变动资金指虽然受产销量变化影响,但不呈同比例变动的资金,如一些辅助材料所占用的资金

资金习性预测法中常用的一种方法是高低点法。高低点法又称为两点法,是指通过观察一定相关范围内各期产销量(或销售额)与资金占用量所构成的所有坐标点,从中选出产销量最高和最低两点坐标来建立线性预测方程,并据此来推算不变资金总额和单位变动资金从而预测资金需要量的一种方法。

运用高低点法预测资金需要量的具体步骤是:

(1)从各期产销量与相应的资金占用量的历史数据中找出产销量最高和最低的两点。

(2)根据高低两点的数据计算单位变动资金:

$$单位变动资金=高低点资金占用量之差÷高低点产销量之差$$

(3)根据高点或低点的数据和单位变动资金计算不变资金总额:

$$不变资金总额=高点资金占用量-单位变动资金×高点产销量$$

或　　　　$$不变资金总额=低点资金占用量-单位变动资金×低点产销量$$

(4)根据下述模型预测某一时期的资金需要量:

$$预测期资金需要量=不变资金总额+单位变动资金×预测期产销量(或销售额)$$

利用高低点法预测资金需要量的优点是简单易行、便于理解,缺点是仅选择了历史资料中的两组数据建立预测模型,很可能不具有代表性,导致较大的预测误差。这种方法一般只适用于资金变化趋势比较稳定的企业使用。

【例 8-2】根据已知条件建立基本数据表格如图 8-3 所示。

建立并计算 2017 年预计资金需要量模型如图 8-4 所示。

	A	B	C
1	基本数据		
2	年份	产销量(x)(件)	资金占用量(y)(元)
3	2012	65000	5500000
4	2013	63000	5300000
5	2014	60000	5200000
6	2015	75000	6500000
7	2016	80000	6800000
8	预计2017	100000	

图 8-3　基本数据表格

	A	B	C
1	基本数据		
2	年份	产销量(x)(件)	资金占用量(y)(元)
3	2012	65000	5500000
4	2013	63000	5300000
5	2014	60000	5200000
6	2015	75000	6500000
7	2016	80000	6800000
8	预计2017	100000	
9			
10	计算分析区		
11		产销量(x)(件)	资金占用量(y)(元)
12	高点		
13	低点		
14	单位变动资金(元/件)		
15	不变资金总额(元)		
16	2017年预计资金需要量		

图 8-4　2017 年预计资金需要量模型

【实验步骤】

(1) 在单元格 B12 中输入公式：=MAX(B3:B7)，得到高点数据。

(2) 在单元格 B13 中输入公式：=MIN(B3:B7)，得到低点数据。

(3) 在单元格 C12 中输入公式：=INDEX($C$3:$C$7,MATCH(B12,$B$3:$B$7,0))，找到与高点对应的资金占用量。

(4) 在单元格 C13 中输入公式：=INDEX($C$3:$C$7,MATCH(B13,$B$3:$B$7,0))，找到与低点对应的资金占用量。

(5) 在单元格 C14 中输入公式：=(C12－C13)/(B12－B13)，计算单位变动资金。

(6) 在单元格 C15 中输入公式：=C12－C14*B12，计算不变资金总额。

(7) 在单元格 C16 中输入公式：=C15＋C14*B8，计算 2017 年预计资金需要量。

(8) 运算结果如图 8-5 所示。

	A	B	C
1		基本数据	
2	年份	产销量(x)(件)	资金占用量(y)(元)
3	2012	65000	5500000
4	2013	63000	5300000
5	2014	60000	5200000
6	2015	75000	6500000
7	2016	80000	6800000
8	预计2017	120000	
9			
10		计算分析区	
11		产销量(x)(件)	资金占用量(y)(元)
12	高点	80000	6800000
13	低点	60000	5200000
14	单位变动资金(元/件)		80
15	不变资金总额(元)		400000
16	2017年预计资金需要量		10000000

图 8-5　运算结果

8.1.3　回归分析法

因果关系预测法是指利用事物发展的因果关系来推测事物发展趋势，即根据历史资料找出需要预测的变量与其相关联的变量之间的依存关系，从而建立因果关系模型进行预测的方法。因果关系预测法中常用的预测方法是回归分析法。

回归分析法是指根据历史数据，按照数学上最小平方法的原理，确定能够正确反映自变量和因变量之间具有最小误差平方和的回归方程作为预测模型进行预测的方法。根据历史观测数据间的关系，回归方程可以是线性方程或非线性方程。对于非线性方程，往往可以通过数学变换将其转化为线性方程后再进行回归分析。

利用回归分析法预测资金需要量时，如果回归曲线为线性模型，可首先利用 INTERCEPT 函数和 SLOPE 函数分别估计回归直线的截距和斜率，然后再利用回归直线方程预测未来时期的资金需要量，也可以利用 TREND 函数直接预测未来时期的资金需要量。

TREND 函数的功能是返回一条线性回归拟合线的值，即找到适合已知数组 known_y's 和 known_x's 的直线(用最小二乘法)，并返回指定数组 new_x's 在直线上对应的 y 值。其计算公式为：

=TREND(known_y's,known_x's.new_x's,const)

【例 8-3】知某公司 2013—2017 年的销售收入和资金占用量的数据如表 8-1 所示，2018 年预计销售收入为 315 万元。要求建立线性回归分析模型预测 2018 年资金需要量模型。

表 8 - 1　2013—2017 年销售收入和资金占用量

年　份	销售收入	资金占用量
2013	80	67
2014	112	89
2015	170	109
2016	237	132
2017	296	145

根据题意,建立如图 8 - 6 所示的基本数据表格。

	A	B	C
1	基本数据（单位：万元）		
2	年份	销售收入	资金占用量
3	2013	86	65
4	2014	112	89
5	2015	170	109
6	2016	237	132
7	2017	296	145
8	2018年预计销售收入	315	

图 8 - 6　基本数据表格

【实验步骤】

(1) 运用 INTERCEPT 函数计算的截距 C12＝INTERCEPT(C3:C7,B3:B7)。

(2) 运用 SLOPE 函数计算的斜率 C13＝SLOPE(C3:C7,B3:B7)。

(3) 根据回归方程(y＝ax+b)计算的 2018 年资金需要量 G12＝C12＋C13 * B8＝152.92(万元)。

(4) 直接用 TREND 函数计算的 2018 年资金需要量 G13＝TREND(C3:C7,B3:B7,B8)＝152.92(万元)。

(5) 计算结果如图 8 - 7 所示。由下图可知,两种计算方法所得结果相同。

10	计算分析区			
11	回归方程参数的估计		2018年资金需要量预测	
12	INTERCEPT函数截距（a）	42.60	回归方程（y=ax+b）预测	156.92
13	SLOPE函数斜率（b）	0.36	直接利用TREND函数预测	156.92

图 8 - 7　计算结果

8.1.4　函数介绍

返回国库券的收益率。

1. 语法

TBILLYIELD(settlement,maturity,pr)

2. TBILLYIELD 函数语法的参数

（1）Settlement 必需。国库券的结算日。即在发行日之后，国库券卖给购买者的日期。

（2）Maturity 必需。国库券的到期日。到期日是国库券有效期截止时的日期。

（3）Pr 必需。面值￥100 的国库券的价格。

3. 说明

（1）Microsoft Excel 可将日期存储为可用于计算的序列号。默认情况下，1900 年 1 月 1 日的序列号是 1，而 2008 年 1 月 1 日的序列号是 39448，这是因为它距 1900 年 1 月 1 日有 39 448 天。

（2）Settlement 和 maturity 将截尾取整。

（3）如果 settlement 或 maturity 不是有效日期，则 TBILLYIELD 返回错误值 ♯VALUE!。

（4）如果 pr≤0，则 TBILLYIELD 返回错误值 ♯NUM!。

（5）如果 settlement ≥ maturity 或 maturity 在 settlement 之后超过一年，则 TBILLYIELD 返回错误值 ♯NUM!。

（6）函数 TBILLYIELD 的计算公式如下：

$$TBILLYIELD = \frac{100 - py.}{py.} \times \frac{360}{DSM}$$

4. 示例

某国库券的结算日为 2008 年 3 月 31 日，到期日为 2008 年 6 月 1 日，每￥100 的国库券的价格为 98.43 元，计算该国库券的收益率。

（1）打开 Excel，输入数据，现需要计算国库券的收益率。

（2）选择公式→插入函数→TBILLYIELD 函数，将弹出如下对话框，输入数据。或在 B4 单元格中输入公式：＝TBILLYIELD(B1,B2,B3)。

（3）点击"确定"，该国库券的收益率就算出来了。

8.2　资本成本计算模型

资本成本是指企业为筹集和使用长期资金而支付的代价。资本成本是一项很重要的财务指标,它在企业的筹资决策、投资决策和业绩评价等财务管理活动中都发挥着举足轻重的作用。企业的资本包括债务资本和权益资本。本节首先介绍个别资本成本计算模型的建立方法,在此基础上进一步介绍综合资本成本计算模型和边际资本成本规划模型的建立方法。

8.2.1　债务资本成本

(1) 不考虑复利因素的计算公式。

在不考虑复利因素的情况下,债券的税后资本成本率的计算公式为:

$$K_{bt} = \frac{I \cdot (1-T)}{P_b \cdot (1-f)} = \frac{M \cdot i \cdot (1-T)}{P_b \cdot (1-f)}$$

式中,K——债券的税后年资本成本率;

$\quad K_{bt}$——债券的税后资本成本率;

$\quad I$——债券的年利息;

$\quad M$——债券的面值;

$\quad i$——债券的票面年利率;

$\quad f$——债券的筹资费率;

$\quad T$——所得税税率;

$\quad P_b$——债券的发行价格。

(2) 考虑复利因素的计算公式。

在考虑复利因素的情况下,每年付息一次、到期一次还本的债券的税后资本成本率应根据下面的公式计算:

$$P_b \cdot (1-f) = \sum_{t=1}^{n} \frac{I(1-T)}{(1+K_{bt})^t} + \frac{M}{(1+K_{bt})^t}$$

式中,n——长期债券的期限;

$\quad$其他符号的含义如前所述。

(3) 每年多次付息且考虑复利因素的债券资本成本计算公式。

在每年多次付息且考虑复利因素的情况下,债券的税后资本成本率应根据下面的公式计算:

$$P_b \cdot (1-f) = \sum_{t=1}^{mn} \frac{\dfrac{I}{m}(1-T)}{\left(1+\dfrac{K_{bt}}{m}\right)^t} + \frac{M}{\left(1+\dfrac{K_{bt}}{m}\right)^{mn}}$$

式中,m——每年付息的次数;

$\quad$其他符号的含义如前所述。

【例 8-4】甲公司长期银行借款和发行债券的有关资料如图 8-8 中已知条件区域所示,

要求建立一个计算该公司债务资本成本的模型

设计模型的结构,如图8-8所示。

	A	B	C	D
1		已知条件		
2	甲公司长期银行借款		家公司债券	
3	借款金额(万元)	160	债券面值(元)	800
4	借款年利率	5%	票面利率	7%
5	借款期限(年)	5	期限(年)	20
6	每年付息次数(次)	1	每年付息次数(次)	2
7	筹资费率	0.50%	筹资费率	3%
8	所得税税率	25%	所得税税率	25
9			债券发行价格(元)	960
10				
11		计算结果		
12		不考虑复利因素的情况--利用公式计算		
13		长期银行借款	债券	
14	税后资本成本率			
15		考虑复利因素的情况--利用函数计算		
16		长期银行借款	债券	
17	税后资本成本率			
18		考虑复利因素的情况--利用规划求解工具计算		
19		长期银行借款	债券	
20	现值			(目标单元格)
21	筹资金额			(目标值)
22	税后资本成本率			(可变单元格)
23				

图8-8　债务资本成本模型

【实验步骤】

(1) 在单元格B14中输入公式:＝B4＊(1－B8)/(1－B7)。

(2) 在单元格C14中输入公式:＝D3＊D4＊(1－D8)/(D9＊(1－D7))。

(3) 在单元格B17中输入公式:＝B6＊RATE(B5＊B6－(B3＊B4/B6)＊(1－B8),B3＊(1－B7),－B3)。

(4) 在单元格C17中输入公式:＝D6＊RATE(D5＊D6,－(D3＊D4/D6)＊(1－D8),D9＊(1－D7),－D3)。

(5) 在单元格B20中输入公式:＝PV(B22/B6,B5＊B6,－(B3＊B4/B6)＊(1－B8)－B3)。

(6) 在单元格C20中输入公式:＝PV(C22/D6,D5＊D6,－(D3＊D4/D6)＊(1－D8),－D3)。

(7) 在单元格B21中输入公式:＝B3＊(1－B7)。

(8) 在单元格C21中输入公式:＝D9＊(1－D7)。

执行"数据"中的"模拟分析"中"单变量求解"命令,在系统弹出的"单变量求解"对话框中,将目标单元格设置为B20,将目标值设置为199,将可变单元格设置为＄B＄22,然后单击"确定"按钮,最后在系统弹出的"单变量求解状态"对话框中,再单击"确定"按钮,如图8-9所示。同样方式将目标单元格设置为C20,将目标值设置为931.20,将可变单元格设置为＄C＄22,然后单击"确定"按钮,在系统弹出的"单变量求解状态"对话框中,再单击"确定"按钮,如图8-10所示。

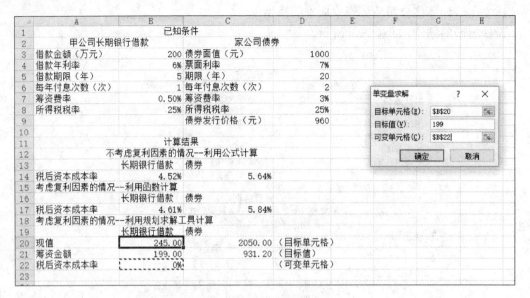

图 8-9   设置单元格 B20

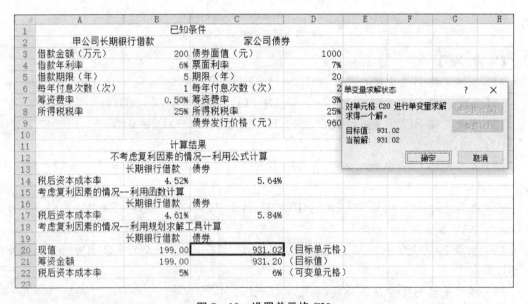

图 8-10   设置单元格 C20

总体计算结果如图 8-11 所示。

	A	B	C	D
1	已知条件			
2	甲公司长期银行借款		家公司债券	
3	借款金额（万元）	200	债券面值（元）	1000
4	借款年利率	6%	票面利率	7%
5	借款期限（年）	5	期限（年）	20
6	每年付息次数（次）	1	每年付息次数（次）	2
7	筹资费率	0.50%	筹资费率	3%
8	所得税税率	25%	所得税税率	25%
9			债券发行价格（元）	960
10				
11	计算结果			
12	不考虑复利因素的情况--利用公式计算			
13		长期银行借款	债券	
14	税后资本成本率	4.52%	5.64%	
15	考虑复利因素的情况--利用函数计算			
16		长期银行借款	债券	
17	税后资本成本率	4.61%	5.84%	
18	考虑复利因素的情况--利用规划求解工具计算			
19		长期银行借款	债券	
20	现值	199.00	931.02	（目标单元格）
21	筹资金额	199.00	931.20	（目标值）
22	税后资本成本率	4.61%	5.84%	（可变单元格）

图 8-11　总体计算结果

8.2.2　权益资本成本

1. 优先股的资本成本

优先股的资本成本包括筹资企业为筹集资金所花费的筹资费用以及向优先股股东支付的股息。优先股的股息应从税后利润中支付，因而不具备抵税作用。优先股资本成本率的计算公式为：

$$K_p = \frac{D_p}{P_p(1-f)}$$

式中，K_p——优先股的年资本成本率；

D_p——优先股的年股息；

P_p——优先股的发行价格；

f——筹资费率。

2. 普通股的资本成本

普通股的资本成本包括筹资费用和使用费用两部分。使用费用即股份公司支付给股东的股利。普通股的股利也应从税后利润中支付，因而也不具备抵税作用。普通股的年资本成本率通常可按以下两种方法计算。

1）股利估价法

按股利估价法计算普通股的资本成本率的基本原理是根据股息价值模型，在已知股票的价格并考虑筹资费用的情况下，求解股东要求的最低年投资报酬率。以固定增长股为例，其年资本成本率的计算公式为：

$$K_c = \frac{D_0(1+g)}{P_c(1-f)} + g = \frac{D_1}{P_c(1-f)} + g$$

Excel 在财务与会计中的应用

式中，K_c——普通股的资本成本率；

D_0——上年末或第 0 年发放的股利；

D_1——第一年预计股利；

P_c——普通股的价格；

g——股利增长率；

f——筹资费率。

公式中的股利增长率 g 可以根据过去若干期的历史股利数据计算，也可以根据预计的留存收益率乘以权益报酬率计算。

类似的，变率增长股的年资本成本率也可以根据变率增长股的估价公式，在考虑筹资费用的情况下，通过求解投资者要求的最低投资报酬率来计算。

2）资本资产定价法

按照资本资产定价模型计算普通股资本成本率的公式为：

$$K_i = K_F + \beta_i(K_m - K_F)$$

式中，K_i——i 股票的期望报酬率；

K_F——无风险利率；

K_m——市场投资组合的平均期望报酬率；

β_i——i 股票的风险系数或 β 系数。

3．风险溢价法

风险溢价法，又称为债券成本加减法，按照这种方法估计普通股资本成本率的公式为：

$$K_c = K_{bt} + K_R$$

式中，K_c——普通股的资本成本率；

K_{bt}——债券的税后资本成本率；

K_R——普通股的风险收益率，一般在 3％～5％的范围内取值。

（3）留存收益的资本成本

留存收益是股东权益的一个组成部分，留存收益的资本成本可理解为一种机会成本，即股东因失去将股利用于再投资的机会而要求得到的最低投资报酬率。留存收益的资本成本可参考普通股资本成本的计算公式进行计算，但留存收益是企业内部的资金来源，因此使用这部分资金不会花费筹资费用。如果某公司的普通股为固定增长股，则按股利估价法计算其留存收益的年资本成本率 K_r 的公式为：

$$K_r = \frac{D_0(1+g)}{P_c} + g = \frac{D_1}{P_c} + g$$

式中，各符号的含义如前所述。

【例 8 - 5】乙公司优先股和普通股的有关资料如图 8 - 12 的已知条件区域所示。要求建立一个计算该公司权益资本成本率的模型，并对优先股资本成本率相对于发行价格和筹资费率的敏感性进行分析的模型。

【实验步骤】

（1）设计模型的结构，如图 8 - 12 的计算结果和敏感性分析区域所示。在单元格 B9 中输入公式：＝B3 * B4/(B5 * (1－B6))。

（2）在单元格 D9 中输入公式：＝D3＋D4。

（3）在单元格 B12 中输入公式：＝B3＊B4/(B5＊(1－B6))。

（4）选取单元格区域 B12：H20，执行"数据"菜单中"模拟分析"中的"模拟运算表"命令，在系统弹出的"模拟运算表"对话框中的"输入引用行的单元格"区域中输入＄B＄5，在"输入引用列的单元格"区域中输入＄B＄6，然后单击"确定"按钮，如图 8－12 所示。

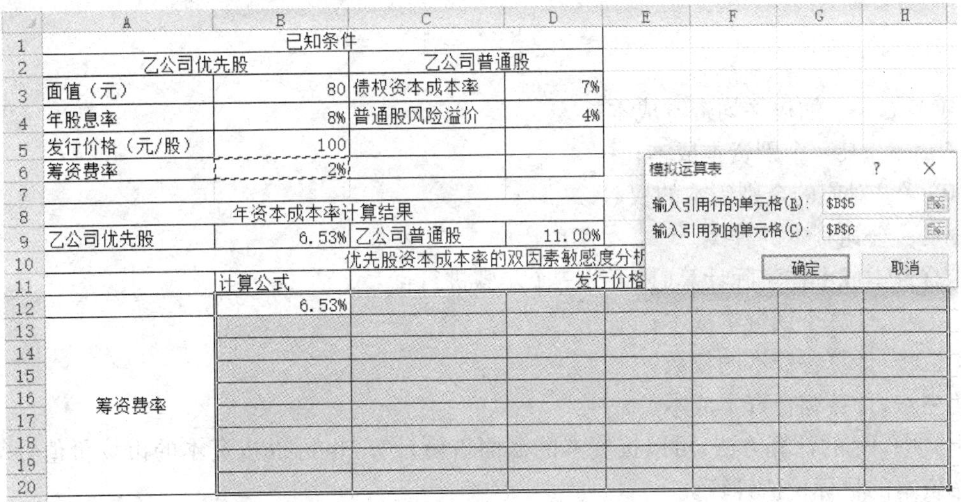

	A	B	C	D	E	F	G	H
1			已知条件					
2		乙公司优先股		乙公司普通股				
3	面值（元）	80	债权资本成本率	7%				
4	年股息率	8%	普通股风险溢价	4%				
5	发行价格（元/股）	100						
6	筹资费率	2%						
7								
8		年资本成本率计算结果						
9	乙公司优先股	6.53%	乙公司普通股	11.00%				
10			优先股资本成本率的双因素敏感度分析					
11		计算公式		发行价格				
12		6.53%						
13								
14								
15								
16	筹资费率							
17								
18								
19								
20								

模拟运算表　　　? ✕
输入引用行的单元格(R)：　$B$5
输入引用列的单元格(C)：　$B$6
　　　　　　确定　　取消

图 8－12　权益资本成本率计算模型

年资本成本率计算结果如图 8－13 所示。

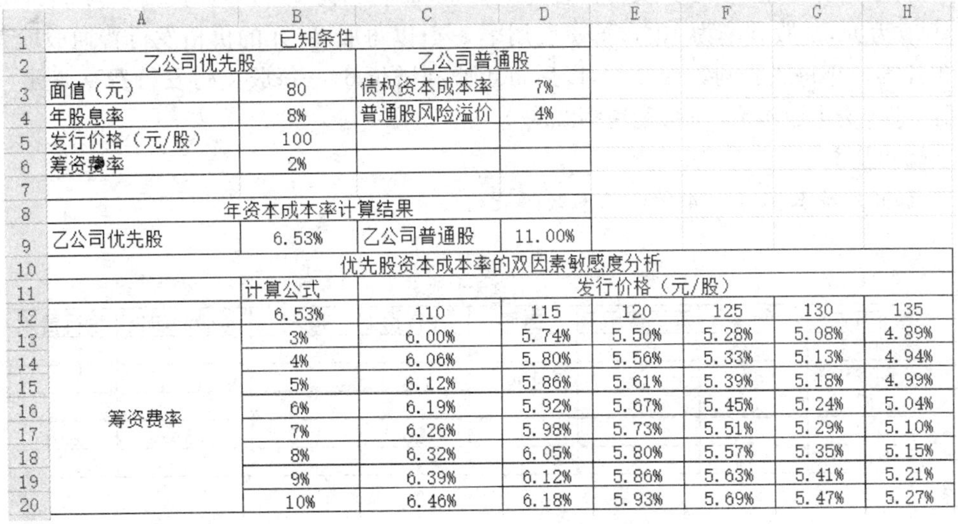

	A	B	C	D	E	F	G	H
1			已知条件					
2		乙公司优先股		乙公司普通股				
3	面值（元）	80	债权资本成本率	7%				
4	年股息率	8%	普通股风险溢价	4%				
5	发行价格（元/股）	100						
6	筹资费率	2%						
7								
8		年资本成本率计算结果						
9	乙公司优先股	6.53%	乙公司普通股	11.00%				
10			优先股资本成本率的双因素敏感度分析					
11		计算公式		发行价格（元/股）				
12		6.53%	110	115	120	125	130	135
13		3%	6.00%	5.74%	5.50%	5.28%	5.08%	4.89%
14		4%	6.06%	5.80%	5.56%	5.33%	5.13%	4.94%
15		5%	6.12%	5.86%	5.61%	5.39%	5.18%	4.99%
16	筹资费率	6%	6.19%	5.92%	5.67%	5.45%	5.24%	5.04%
17		7%	6.26%	5.98%	5.73%	5.51%	5.29%	5.10%
18		8%	6.32%	6.05%	5.80%	5.57%	5.35%	5.15%
19		9%	6.39%	6.12%	5.86%	5.63%	5.41%	5.21%
20		10%	6.46%	6.18%	5.93%	5.69%	5.47%	5.27%

图 8－13　年资本成本率计算结果

8.2.3　综合资本成本

公司的资本不可能来自于单一的渠道，对于大多数公司来讲，其正常经营所需的资本实际上是不同资本来源的组合。因此，全面衡量一个公司的筹资成本，除了要分别计算不同来源资本的成本以外,还要计算全部资本的成本。综合资本成本是指公司全部长期资本的总成本,一般是以各种个别资本占全部资本的比重作为权数,并对个别资本成本进行加权,因此也称加权平均资本成本(Weighted Average Cost of Capital,WACC)。其计算公式如下:

$$WACC = \sum_{i=1}^{n} W_i K_{Ri}$$

其中,
$$\sum_{i=1}^{n} W_i = 1$$

式中,WACC——加权平均资本成本;

K_{Ri}——某一个别资本成本;

W_i——对应的个别资本的权数;

n——公司资本的种类。

综合资本成本在实际计算时,可分三个步骤进行:

第一步,计算个别资本成本;

第二步,计算各资本的权数;

第三步,计算综合资本成本。

上式中,W_i 的计算方法,可以按资本的账面价值计算,也可以按资本的市场价值计算,还可以按资本的目标价值计算。

1. 综合资本成本计算模型的建立

【例 8-6】某公司拟筹集 10 000 万元,其中长期借款 1 000 万元,年利率为 6%;发行长期债券 10 万元,每张面值 150 元,发行价为 200 元,票面利率为 8%,筹资费用率为 2%;发行优先股 2 000 万元,每股利率为 10%,筹资费用率 3%;以每股 25 元的价格发行普通股股票 200 万股,预计第一年每股股利为 1.8 元,以后每年股利增长 6%,每股支付发行费 0.8 元。计算该公司的综合资本成本率(所得税税率 25%)。

【实验步骤】

(1) 据此建立如图 8-14 所示基本数据表格。

	A	B	C	D	E	F	G	H
1	基本数据							
2	筹资方式	利率	筹资费用率	面值	发行价	股利	年股利增长	发行费用
3	长期借款	6%						
4	长期债券	8%	2%	150	200			
5	优先股	10%	3%					
6	普通股				25	1.8	6%	0.8
7	所得税税率	25%						
8								

图 8-14 基本数据表格

(2) 资本成本率。

在单元格 C11 中输入公式:=B3 * (1-B7)。

在单元格 C12 中输入公式:=(D4 * B4 * (1-B7))/(E4 * (1-C4))。

在单元格 C13 输入公式:=B5/(1-C5)。

在单元格 C14 输入公式：＝(F6/(E6－H6))＋G6。

(3) 资本构成比例。

在单元格 D11 输入公式：＝B11/B15。

在单元格 D12 输入公式：＝B12/B15。

在单元格 D13 输入公式：＝B13/B15。

在单元格 D14 输入公式：＝B14/B15。

(4) 综合资本成本。

在单元格 C16 输入公式：＝SUMPRODUCT(C11:C14,D11:D14)。

最终结果如图 8－15 所示。

	A	B	C	D	E	F	G	H
1				基本数据				
2	筹资方式	利率	筹资费用率	面值	发行价	股利	年股利增长	发行费用
3	长期借款	6%						
4	长期债券	8%	2%	150	200			
5	优先股	10%	3%					
6	普通股				25	1.8	6%	0.8
7	所得税税率	25%						
8								
9			综合资本成本					
10	筹资方式	筹资额	资本成本率	资本构成比率				
11	长期借款	1000	4.50%	10%				
12	长期债券	2000	4.59%	20%				
13	优先股	2000	10.31%	20%				
14	普通股	5000	13.44%	50%				
15	合计	10000		100%				
16	综合资本成本率		10.15%					

图 8－15 最终结果

8.2.4 边际资本成本计算模型

边际资本成本是指企业每增加一个单位资本而增加的成本。如果企业的追加筹资是在既定资本结构下的混合资本，则边际资本成本应采用加权平均法计算，其权数应为市场价值权数或目标价值权数。

为了做好追加投资和筹资决策，企业应预先做出边际资本成本规划，即确定不同的筹资总额范围对应的边际资本成本水平。制定边际资本成本规划可按以下步骤进行：

(1) 确定追加筹资的目标资本结构。

(2) 测算个别资本在不同筹资额度内的资本成本。

(3) 计算筹资总额的成本分界点，其计算公式为：

$$B_i = F_i/W_i$$

式中，B_i——第 i 种资本所引起的筹资总额的成本分界点；

F_i——第 i 种资本的成本分界点；

W_i——第 i 种资本在目标资本结构中所占的比重。

(4) 计算在筹资总额的各个不同筹资范围内的边际资本成本。

在编制边际资本成本规划的过程中，可以利用 SUMPRODUCT，IF 等函数，还可以利用 ROUND 函数。

ROUND 函数的功能是返回某个数字按指定位数舍入后的数字,公式为:

=ROUND(mumber,num_digits)

式中,number——需要进行舍入的数字;

num_digits——指定的位数,按此位数进行舍入。

【例 8-7】某公司现有长期资金 1 000 万元,其中长期借款 350 万元,优先股 150 万元,普通股 500 万元,其中长期借款占 35%,优先股占 15%,普通股占 50%。个别资本成本相关资料如图 8-16 所示。由于扩大经营规模的需要,企业拟筹集新资金。假定该公司财务人员经过分析后确定按目标资本结构以万元为单位进行筹集。要求建立一个编制该公司的边际资本成本规划与绘制边际资本成本规划图的模型。

【实验步骤】

(1) 设定模型的基本数据区与筹资总额分界点的计算区域如图 8-16 所示。其中 F4=D4/$B$4=143(万元);用填充柄向下填充到 F5,F5=D5/$B$4=286(万元);F7=D7/B7=500(万元);F9=D9/$B$9=300(万元),用填充柄向下填充到 F10,F10=D10/$B$9=700(万元)。

	A	B	C	D	E	F
1	资本种类	目标资本结构	已知条件		个别资本成本	筹资总额分界点的计算(万元)
2			新增筹资额范围(万元)			
3			下限	上限		
4	长期负债	35%	1	50	6%	143
5			51	100	7%	286
6			101	以上	8%	
7	优先股	15%	0	75	10%	500
8			76	以上	12%	
9	普通股	50%	0	150	14%	300
10			151	350	15%	700
11			350	以上	16%	

图 8-16 个别资本成本相关资料

(2) 建立边际资本成本计算区域,相关单元格公式如下:

A16=C4,B16=ROUND(F4,0)

B19=ROUND(F5,0),

B22=ROUND(F9,0),

B25=ROUND(F7,0),

B28=ROUND(F10,0)

(3) B31 单元格输入"以上"。

(4) A19=B16+1,用填充柄向下填充到 A31,得到 A22=287,A25=301,A28=501,A31=701。

(5) D16=$B$4,D17=$B$7,D18=$B$9。选取单元格区域 D16:D18,将其分别复制到单元格区域 D19:D21、D22:D24、D25:D27、D28:D30、D31:D33。

(6) E16=IF(B16>$F$5,$E$6,IF(B16>$F$4,$E$5,$E$4)),并分别复制到单元格 E19、E22、E25、E28、E31。

(7) E17=IF(B16>$F$7,$E$8,$E$7),并分别复制到单元格 E20、E23、E26、

E17=IF(B16>$F$7,$E$8,$E$7),并分别复制到单元格 E20、E23、E26、

192

E29、F32。

(8) E18＝IF(B16＞＄F＄10,＄E＄11,IF(B16＞＄F＄9,＄E＄10,＄E＄9)),并分别复制到单元格 E21、E24、E27、E30、E33。

(9) 合并单元格 F16＝SUMPRODUCT(D16:D18,E16:E18),并分别复制到单元格 F19、F22、F25、F28、F31。

(10) 合并单元格 G16＝A16&"～"&B16,并分别复制到单元格 G19、G22、G25、G28。

(11) 合并单元格 G31＝A31&B31。

(12) 边际资本成本计算结果如图 8－17 所示。

13	边际资本成本的计算结果						
14	筹资总额范围（万元）		资本种类	目标资本结构	个别资本成本	边际资本成本	筹资总额范围（万元）
15	下限	上限					
16	1	143	长期负债	35%	7%	10.95%	1～143
17			优先股	15%	10%		
18			普通股	50%	14%		
19	144	286	长期负债	35%	8%	11.30%	144～286
20			优先股	15%	10%		
21			普通股	50%	14%		
22	287	300	长期负债	35%	8%	11.30%	287～300
23			优先股	15%	10%		
24			普通股	50%	14%		
25	301	500	长期负债	35%	8%	11.80%	301～500
26			优先股	15%	10%		
27			普通股	50%	15%		
28	501	700	长期负债	35%	8%	12.10%	501～700
29			优先股	15%	12%		
30			普通股	50%	15%		
31	701	以上	长期负债	35%	8%	12.60%	701以上
32			优先股	15%	12%		
33			普通股	50%	16%		

图 8－17　边际资本成本计算结果

8.3　财务杠杆与最优资本结构计算模型

最优资本结构是指在一定的条件下,使公司的加权平均资本成本最低、公司价值最大的资本结构。确定最优资本结构常见的方法包括每股利润无差别点法、比较资本成本法和公司价值分析法。

8.3.1　财务杠杆系数计算与分析模型的建立

财务杠杆是指由于债务的存在而导致普通股每股利润的变动大于息税前利润变动的杠杆效应。在投资利润率大于借款利率的情况下,公司适当运用财务杠杆,可以使公司在不增加权益资本投资的情况下,获取更多的利润。借入资本所得的投资利润扣除了较低的借款利息后的利润部分,由公司权益者分享,这样可大大提高公司的权益资本利润率,同时也可提高公司每股普通股的利润额。

财务杠杆的作用程度大小可以用财务杠杆系数来衡量,其计算公式为:

$$DFL = \frac{\Delta EPS/EPS}{\Delta EBIT/EBIT} = \frac{EBIT}{EBIT - I - \dfrac{D_P}{1-T}} = \frac{Q(p-v)-F}{Q(p-v)-F-I-\dfrac{D_P}{1-T}}$$

$$EPS = \frac{1}{N}[(EBIT - I)(1-T) - D_P]$$

式中，DFL——财务杠杆系数；

I——债务利息；

D_p——优先股股息；

T——所得税税率；

EPS——普通股每股利润；

N——普通股股份数。

财务杠杆系数反映了普通股每股利润对息税前利润变动的敏感程度，财务杠杆系数很高时，即使息税前利润的微小变动也会导致普通股每股利润出现很大幅度的变动。

财务杠杆具有正负两种作用，可以通过权益报酬率与投资报酬率之间的关系加以说明。假设企业没有优先股，总资本由债务资本和股东权益构成，则：

$$R=\left[K+(K-f)\frac{B}{S}\right](1-T)$$

式中，R——权益报酬率(净利润与股东权益的百分比)；

K——投资报酬率(息税前利润与资本总额的百分比)；

i——债务利率；

B——债务资本；

s——股东权益；

T——所得税税率。

由上式可以看出，当投资报酬率大于债务利息率时，$(K-i)>0$，随着负债权益比率 B/S 的增大，权益报酬率 R 会升高，即产生了正的财务杠杆作用，这种情况下负债经营使股东有可能享受到一定的好处；反之，当投资报酬率低于债务利率时，$(K-i)<0$，权益报酬率 R 会随着负债权益比率 B/S 的增大而降低，即产生了负的财务杠杆作用，这种情况下负债经营有损股东利益。无论出现以上哪种情况，借债都会使财务杠杆系数升高，财务风险增大，且债务利息越多，财务杠杆系数越大，财务风险也越大。

在建立财务杠杆系数计算与分析模型过程中可以使用 IF 函数和 OR 函数。下面介绍 OR 函数的功能。

OR 函数表示逻辑或，公式为：

=OR(条件1,条件2,…,条件N)

只要有一个条件满足时，OR 函数返回 TRUE；只有当所有条件都不满足时才返回 FALSE。该函数一般与 IF 函数结合使用。

【例8-8】甲、乙、丙三家公司某年的息税前利润和总资本及其构成等有关资料如图8-18的已知条件区域所示。要求建立一个计算三家公司的普通股每股利润、投资报酬率、权益报酬率和财务杠杆系数以及对财务杠杆作用进行判断的模型。

【实验步骤】

(1) 设计基本数据表格,如图 8 – 18 所示。

(2) 在单元格 B13 中输入公式:＝B6 * B7。

(3) 在单元格 B14 中输入公式:＝B8－B13。

(4) 在单元格 B15 中输入公式:＝B14 * B9。

(5) 在单元格 B16 中输入公式:＝B14－B15。

	A	B	C	D
1		已知条件		
2	公司	甲	乙	丙
3	全部资本（元）	9000000	9000000	9000000
4	股东权益（元）	9000000	4000000	4000000
5	普通股股数（股）	900000	400000	400000
6	债务资本（元）	0	4000000	4000000
7	债务利率	0%	10%	12%
8	息税前利润（元）	800000	800000	900000
9	所得税税率	25%	25%	25%

图 8 – 18　基本数据表格

(6) 在单元格 B17 中输入公式:＝B16/B5。

(7) 在单元格 B18 中输入公式:＝B8/B3。

(8) 在单元格 B19 中输入公式:＝B16/B4。

(9) 在单元格 B20 中输入公式:＝B8/B14。

(10) 在单元格 B21 中输入公式:＝IF(OR(B7=0,B7=B18),无财务杠杆作用",IF(B7<B18,"正财务杠杆作用","负财务杠杆作用"))。

(11) 选取单元格区域 B13:B21,将其复制到单元格区域 C13:D21

(12) 模型的运算结果如图 8 – 19 所示。由计算结果可以看出,甲公司没有负债和优先股,因此没有财务杠杆作用;乙公司债务利率高于投资报酬率,因此产生了负的财务杠杆作用,其普通股每股利润和权益报酬率均比无负债的甲公司更低。丙公司债务利率高于投资报酬率,因此产生了负的财务杠杆作用,其普通股每股利润和权益报酬率均比无负债的甲公司更低。

	A	B	C	D
1		已知条件		
2	公司	甲	乙	丙
3	全部资本（元）	9000000	9000000	9000000
4	股东权益（元）	9000000	4000000	4000000
5	普通股股数（股）	900000	400000	400000
6	债务资本（元）	0	4000000	4000000
7	债务利率	0%	10%	12%
8	息税前利润（元）	800000	800000	900000
9	所得税税率	25%	25%	25%
10				
11		计算结果		
12	公司	甲	乙	丙
13	债务利息（元）	0	400000	480000
14	税前利润（元）	800000	400000	420000
15	所得税（元）	200000	100000	105000
16	净利润（元）	600000	300000	315000
17	普通股每股利润（元）	0.67	0.75	0.79
18	投资报酬率	8.89%	8.89%	10.00%
19	权益报酬率	6.67%	7.50%	7.88%
20	财务杠杆系数	1.00	2.00	2.14
21	财务杠杆作用判断	无财务杠杆作用	负财务杠杆作用	负财务杠杆作用

图 8 – 19　运算结果

8.3.2 最优资本结构比较资本成本法

比较资本成本法是指通过比较不同筹资方案下的加权平均资本成本,然后根据加权平均资本成本的高低,确定最优资本结构的方法。比较资本成本法的基本步骤如下:

(1) 拟定几个筹资方案;

(2) 确定各筹资方案的资本结构;

(3) 计算各筹资方案的加权平均资本成本;

(4) 通过比较,选择加权平均资本成本最低的结构为最优资本结构。

【例8-9】某公司拟追加筹资6 000万元,现有甲、乙、丙三个追加筹资方案可供选择,有关材料如图8-20所示。要求分别测算该公司甲、乙、丙三个追加筹资方案的加权平均资本成本,并比较选择最优追加筹资方案。

【实验步骤】

(1) 根据题意建立基本数据表,如图8-20所示。

	A	B	C	D	E	F	G
1	筹资方式	追加筹资方案甲		追加筹资方案乙		追加筹资方案丙	
2		筹资额	个别资本成本(%)	筹资额	个别资本成本(%)	筹资额	个别资本成本(%)
3	长期借款	600	5	1800	7	1500	6
4	公司债券	1200	8	1200	8	1500	9
5	优先股	1200	11	1200	11	1500	12
6	普通股	3000	15	1800	15	1500	15
7	合计	6000	—	6000	—	6000	—

图8-20 基本数据表

(2) 计算各筹资方式的筹资额占总筹资额的比例。

(3) 在单元格B12中输入公式:=B3/$B$7,单击B12将公式用填充柄往下填充,依次得到B13、B14、B15数据结果。

(4) 在单元格C12中输入公式:=D3/$D$7,单击C12将公式用填充柄往下填充,依次得到C13、C14、C15数据结果。

(5) 在单元格D12中输入公式:=F3/$F$7,单击D12将公式用填充柄往下填充,依次得到D13、D14、D15数据结果。

(6) 计算各筹资方式加权平均资本成本:

在单元格B16中输入公式:=SUMPRODUCT(C3:C6,B12:B15)。

在单元格C16中输入公式:=SUMPRODUCT(E3:E6,C12:C15)。

在单元格D16中输入公式:=SUMPRODUCT(G3:G6,D12:D15)。

(7) 在单元格B17中输入公式:=MIN(B16:D16)。

(8) 在单元格B18中输入公式:=INDEX(B10:D10,MATCH(MIN(B16:D16),B16:D16))。

(9) 由此得到数据如图8-21所示。

	A	B	C	D
9		数据分析		
10		方案甲	方案乙	方案丙
11	筹资方式	资本构成比例(%)	资本构成比例(%)	资本构成比例(%)
12	长期借款	0.1	0.3	0.3
13	公司债券	0.2	0.2	0.3
14	优先股	0.2	0.2	0.3
15	普通股	0.5	0.3	0.3
16	加权平均资本成本	11.80	10.40	10.50
17	最小值	10.40		
18	决策	方案乙		

图8-21 所得数据

8.3.3　最优资本结构 EPS 分析法

每股利润(Earnings Per Share，EPS)分析法是指通过比较不同的备选筹资方案的普通股每股利润,并选择普通股每股利润最大的方案作为最优方案的筹资决策方法。普通股每股利润的计算公式为:

$$EPS=\frac{1}{n}\left[(EBIT-I)(1-T)-D_p\right]$$

式中,EPS——普通股每股利润;

n——普通股股数;

$EBIT$——息税前利润;

I——债务利息;

D_p——优先股股息;

T——所得税税率。

利用每股利润分析法选择最优筹资方案时通常需要首先计算每股利润无差别点,即两个筹资方案普通股每股利润相等时所对应的息税前利润,在此基础之上再选择最优筹资方案。对于同一家公司而言,在其他条件一定时,普通股每股利润越大,其股票的市场价格应该越高,公司的市场价值也就越大,所以这种决策方法也是建立在资本结构理论基础之上的。

【例 8-10】某公司现有普通股 800 万股,股本总额 8 000 万元,公司债券 3 600 万元。公司拟扩大筹资规模,有两种备选方案:一是增发普通股 300 万股,每股发行价格 10 元,二是平价发行公司债券 4 500 万元。若公司债券年利率 8%,所得税税率 25%。计算两种筹资方案的每股利润无差别点;如果该公司预计息税前利润为 1 800 万元,对两个筹资方案做出择优决策。

【实验步骤】

(1) 根据题意建立基本数据表格,如图 8-22 所示。

	A	B	C	D	E
1	债券年利率	8%			
2	所得税率	25%			
3			方案一		方案二
4	筹资方式	股数	金额	股数	金额
5	普通股	800	8000	800	8000
6	新增普通股	300	3000		
7	公司债券		3600		3600
8	新增债券				4500

图 8-22　基本数据表格

(2) 计算 EPS1、EPS2,结果如图 8-23 所示。

在单元格 B9 中输入公式:＝(B12-C7*B1)*(1-B2)/(B6+B5)。

在单元格 B10 中输入公式:＝(B12-E7*B1-E8*B1)*(1-B2)/D5。

在单元格 B11 中输入公式:＝B9-B10。

	A	B	C	D	E
1	债券年利率	8%			
2	所得税率	25%			
3			方案一		方案二
4	筹资方式	股数	金额	股数	金额
5	普通股	800	8000	800	8000
6	新增普通股	300	3000		
7	公司债券		3600		3600
8	新增债券				4500
9	EPS1	1.03			
10	EPS2	1.08			
11	EPS1-EPS2	-0.05			
12	预计EPIT	1800			

图 8-23

（3）运用"单变量求解"，目标单元格设置为 ＄B＄11，目标值设置为 0，可变单元格设置为 ＄B＄12，得出每股 EPS 无差别点的 EPIT 为 1608，如图 8-24、图 8-25 所示。

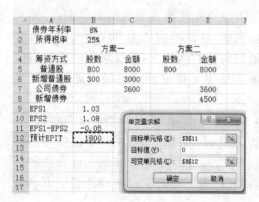

图 8-24

	A	B	C	D	E
1	债券年利率	8%			
2	所得税率	25%			
3			方案一		方案二
4	筹资方式	股数	金额	股数	金额
5	普通股	800	8000	800	8000
6	新增普通股	300	3000		
7	公司债券		3600		3600
8	新增债券				4500
9	EPS1	0.90			
10	EPS2	0.90			
11	EPS1-EPS2	0.00			
12	预计EPIT	1608			

图 8-25

（4）当公司预计 EPIT＝1 800 万元时，与无差别点 EBIT 比较，运用 IF 函数。在单元格 B14 中输入公式：＝IF(B13>B12,"发行债券","发行股票")。

（5）运算结果如图 8-26 所示。

	A	B	C	D	E
1	债券年利率	8%			
2	所得税率	25%			
3			方案一		方案二
4	筹资方式	股数	金额	股数	金额
5	普通股	800	8000	800	8000
6	新增普通股	300	3000		
7	公司债券		3600		3600
8	新增债券				4500
9	EPS1	0.90			
10	EPS2	0.90			
11	EPS1-EPS2	0.00			
12	EPIT	1608			
13	预计EPIT	1800			
14	决策结果	发行债券			

图 8-26 运算结果

8.3.4　函数介绍

返回一组不一定定期发生的现金流的内部收益率。若要计算一组定期现金流的内部收益率，可使用函数 IRR。

1. 语法

XIRR(values,dates,[guess])

2. XIRR 函数语法的参数

(1) 值必需。与 dates 中的支付时间相对应的一系列现金流。首期支付是可选的，并与投资开始时的成本或支付有关。如果第一个值是成本或支付，则它必须是负值。所有后续支付都基于 365 天/年贴现。值系列中必须至少包含一个正值和一个负值。

(2) 日期必需。与现金流支付相对应的支付日期表。日期可按任何顺序排列。应使用 DATE 函数输入日期，或者将日期作为其他公式或函数的结果输入。例如，使用函数 DATE(2008,5,23)输入 2008 年 5 月 23 日。如果日期以文本形式输入，则会出现问题。

(3) Guess 可选。对函数 XIRR 计算结果的估计值。

3. 说明

(1) Microsoft Excel 可将日期存储为可用于计算的序列号。默认情况下，1900 年 1 月 1 日的序列号是 1，而 2008 年 1 月 1 日的序列号是 39448，这是因为它距 1900 年 1 月 1 日有 39 448 天。

(2) Dates 中的数值将被截尾取整。

(3) 函数 XIRR 要求至少有一个正现金流和一个负现金流，否则函数 XIRR 返回错误值 ♯NUM！。

(4) 如果 dates 中的任一数值不是有效日期，函数 XIRR 返回错误值 ♯VALUE！。

(5) 如果 dates 中的任一数字早于开始日期，函数 XIRR 返回错误值 ♯NUM！。

(6) 如果 values 和 dates 所含数值的数目不同，函数 XIRR 返回错误值 ♯NUM！。

(7) 大多数情况下，不必为函数 XIRR 的计算提供 guess 值。如果省略，guess 值假定为 0.1(10%)。

(8) 函数 XIRR 与净现值函数 XNPV 密切相关。函数 XIRR 计算的收益率即为函数 XNPV＝0 时的利率。

(9) Excel 使用迭代法计算函数 XIRR。通过改变收益率(从 guess 开始)，不断修正计算结果，直至其精度小于 0.000 001%。如果函数 XIRR 运算 100 次，仍未找到结果，则返回错误值 ♯NUM！。函数 XIRR 的计算公式如下：

$$0 = \sum_{i=1}^{N} \frac{P_i}{(1+rate)^{\frac{(d_i-d_1)}{365}}}$$

式中，d_i——第 i 个或最后一个支付日期；

d_1——第 0 个支付日期；

P_i——第 i 个或最后一个支付金额。

4. 示例

某项目 2008 年 1 月 1 日发生的期初成本费用为 10 000 元，该项目不定期发生的现金流如下表所示：

日　期	净收入
2008 年 3 月 1 日	2 750
2008 年 10 月 3 日	4 250
2009 年 2 月 15 日	3 250
2009 年 4 月 1 日	2 750

计算该项目不定期发生的现金流的内部收益率。

（1）打开 Excel，输入数据，现需要计算该项目不定期发生的现金流的内部收益率。

（2）选择公式→插入函数→XIRR 函数，将弹出如下对话框，输入数据。或在 B8 单元格中输入公式：＝XIRR(B2：B6，A2：A6)。

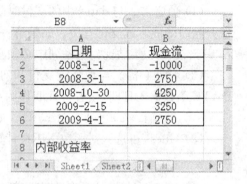

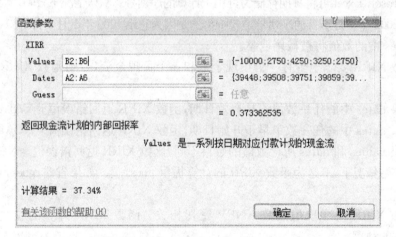

（3）点击"确定"，该项目不定期发生的现金流的内部收益率就算出来了。

	A	B
1	日期	现金流
2	2008-1-1	-10000
3	2008-3-1	2750
4	2008-10-30	4250
5	2009-2-15	3250
6	2009-4-1	2750
7		
8	内部收益率	37.34%

项目习题

1. 某公司拟筹资 10 000 万元，其中长期借款 800 万元，年利率为 6%；发行长期债券 10 万张，每张面值 180 元，发行价 200 元，票面利率 8%，筹资费用率为 2%；发行优先股 2 000 万元，年股利率 12%，筹资费用率为 5%；以每股 25 元的价格发行普通股股票 200 万股，预计第一年每股股利为 1.8 元，以后每年股利增长 6%，每股支付发行费 0.8 元。建立模型计算该公司的综合资本成本率(所得税税率为 25%)。

2. 某公司拟筹资 1 000 万元，现有甲、乙两个备选方案，有关资料如下：

筹资方式	甲方案		乙方案	
	筹资额(万元)	资本成本(%)	筹资额(万元)	资本成本(%)
长期借款	150	9	200	9
债券	350	10	200	10
普通股	500	12	600	12
合计(万元)	1 000		1 000	

要求建立模型确定该公司的最佳资本结构。

3. 某公司 2015—2019 年的销售收入和资金占用量的数据如下表所示，2020 年预计销售收入为 305 万元。要求建立线性回归分析模型预测 2010 年资金需要量模型。

年　份	销售收入	资金占用量
2015	85	62
2016	116	85
2017	175	109
2018	237	128
2019	291	143

项目九　投资决策模型设计

9.1　项目现金流量预测

9.1.1　相关知识

1. 现金流量预测

企业现金循环有两种表现形式:一是短期现金循环。短期现金循环指在一年或一个营业周期循环,比如现金本身。另一种是长期现金循环。长期现金循环是在一年或一个营业周期以上的循环,比如长期投资等。无论哪一种循环,当产品价值实现产生现金流量时都需要重新在新一轮循环中参与不同性质的非现金转化。由于存在这样的过程,企业现金流动往往不平衡,为此,需要对现金流量进行预测。

2. 现金流量预测的重要性

现金流量预测有利于企业合理规划现金收支,协调现金收支与经营、投资融资活动的关系,保持现金收支平衡和债务偿还的能力,为现金控制提供依据。

现金流量能准确地反映自己的时间价值和投资项目中流入和回收之间的投入产出关系,只有在现金流量的基础上计算投资项目效益评价指标才能客观、准确地评价投资项目的经济效益。

9.1.2　项目现金流量预测

【例 9-1】某投资项目的有关资料如图 9-1 所示,要求建立一个计算该投资项目各年净现金流量图的模型。

【实验步骤】

(1) 设计模型的结构。

	A	B	C	D	E	F	G
1			已知条件				
2	项目的建设期(年)		1	项目的经营期(年)			6
3	第一年初固定资产投资(万元)		500	期末固定资产残值(万元)			50
4	第一年末流动资产投资		100	所得税税率			40%
5	经营期(年)	1	2	3	4	5	6
6	销售收入(万元)	200	240	270	300	280	260
7	付现经营成本(万元)	110	130	150	160	155	145

图 9-1　基本数据表格

（2）建立模型的具体操作步骤如下：

在单元格 B11 中输入公式：＝－C3，在单元格 C12 中输入公式：＝－C4。

选取单元格区域 D13：I14，输入数组公式：＝B6：G7

选取单元格区域 D15：I15，输入数组公式：＝SLN(C3,G3,G2)

选取单元格区域 D16：I16，输入数组公式：＝D13：I13－D14：I14－D15：I15

选取单元格区域 D17：I17，输入数组公式：＝D16：I16 * G4

选取单元格区域 D18：I18，输入数组公式：＝D16：I16－D17：I17

选取单元格区域 D19：I19，输入数组公式：＝D18：I18＋D15：I15

选取单元格区域 I20，输入公式：＝G3＋C4

选取单元格区域 B21：I21，输入数组公式：＝B11：I11＋B12：I12＋B19：I19＋B20：I20。

（3）投资项目各年净现金流量的计算结果如图 9-2 所示。

	A	B	C	D	E	F	G	H	I
9			净现金流量的计算（万元）						
10	年份	0	1	2	3	4	5	6	7
11	固定资产投资	-500							
12	流动资产投资		-100						
13	销售收入			200	240	270	300	280	260
14	付现经营成本			110	130	150	160	155	145
15	年折旧			75	75	75	75	75	75
16	税前利润			15	35	45	65	50	40
17	所得税			6	14	18	26	20	16
18	税后净利			9	21	27	39	30	24
19	经营净现金流量			84	96	102	114	105	99
20	终结现金流量								150
21	净现金流量	-500	-100	84	96	102	114	105	249

图 9-2　计算结果

（4）构建柱形图。

选取单元格区域 B21：I21，插入柱形图，并对于图表加以美化修改，如图 9-3～图 9-5 所示。

选中横坐标右击，单击"选择数据"，在水平（分类）轴标签中点击"编辑"，在轴标签区域中输入＝现金流量预测！$B$10：$I$10，然后点击"确定"，最后结果如图 9-6 所示。

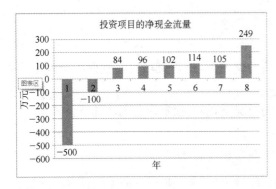

图 9-3　插入柱形图　　　　　　　　　　　　图 9-4

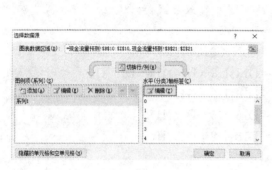

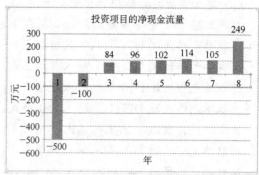

图 9-5   图 9-6   运行结果

9.2   项目投资决策的基本方法

9.2.1   相关知识

投资是指投资主体为获取预期收益而投入各种经济要素,并形成相应资产的有意识的经济活动。其中,经济要素是指从事生产、经营活动所必需的各种生产要素,它可以是有形资产,也可以是无形资产;形成资产是指投入的各种经济要素或资本所形成的实物或金融资产,从社会投资的角度看,最终体现为资本存量的增加,从投资者的角度看,主要是形成各种金融资产,体现为资产增值。

企业投资行为将体现在资产负债表中的资产类项目上。财务报表是以货币计量形式对企业财务活动进行陈述,资产负债表中的资产类项目是企业投资活动的直接结果,因此在较大程度上反映了企业的投资行为。

9.2.2   投资回收期计算模型

1. 投资回收期法的基本原理

投资回收期包括静态投资回收期和动态投资回收期。

1) 静态投资回收期

静态投资回收期是指在不考虑资金时间价值的情况下,用投资项目经营期的净现金流量回收初始投资所用的时间。

在初始投资以后未来各期净现金流量相等的情况下,静态投资回收期的计算公式为:

$$静态投资回收期 = \frac{初始投资额}{年净现金流量}$$

在初始投资以后未来各期净现金流量不相等的情况下,静态投资回收期的计算公式为:

$$静态投资回收期 = (n-1) + \frac{|(n-1)年末尚未回收的投资|}{第n年的净现金流量}$$

式中,n——累计净现金流量第一次出现正值的年份。

2）动态投资回收期

动态投资回收期又称为折现投资回收期，是指在考虑资金时间价值的情况下，用投资项目经营期的净现金流量的现值回收初始投资所用的时间。动态投资回收期的计算公式为：

$$动态投资回收期＝(n-1)+\frac{|(n-1)年末尚未回收的投资|}{第\ n\ 年净现金流量的现值}$$

式中，n——累计净现金流量现值第一次出现正值的年份。

使用投资回收期法对投资项目进行评价时，需要将项目的静态或动态投资回收期分别与事先选定的标准静态或动态投资回收期进行比较，投资回收期小于或等于标准投资回收期的项目为可行项目。

投资回收期法的优点是计算简单、容易理解；缺点是只考虑了投资回收期以内的净现金流量，没有考虑投资回收期以后各年的现金流量，并且评价项目的比较标准具有较强的主观性，特别是静态投资回收期没有考虑资金的时间价值因素，因此单独使用这种方法评价投资项目可能会得出不正确的决策结论。

2. 计算投资回收期的相关函数介绍

在计算投资回收期的过程中，通常会用到 NPER、COUNTIF、ABS、INDEX 等函数。

1）NPER 函数

NPER 函数的功能是基于固定利率及等额分期付款方式，返回某项投资（或贷款）的总期数。公式为：

＝NPER(rate,pmt,pv,fv,type)

式中，rate——各期利率，是一个固定值；

pmt——各期所应付给（或得到）的金额，其数值在整个年金期间（或投资期内）保持不变；

pv——现值，即从该项投资开始计算时已经入账的款项，或一系列未来付款的当前值的累积和，也称为本金；

fv——未来值，或在最后一次支付后希望得到的现金余额，如果省略 fv，则默认其值为零；

type——为数字 0 或 1，用以指定各期的付款时间是在期初还是在期末，type 为 0，表示期末，type 为 1，表示期初，如果省略 type，则默认其值为 0。

值得注意的是，pmt、pv 和 fv 三个参数中必须至少有两个参数不为 0，且有正有负，否则函数不能返回正确的结果。

2）COUNTIF 函数

COUNTIF 函数的功能是计算给定区域内满足特定条件的单元格的数目。公式为：

＝COUNTIF(range,criteria)

式中，range——需要计算其中满足条件的单元格数目的单元格区域；

criteria——确定哪些单元格将被计算在区域内的条件，其形式可以为数字、表达式和文本。

【例 9-2】已知甲乙两个投资项目的有关资料如图 9-7 所示。要求建立一个计算两个投资项目静态投资回收期和动态投资回收期的模型。

【实验步骤】

（1）根据已知条件建立基本数据表格，如图 9-7 所示。

	A	B	C	D	E	F	G	H
1				已知条件				
2	甲项目	初始投资（元）	−8000		甲和乙项目			
3		经营期（年）	5		贴现率	10%		
4		每年净现金流量（元）	2600					
5	乙项目	年	0	1	2	3	4	5
6		各年净现金流量（元）	−10000	3800	3600	3500	3000	2800

图 9‑7　基本数据表格

（2）设立模型结构。

计算甲项目的静态和动态投资回收期：在单元格 C9 中输入公式：＝ABS(C2)/C4，在单元格 C10 中输入公式：＝NPER(F3,C4,C2)。

计算乙项目的各年累计净现金流量：在单元格 C12 中输入公式：＝SUM(＄C＄5：C6)，并将其复制到单元格区域 D12：H12。

计算乙项目的各年净现金流量的现值：在单元格 D13：H13 中输入公式：＝PV(＄F3，＄C11：＄H11,,−＄C6：＄H6)。

计算乙项目各年累计净现金流量的现值：在单元格 C14 中输入公式：＝SUM(＄C＄13：C13)，并将其复制到单元格区域 D14：H14。

计算乙项目的静态投资回收期：在单元格 H9 中输入公式：

＝COUNTIF(C12：H12,"＜0")−1＋ABS(INDEX(C12：H12,,COUNTIF(C12：H12,"＜0")))/INDEX(C6：H6,,COUNTIF(C12：H12,"＜0"＋1))

计算乙项目的动态投资回收期：在单元格 H10 中输入公式：

＝COUNTIF(C14：H14,"＜0")−1＋ABS(INDEX(C14：H14,,COUNTIF(C14：H14,"＜0")))/INDEX(C13：H13,,COUNTIF(C14：H14,"＜0"＋1))

（3）模型的运行结果如图 9‑8 所示。

	B	C	D	E	F	G	H
8			计算结果				
9	静态投资回收期（年）	3.08		乙项目	静态投资回收期（年）		2.93
10	动态投资回收期（年）	3.86			动态投资回收期（年）		3.54
11	年	0	1	2	3	4	5
12	各年累计净现金流量（元）	−10000.00	−6200.00	−2600.00	900.00	3900.00	6700.00
13	各年净现金流量的现值（元）	−10000.00	3454.55	2975.21	2629.60	2049.04	1738.58
14	各年累计净现金流量现值（元）	−10000.00	−6545.45	−3570.25	−940.65	1108.39	2846.97

图 9‑8　运行结果

9.2.3　净现值法计算模型

1. 净现值法的基本原理

净现值是指在预定的贴现率下，投资项目未来各期现金流入量的总现值与未来各期现金流出量的总现值之差，它反映了项目投资的新增价值额。净现值的一般计算公式为：

$$NPV = \sum_{t=0}^{n} \frac{CI_t}{(1+i)^t} - \sum_{t=0}^{n} \frac{CO_t}{(1+i)^t} = \sum_{t=0}^{n} \frac{NCF_t}{(1+i)^t}$$

式中，CI_t——投资项目第 t 年的现金流入量；

CO_t——投资项目第 t 年的现金流出量；

NCF_t——投资项目第 t 年的净现金流量；

i——贴现率；

n——投资项目的寿命期。

如果项目的投资额在期初一次性发生，并且初始投资额为 K，则净现值的计算公式可以表示为：

$$NPV = \sum_{t=1}^{n} \frac{NCF_t}{(1+i)^t} - K$$

用净现值指标评价投资项目的基本准则是，净现值大于 0 的项目为可行项目。净现值法不但考虑了资金的时间价值因素，而且可以单方案决定取舍，因此是进行投资项目评价的最重要的指标之一，在投资活动中被广泛使用。但这种方法的缺点是有时贴现率不易合理地确定。

2. 相关函数介绍

在不同的情况下，计算投资项目的净现值可分别使用 PV、NPV、XNPV、SUM 等函数。以下介绍 NPV 和 XNPV 函数的功能。

1）NPV 函数

NPV 函数的功能是基于一系列现金流和固定的各期贴现率，返回一项投资的净现值。这里的投资净现值是指未来各期现金流的现值总和。公式为：

=NPV(rate,valuel,value2,…)

式中，rate——各期贴现率，是一固定值；

valuel,value2,…——分别代表 1 到 29 笔支出或收入的参数值。valuel,value2,… 所属各期间的长度必须相等，而且现金流的时间都发生在期末。

2）XNPV 函数

XNPV 函数的功能是返回一组现金流的净现值，这些现金流不一定定期发生。该函数的公式为：

=XNPV(rate,values,dates)

式中，rate——应用于现金流的贴现率；

values——与 dates 中的支付时间相对应的一系列现金流转。首期支付是可选的，并与投资开始时的成本或支付有关。如果第一个值为成本或支付，则其必须是一个负数。所有后续支付基于的是 365 天/年贴现。数值系列必须至少要包含一个正数和一个负数。

dates 为与现金流支付相对应的支付日期表。第一个支付日期代表支付表的开始，其他日期应迟于该日期，但可按任何顺序排列。

【例 9 - 3】已知 A、B、C 三个投资项目的有关资料如图 9 - 9 所示。要求建立一个计算三个投资项目净现值并评价其可行性的模型。

【实验步骤】

（1）根据已知条件建立基本数据表格，如图 9 - 9 所示。

（2）建立模型的具体操作步骤如下：

在单元格 B12 中输入公式：=PV(F3,C3,-C4)+C2。

在单元格 B13 中输入公式：=NPV(F3,D6:H6)+C6。

在单元格 B14 中输入公式：=XNPV(F3,C8:H8,C7:H7)。

	A	B	C	D	E	F	G	H
1				已知条件				
2	A项目	初始投资（元）	-12000		A,B,C项目			
3		经营期（年）	5		贴现率	10%		
4		各年净现金流量（元）	3000					
5	B项目	年	0	1	2	3	4	5
6		各年净现金流量（元）	-10000	3800	3600	3500	3000	2800
7	C项目	日期	2009/3/5	2012/1/10	2013/10/15	2014/2/18	2015/11/12	2016/5/16
8		净现金流量（元）	-25000	6000	6500	7800	8200	9000

图 9-9 基本数据表格

在单元格 C12 中输入公式：＝IF(B12>0,"可行","不可行")，并将其复制到单元格 C13 和 C14 中。
（3）模型的运算结果如图 9-10 所示。

	A	B	C	D	E	F	G	H
1				已知条件				
2	A项目	初始投资（元）	-12000		A,B,C项目			
3		经营期（年）	5		贴现率	10%		
4		各年净现金流量（元）	3000					
5	B项目	年	0	1	2	3	4	5
6		各年净现金流量（元）	-10000	3800	3600	3500	3000	2800
7	C项目	日期	2009/3/5	2012/1/10	2013/10/15	2014/2/18	2015/11/12	2016/5/16
8		净现金流量（元）	-25000	6000	6500	7800	8200	9000
9								
10		计算与评价结果						
11	项目	净现值（元）	可行性评价					
12	A	-627.64	不可行					
13	B	2846.97	可行					
14	C	-2518.09	不可行					

图 9-10 运算结果

9.2.4 内含报酬率法计算模型

1. 内含报酬率法的基本原理

内含报酬率(Internal Rate Return,IRR)是指使项目在寿命期内现金流入的现值之和等于现金流出现值之和时的折现率，也就是使项目净现值为零的折现率，一般用 IRR 表示。具体计算公式为：

$$CF_0 = \sum_{i=1}^{n} \frac{CF_t}{(1+IRR)^t}$$

式中，CF_0——初始投资额；

CF_t——第 t 年的净现金流量；

IRR——内含报酬率；

n——项目寿命期。

内含报酬率法的判别准则为：当 IRR≥资本成本或企业要求的报酬率时，项目应该接受；当 IRR<资本成本或企业要求的报酬率时，项目应该拒绝。

假设投资项目资金全部来自于贷款，项目内含报酬率高于筹资成本（即贷款利率），说明项目的投资收益除偿还贷款利息之外尚有剩余，这部分剩余额归股东所有，可以增加股东财富；反之，若内含报酬率小于贷款利息，则项目的收益不足以支付利息，股东还要为此付出代价，因此，项目不可行，应予以拒绝。

2. 内含报酬率的优缺点

内含报酬率法的优点在于：第一，考虑了时间价值和项目寿命周期内的现金流，反映了投资项目本身的获利能力;第二,内含报酬率作为一种相对数指标,除了可以和资本成本率比较之外,还可以与通货膨胀率以及利率等一系列经济指标进行比较。

内含报酬率法的缺点在于:第一,计算过程比较复杂,特别是对于每年净现金流量不相等的投资项目,其内含报酬率的计算需要经过多次测算才能算出;第二,在衡量非常规项目时(即项目现金流在项目周期中发生正负变动时)内含报酬率法可能产生多个 IRR、造成项目评估的困难。

【例 9-4】已知 A、B、C、D 四个投资项目的有关资料如图 9-11 已知条件区域所示,要求建立一个计算 A、B、C、D 项目的内部收益率以及 D 项目的修正内部收益率并评价四个项目的可行性的模型。

【实验步骤】

(1) 根据已知条件建立基本数据表格,如图 9-11 所示。

	A	B	C	D	E	F	G	H
1			已知条件					
2	A项目	一次性初始投资(元)	-36000					
3		经营期(年)	5					
4		每年净现金流量(元)	9000					
5	B项目	年	0	1	2	3	4	5
6		各年净现金流量(年)	-12000	2500	3200	3500	4000	5000
7	C项目	日期	2012/3/5	2013/1/10	2014/10/15	2015/2/13	2016/11/22	2017/5/16
8		净现金流量(元)	-32000	6000	6500	7800	8200	9000
9	D项目	年	0	1	2	3	4	5
10		各年净现金流量(年)	-6000	2000	3000	-3500	4000	3500
11	项目	贴现率						
12	A项目	10%						
13	B项目	12%						
14	C项目	9%						
15	D项目	7%						
16	D项目的再投资收益率	8%						

图 9-11 基本数据表格

(2) 计算公式如下所示。

在单元格 E13 中输入公式:=RATE(C3,C4,C2)。

在单元格 E14 中输入公式:=IRR(C6:H6)。

在单元格 E15 中输入公式:=XIRR(C8:H8,C7:H7)。

在单元格 E16 中输入公式:=MIRR(C10:H10,B15,B16)。

在单元格 F13 中输入公式:=IF(E13>B12,"可行","不可行"),并将其复制到单元格区域 F14:F16

(3) 模型的运算结果如图 9-12 所示。

	A	B	C	D	E	F	G	H
1			已知条件					
2	A项目	一次性初始投资(元)	-36000					
3		经营期(年)	5					
4		每年净现金流量(元)	9000					
5	B项目	年	0	1	2	3	4	5
6		各年净现金流量(年)	-12000	2500	3200	3500	4000	5000
7	C项目	日期	2012/3/5	2013/1/10	2014/10/15	2015/2/13	2016/11/22	2017/5/16
8		净现金流量(元)	-32000	6000	6500	7800	8200	9000
9	D项目	年	0	1	2	3	4	5
10		各年净现金流量(年)	-6000	2000	3000	-3500	4000	3500
11	项目	贴现率			计算与评价结果			
12	A项目	10%		项目	内部收益率	可行性评价		
13	B项目	12%		A的IRR	7.9%	不可行		
14	C项目	9%		B的IRR	13.9%	可行		
15	D项目	7%		C的IRR	4.7%	不可行		
16	D项目的再投资收益率	8%		D的MIRR	10.1%	可行		

图 9-12 运算结果

9.2.5 现值指数法计算模型

1. 获利指数法的基本原理

获利指数是指投资项目经营期各年的净现金流量的现值总和与原始投资现值总和之比，它反映了项目的投资效率。获利指数的计算公式为：

$$PI = \sum_{t=m+1}^{n} \frac{NCF_t}{(1+i)^t} \bigg/ \sum_{t=0}^{n} \frac{K_t}{(1+i)^t}$$

式中，PI——获利指数；

　　m——投资期；

　　K_t——投资期内第 t 年的净现金流出量；

其他各符号的含义如前所述。

如果项目的投资额在期初一次性发生，并且初始投资额为 K，则获利指数的计算公式可以表示为：

$$PI = \sum_{t=1}^{n} \frac{NCF_t}{(1+i)^t} \bigg/ K$$

用获利指数评价投资项目的基本准则是，获利指数大于 1 的项目为可行项目。利用获利指数法评价投资项目与净现值法的特点基本相同，二者的差别在于获利指数是以相对数的形式反映投资项目单位投资额获取投资报酬的程度，而净现值法是以绝对数的形式反映投资项目所获得的总的投资报酬。

2. 获利能力指数的优缺点

获利能力指数法的优点在于：第一，考虑了货币的时间价值，能够真实反映投资项目的获利能力；第二，由于获利能力指数采用相对数来表示，能反映单位投资的盈利能力，有利于在初始投资规模不同的投资方案之间进行对比。

获利能力指数法的缺点在于：单位获利能力并不能代表实际产生的收益，该方法忽略了互斥项目之间投资规模上的差异，因此，在多个互斥项目选择中，可能会做出错误判断。

【例 9-5】某公司现有 A、B 两个方案，投资额均为 6 000 万元，投资期限 5 年，每年的现金流量如表 9-1 所示，该公司的资金成本率为 10%。比较两种方案，应选择哪一种？

表 9-1 现金流量表

年	A 方案	B 方案
0	−6 000	−6 000
1	2 500	1 600
2	2 000	1 600
3	1 500	1 600
4	1 000	1 600
5	1 000	1 600
合　计	8 000	8 000

(1) 根据题意建立如图 9-13 所示的基本数据表格。

	A	B	C	D
1		A方案	B方案	资本成本率
2	年	现金流量	现金流量	10%
3	0	-6000	-6000	
4	1	2500	1600	
5	2	2000	1600	
6	3	1500	1600	
7	4	1000	1600	
8	5	1000	1600	
9	合计	8000	8000	
10	现值指数			

图 9-13　基本数据表格

(2) 计算公式如下所示。

在单元格 B10 中输入公式：＝NPV($D$2,B4:B8)/ABS(B3)。

在单元格 C10 中输入公式：＝NPV($D$2,C4:C8)/ABS(C3)。

(3) 运算结果如图 9-14 所示。

	A	B	C	D
1		A方案	B方案	资本成本率
2	年	现金流量	现金流量	10%
3	0	-6000	-6000	
4	1	2500	1600	
5	2	2000	1600	
6	3	1500	1600	
7	4	1000	1600	
8	5	1000	1600	
9	合计	8000	8000	
10	现值指数	1.06	1.01	

图 9-14　运算结果

(4) 由此可知,A 方案的现值指数比 B 方案的现值指数大,所以选择 A 方案。

9.3　特殊情境下的投资决策

9.3.1　相关知识

1. 设备更新决策

设备更新决策是比较设备更新与否对企业的利弊。通常采用净现值作为投资决策指标。

设备更新决策可采用两种决策方法,一种是比较新、旧两种设备各自为企业带来的净现值的大小;另一种是计算使用新、旧两种设备所带来的现金流量差量,考察这一现金流量差量的净现值的正负,进而做出恰当的投资决策。

2. 设备比较决策

这一决策比较购置不同设备的效益高低。一般来讲,进行这一决策时应比较不同设备带来的成本与收益,进而比较其各自净现值的高低。但有时我们也假设不同设备带来的收益是相同的,因而只比较其成本高低即可。

很多情况下,不同设备的使用期限是不同的,因此我们不能直接比较不同设备在使用期间的净现值大小,而需要进行必要的调整。这种调整有两种:一种是将不同设备的净现值转化为年金。一种是将不同设备转化为相同的使用年限。

3. 资本限量决策

资本限量决策是在投资资金有限的情况下,选择能给企业带来最大投资收益的投资组合。资本限量产生的原因:

(1) 企业无法筹措到足够的资金;

(2) 企业成长过快,缺乏足够的管理人员对众多投资项目进行管理。

9.3.2 实验案例

【例 9-6】 拓扑公司考虑用一台新的效率更高的设备来代替旧设备,以减少成本,增加收益。旧设备采用直线法计提折旧,新设备采用年数总和法计提折旧,公司的所得税税率为 25%,资本成本率为 10%,不考虑营业税的影响,其他情况见表 9-2。试做出该公司是继续使用旧设备还是对其进行更新的决策。

表 9-2 新旧设备信息

项 目	旧设备	新设备
原价	50 000	70 000
可用年限	10	4
已用年限	6	0
尚可使用年限	4	4
税法规定残值	0	7 000
目前变现价值	20 000	70 000
每年可获得的收入	40 000	60 000
每年付现成本	20 000	18 000
折旧方法	直线法	年数总和法

【实验步骤】

(1) 根据题意建立如图 9-15 所示的基本数据表格。

建立模型并计算新旧设备的各年折旧额,如图 9-16 所示。

	A	B	C
1	项目	旧设备	新设备
2	原价	50000	70000
3	可用年限	10	4
4	已用年限	6	0
5	尚可使用年限	4	4
6	税法规定残值	0	7000
7	目前变现价值	20000	70000
8	每年可获得的收入	40000	60000
9	每年付现成本	20000	18000
10	折旧方法	直线法	年数总和法
11	所得税率	25%	
12	资本成本率	10%	

图 9-15 基本数据表格

	A	B	C
13	新旧设备折旧计算		
14	年	旧设备	新设备
15	1	5000	25200
16	2	5000	18900
17	3	5000	12600
18	4	5000	6300

图 9-16 计算折旧

B15＝SLN（＄B＄2,＄B＄6,＄B＄3）

B16、B17、B18 单元格公式与 B15 单元公式相同,可以由 B15 单元格公式用填充柄复制得到。

C15＝SYD（＄C＄2,＄C＄6,＄C＄5,A15）

C16＝SYD（＄C＄2,＄C＄6,＄C＄5,A16）

C17＝SYD（＄C＄2,＄CS6,＄C＄5,A17）

C18＝SYD（＄C＄2,＄C＄6,＄C＄5,A18）

（2）建立模型并计算新旧设备的各年现金流量差量和净现值法下的净现值:

B21＝－（C7－B7）,注意在净现值法下,初始投资以负值表示。

C22＝＄C＄8－＄B＄8,并将 C22 公式复制到 D22:F22。

C23＝＄C＄9－＄B＄9,并将 C23 公式复制到 D23:F23。

C24＝C15－B15

D24＝C16－B16

E24＝C17－B17

F24＝C18－B18

C25＝C22－C23－C24,并将 C25 公式复制到 D25:F25。

C26＝C25＊＄B＄11,并将 C26 公式复制到 D26:F26。

C27＝C25－C26,并将 C27 公式复制到 D27:F27。

C28＝C24＋C27＝C22－C23－C26,这是因为"营业现金流量＝税后利润＋折旧＝销售收入－付现成本－所得税",并将 C28 公式复制到 D28:F28。

F29＝C6

B30＝B21＋B28＋B29,并将 B30 公式复制到 C30:F30。

B31＝NPV（B12,C30:F30）＋B30

上述公式运算的结果如图 9－17 所示。B31＝16 196.16 元。说明固定资产更新后将增加净现值 16 196.16 元,所以应该更新旧设备。

	A	B	C	D	E	F
19	两种设备现金流量差量					
20	项目	0	1	2	3	4
21	初始投资	-50000				
22	△销售收入		20000	20000	20000	20000
23	△付现成本		-2000	-2000	-2000	-2000
24	△折旧额		20200	13900	7600	1300
25	△税前利润		1800	8100	14400	20700
26	△所得税		450	2025	3600	5175
27	△税后利润		1350	6075	10800	15525
28	△营业净现金流量		21550	19975	18400	16825
29	△终结现金流量					7000
30	现金流量	-50000	21550	19975	18400	23825
31	△NPV	16196.16				

图 9－17　运算结果

注意:本题也可以对新旧设备分别计算净现值,再进行比较,结果是一样的。

【例 9－7】拓扑公司考虑用一台新的效率更高的设备来代替旧设备,以减少成本,增加收益。新旧设备均采用直线法计提折旧,新设备的使用年限为 8 年,每年获得销售收入 45 000元,期末无残值。所得税率为 25%,资金成本为 10%,不考虑营业税的影响,其他情况如表9-3所示。建立模型以帮助该公司做出是继续使用旧设备还是更新的决策。

表 9-3 新旧设备信息

项　目	旧设备	新设备
原价	50 000	70 000
可用年限	10	8
已用年限	6	0
尚可使用年限	4	8
税法规定残值	0	0
目前变现价值	20 000	70 000
每年可获得的收入	40 000	45 000
每年付现成本	20 000	18 000
折旧方法	直线法	直线法

【实验步骤】

(1) 根据题意建立如图 9-18 所示的基本数据表格。

(2) 建立模型并计算新旧设备的各年折旧额,如图9-19 所示。

B15=SLN($B$2,$B$6,$B$3),并将单元格B15 的公式用填充柄复制到 C15:E15 区域内的单元格,得到第二年至第四年的折旧额。

B16=SLN($C$2,$C$6,c3),并将单元格B16 的公式用填充柄复制到 C16:I16 区域内的单元格,得到第二年至第八年的折旧额。

	A	B	C
1	项目	旧设备	新设备
2	原价	50000	70000
3	可用年限	10	8
4	已用年限	6	0
5	尚可使用年限	4	8
6	税法规定残值	0	0
7	目前变现价值	20000	70000
8	每年可获得的收入	40000	45000
9	每年付现成本	20000	18000
10	折旧方法	直线法	直线法
11	所得税率	25%	
12	资本成本率	10%	

图 9-18 基本数据表格

	A	B	C	D	E	F	G	H	I
13	新旧设备折旧计算								
14	年	1	2	3	4	5	6	7	8
15	旧设备	5000	5000	5000	5000				
16	新设备	8750	8750	8750	8750	8750	8750	8750	8750

图 9-19 计算折旧

(3) 建立模型并计算旧设备的现金流量及净现值。

B19=-B7

C20=$B$8,并将 C20 公式复制到 D20:F20,注意 B8 绝对引用。

C21=$B$9,并将 C21 公式复制到 D21:F21,注意 B9 绝对引用。

C22=B15,并将 C22 公式复制到 D22:F22。

C23=C20-C21-C22,并将 C23 公式复制到 D23:F23。

C24=C23*$B$11,并将 C24 公式复制到 D24:F24,注意 B11 绝对引用。

C25=C23-C24,并将 C25 公式复制到 D25:F25。

C26＝C22＋C25＝C20－C21－C24,并将 C26 公式复制到 D26:F26。

F27＝B6

B28＝B19＋B26＋B27,并将 B28 公式复制到 C28:F28。

B29＝NPV(B12,C28:F28)＋B28

以上公式运算结果如图 9－20 所示。

	A	B	C	D	E	F
17			旧设备现金流量			
18	项目	0	1	2	3	4
19	初始投资	−20000				
20	销售收入		40000	40000	40000	40000
21	付现成本		20000	20000	20000	20000
22	折旧额		5000	5000	5000	5000
23	税前利润		15000	15000	15000	15000
24	所得税		3750	3750	3750	3750
25	税后利润		11250	11250	11250	11250
26	营业净现金流量		16250	16250	16250	16250
27	终结现金流量					0
28	现金流量	−20000	16250	16250	16250	16250
29	旧设备NPV	31510.31				

图 9－20　计算旧设备现金流量

(4) 建立模型并计算新设备的现金流量及净现值,如图 9－21 所示。

B32＝−C7

C33＝＄C＄8,并将 C33 公式复制到 D33:J33,注意 C8 绝对引用。

C34＝＄C＄9,并将 C34 公式复制到 D34:J34,注意 C9 绝对引用。

C35＝B16,并将 C35 公式复制到 D35:J35。

C36＝C33－C34－C35,并将 C36 公式复制到 D36:J36。

C37＝C36＊＄B＄11,并将 C37 公式复制到 D37:J37,注意 B11 绝对引用。

C38＝C36－C37,并将 C38 公式复制到 D38:J38。

C39＝C38＋C35＝C33－C34－C37,并将 C39 公式复制到 D39:J39。

J40＝C6

B41＝B32＋B39＋B49,并将 B41 公式复制到 C41:J41。

B42＝NPV(B12,C41:J41)＋B41

	A	B	C	D	E	F	G	H	I	J
30				新设备现金流量						
31	项目	0	1	2	3	4	5	6	7	8
32	初始投资	−70000								
33	销售收入		45000	45000	45000	45000	45000	45000	45000	45000
34	付现成本		18000	18000	18000	18000	18000	18000	18000	18000
35	折旧额		8750	8750	8750	8750	8750	8750	8750	8750
36	税前利润		18250	18250	18250	18250	18250	18250	18250	18250
37	所得税		4563	4563	4563	4563	4563	4563	4563	4563
38	税后利润		13688	13688	13688	13688	13688	13688	13688	13688
39	营业净现金流量		22438	22438	22438	22438	22438	22438	22438	22438
40	终结现金流量									0
41	现金流量	−70000	22438	22438	22438	22438	22438	22438	22438	22438
42	新设备NPV	49702								

图 9－21　计算新设备现金流量

(5) 计算新旧设备的年平均净现值,如图 9－22 所示。

旧设备资本成本为 10%,期限为 4 年的一元年金现值系数为:

B44＝ABS(PV(B12,B5,1))＝3.17,旧设备年平均净现值 B45＝B29/B44＝9940.58。

新设备资本成本为 10％,期限为 8 年的一元年金现值系数为:

C44＝ABS(PV(B12,C5,1))＝5.33,新设备年平均净现值 C45＝B42/C44＝9316.42。

决策结论 B46＝IF(B45＞C45,"继续使用设备","更新设备")。从计算结果看,继续使用旧设备的年平均净现值大于使用新设备的年平均净现值,所以应该继续使用旧设备。

	A	B	C
43		旧设备	新设备
44	一元年金现值系数	3.17	5.33
45	年平均净现值	9940.58	9316.42
46	决策结论	继续使用设备	

图 9-22　计算新旧设备的年平均净现值

9.3.3　函数介绍

返回一组现金流的净现值,这些现金流不一定定期发生。若要计算一组定期现金流的净现值,可使用函数 NPV。

1. 语法

XNPV(rate,values,dates)

2. XNPV 函数语法的参数

(1) Rate 必需。应用于现金流的贴现率。

(2) 值必需。与 dates 中的支付时间相对应的一系列现金流。首期支付是可选的,并与投资开始时的成本或支付有关。如果第一个值是成本或支付,则它必须是负值。所有后续支付都基于 365 天/年贴现。数值系列必须至少要包含一个正数和一个负数。

(3) 日期必需。与现金流支付相对应的支付日期表。第一个支付日期代表支付表的开始日期。其他所有日期应晚于该日期,但可按任何顺序排列。

3. 说明

(1) Microsoft Excel 可将日期存储为可用于计算的序列号。默认情况下,1900 年 1 月 1 日的序列号是 1,而 2008 年 1 月 1 日的序列号是 39448,这是因为它距 1900 年 1 月 1 日有 39 448 天。

(2) Dates 中的数值将被截尾取整。

(3) 如果任一参数是非数值的,函数 XNPV 返回错误值＃VALUE!。

(4) 如果 dates 中的任一数值不是有限日期,函数 XNPV 返回错误值＃VALUE!。

(5) 如果 dates 中的任一数值先于开始日期,函数 XNPV 返回错误值＃NUM!。

(6) 如果 values 和 dates 所含数值的数目不同,函数 XNPV 返回错误值＃NUM!。

(7) 函数 XNPV 的计算公式如下:

$$XNPV = \sum_{j=1}^{N} \frac{P_i}{(1+rate)^{\frac{(d_1 \cdot d_2)}{365}}}$$

式中,d_i——第 i 个或最后一个支付日期;

  d_1——第 0 个支付日期;

  P_i——第 i 个或最后一个支付金额。

4. 示例

某项投资,初期投资 10 000,发生在期初,希望未来三年中各年的收入分别为 3 000、4 200、6 800。假定每年贴现率是 10%,则投资的净现值为多少?

(1)打开 Excel,输入数据,现需要计算出该项投资的净现值。

(2)选择公式→插入函数→NPV 函数,将弹出如下对话框,输入数据。或在 B6 单元格中输入公式:=NPV(B1,−B2,B3,B4,B5)。

(3)点击"确定",该项投资的净现值就算出来了。

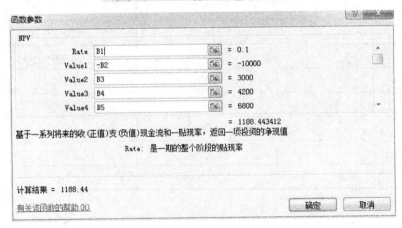

项目习题

1. 已知甲乙两个投资项目的有关资料如下表所示。要求建立一个计算两个投资项目静态投资回收期和动态投资回收期的模型。

已知条件						
甲项目	初始投资(元)	−5 000	甲和乙项目			
	经营期(年)	5	贴现率	12%		
	每年净现金流量(元)	2 500				
乙项目	年	0	1	2	3	4	5
	各年净现金流量(元)	−10 000	3 700	3 600	3 500	3 000	2 500

2. 公司现有甲、乙两个方案,投资额均为 10 000 万元,投资期限 5 年,每年的现金流量如下表所示,该公司的资金成本率为 12%。比较两种方案,应选择哪一种?

年	甲方案	乙方案
0	−10 000	−10 000
1	2 000	2 000
2	2 000	1 500
3	1 000	1 500
4	1 000	1 500
5	2 000	1 500
合计	8 000	8 000

项目十 证券投资分析与决策

项目目标

1. 掌握债券与股票估价模型的构建。
2. 掌握证券组合投资分析模型的构建。

10.1 债券投资分析

10.1.1 债券估价模型

1. 债券估价的基本原理

债券是筹资者为筹集资金而发行的有价证券,是一种反映债权债务关系的权利证书。债券的价值相当于债券投资者购买债券之后所获得的全部现金流量,按投资者要求得到的最低报酬率作为贴现率所计算的总现值。在不同的情况下,债券的价值应按不同的公式计算。下面介绍几种不同类型债券的估价公式。

1) 永久债券的价值

永久债券是指没有到期日,无限期地支付利息的债券。永久债券价值 P_b 的计算公式为:

$$P_b = \frac{利息额}{必要报酬率}$$

2) 定期付息债券的价值

定期付息债券是指每年一次或数次向投资者支付利息,到期按面值偿还本金的债券。这种债券每次向投资者支付的利息等于债券的面值乘以票面年利率再除以每年付息的次数。其价值的计算公式为:

$$P_b = \sum_{t=1}^{mn} \frac{\frac{1}{m}(M \cdot i)}{\left(1+\frac{k}{m}\right)^t} + \frac{M}{\left(1+\frac{k}{m}\right)^{mn}} = \frac{M \cdot i}{m} \cdot (PVIFA_{\frac{k}{m}, mn}) + M \cdot (PVIF_{\frac{k}{m}, mn})$$

式中,P——债券的价值;

M——债券的面值;

i——债券的票面年利率;

n——债券的期限;

k——债券投资者要求的最低年投资报酬率,或称市场利率;

m——每年付息的次数。

3) 零息债券的价值

零息债券又称为折价债券,是指票面利率为零的债券。这种债券一般以低于面值的价格发行,到期按面值偿还,因此,投资者购买这种债券后,得不到任何利息收入,只能获得收回的面值与购买价格之间的价差收入。零息债券的估价公式为:

$$P_b = \frac{M}{(1+k)^n} = M \cdot (PVIF_{k,n})$$

实际上,零息债券的估价公式是定期付息债券估价公式的一个特例。

4) 流通中的债券的价值

流通中的债券是指以前时期发行且目前在二级市场上交易的债券,这种债券距离到期日的期限小于债券的整个存续期限。对流通债券进行估价时,不必考虑债券成交日之前所发生的现金流量,而只需要估计成交日之后的现金流量,并按必要报酬率对这些现金流量进行贴现,从而得到成交日的现值。对流通债券进行估价时,往往涉及非整数计息期的问题。解决这个问题的具体方法分为三个步骤:① 确定要对债券进行估价的基准日;② 将未来各期的现金流量按必要报酬率贴现到估价基准日之后的一个付息日的价值,并连同该付息日的利息一起加总;③ 将第②步的计算结果贴现到估价基准日的现值,贴现的期限等于该付息日与估价基准日之间的间隔天数除以一年的日历天数。

按上述公式计算出来的某种债券的价值反映的是该债券在既定条件下应有的理论价值。该债券是否具有投资价值,还要看其市场价格的高低。市场价格小于或等于其理论价值的债券才具有投资价值,而市场价格高于其理论价值的债券不具有投资价值。

2. 债券投资原则

1) 风险与收益组合原则

在任何投资中,风险和收益一直并存,在债券市场也不例外。债券收益高,所承担的风险大,债券收益低,承担的风险也小。

该原则要求投资者明确投资目的和自己的风险承受能力,在投资过程中尽力保护本金不受损失,争取最大收益。

2) 分散投资原则

在市场环境相同时,不同的债券品种、不同期限的债券价格变动情况也不尽相同,其带来的损失和收益也不同,投资者可以投资于不同类型和期限的债券,构建债券投资组合,分散投资风险。

3) 剩余资金投资原则

债券投资虽然风险小于股票投资,但也存在投资风险。个人投资者在投资前要把资金合理分配,留下足够的必备资金,在充分估计风险承受能力的基础上决定将多少比例的剩余资金用于债券投资。

10.1.2 实验案例

1. 债券股价的基本模型

【例 10-1】A 和 B 两种债券的有关资料如图 10-1 中已知条件区域所示,要求建立一个分别利用 PV 函数和 PRICE 函数计算两种债券价值的模型。

【实验步骤】

(1) 设计模型的结构,如图 10-1 所示。

（2）在单元格 C11 中输入公式＝PV（B7/B6，B5 * B6，－B3 * B4/B6，－B3），并将其复制到单元格 D11 中，得到利用 PV 函数计算的两种债券的价值。

（3）在单元格 C12 中输入公式＝10 * PRICE("2009 - 1 - 1","2019 - 1 - 1"，B4，B7，B3/10，B6，3)，得到利用 PRICE 函数计算的 A 债券的价值。

（4）在单元格 D12 中输入公式＝10 * PRICE("2009 - 1 - 1","2014 - 1 - 1，C4，C7，C3/10，C6，3)，得到利用 PRICE 函数计算的 B 债券的价值。

图 10 - 1　模型结构

利用 PRICE 函数计算债券的价值时应注意以下两点：

（1）PRICE 函数的 settlement 和 maturity 两个参数可以任意取两个间隔年数等于债券期限的日期。例如，在计算 A 债券的价值时，settlement 和 maturity 两个参数分别取值"2009 - 1 - 1"和"2019 - 1 - 1"，两个日期的间隔时间是 10 年；在计算 B 债券的价值时，settement 和 maturity 两个参数分别取值"2009 - 1 - 1"和"2004 - 1 - 1"，两个日期的间隔时间是 5 年。

（2）由于 PRICE 函数的功能是计算定期付息的面值 100 元债券的价值，所以为了计算面值为 1 000 元的债券的价值，需要将 redemption 参数的值以 100 输入，然后在 PRICE 函数的计算结果基础上再乘以 10 来计算。

2. 债券价值与市场利率之间的关系分析模型

【例 10 - 2】A 和 B 两种债券的有关资料如图 10 - 2 中已知条件区域所示。要求建立计算两种债券在不同的市场利率下的价值的模型，并绘制两种债券的价值与市场利率之间的关系图。

【实验步骤】

（1）设计模型的结构，如图 10 - 2 所示。

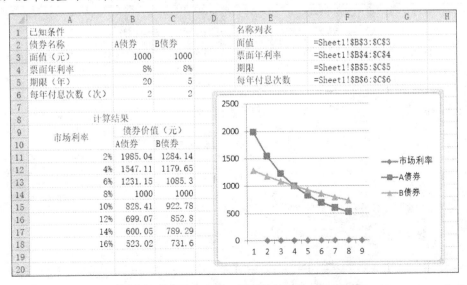

图 10 - 2　债券价值与市场利率之间的关系分析模型

（2）选取单元格区域 B3:C3，在"插入"菜单的"名称"子菜单中执行"定义"命令，然后在系统弹出的"定义名称"对话框中输入新名称"面值"，最后单击"确定"按钮，从而将单元格区域 B3:C3 的名称定义为"面值"。

（3）按照与上述同样的方法，分别将单元格区域 B4:C4、B5:C5、B6:C6 定义为"票面年利率""期限"和"每年付息次数"。

（4）选取单元格 E2，在"插入"菜单的"名称"子菜单中执行"粘贴"命令，然后在系统弹出的"粘贴名称"对话框中单击"粘贴列表"按钮，从而将已定义的单元格区域的名称以列表的方式显示出来。

（5）选取单元格区域 B11:C11，输入数组公式＝PV(A11/每年付息次数，期限＊每年付息次数，－面值＊票面年利率/每年付息次数，－面值)。公式中的各参数可通过用鼠标拾取相应的单元格或单元格区域的方式输入，也可以通过键盘直接键入。

（6）选取单元格区域 B11:C11，将其向下填充复制到单元格区域 B12:C18。

（7）选取单元格区域 B10:C18，单击工具栏上的"插入图表"按钮，在系统弹出的"图表向导—4 步骤 1—图表类型"对话框中选中"折线图"，在子图表类型中选中数据点折线图，然后单击"下一步"按钮，在系统弹出的"图表向导—4 步骤之 2—图表源数据"对话框中单击打开"系列"选项卡，在"分类(X)轴标志"栏中输入＝Sheet1！SA＄11:SA＄18，单击"下一步"按钮，在系统弹出的"图表向导—4 步骤之 3—图表选项"对话框中输入图表标题等信息，然后单击"完成"按钮，最后对初步完成的图表进行必要的编辑，得到绘制完成的债券价值与市场利率之间的关系图。

3. 债券价值与到期期限之间的关系分析模型

【例 10-3】A、B、C 三种债券的期限均为 10 年，其他有关资料如图 10-3 中已知条件区域所示。要求建立一个对三种债券的价值与距离到期的期限之间的关系进行分析的模型。

【实验步骤】

（1）设计模型的结构，如图 10-3 所示。

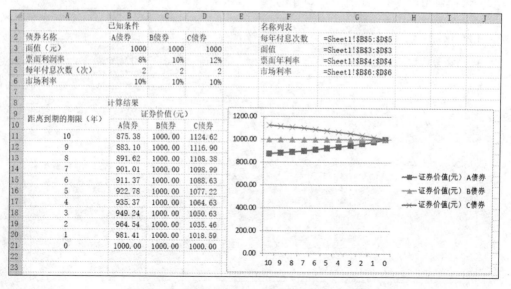

图 10-3　债券价值与到期期限之间的关系分析图

（2）选取单元格区域 B3:D3，单击打开"插入"菜单，在"名称"子菜单中执行"定义"命令，然后在系统弹出的"定义名称"对话框中输入新名称"面值"，最后单击"确定"按钮，从而将单元格区域 B3:D3 的名称定义为"面值"。

（3）按照与上述同样的方法，分别将单元格区域 B4:D4、B5:D5、B6:D6 定义为"票面年利率""每年付息次数"和"市场利率"。

（4）选取单元格 F2，单击打开"插入"菜单，在"名称"子菜单中执行"粘贴"命令，然后在系统弹出的"粘贴名称"对话框中单击"粘贴列表"按钮，从而将已定义的单元格区域的名称以列表的方式显示出来。

（5）选取单元格区域 B11:D11，输入数组公式"＝PV（市场利率/每年付息次数，A11＊每年付息次数，－面值＊票面年利率/每年付息次数，－面值）"。公式中的各参数可通过用鼠标拾取相应的单元格或单元格区域的方式输入，也可以通过键盘直接键入。

（6）选取单元格区域 B11:D11，将其向下填充复制到单元格区域 B12:D21。

（7）选取单元格区域 B10:D21，单击工具栏上的"插入图表"按钮，在系统弹出的"图表向导—4 步骤之 1—图表类型"对话框中选中"折线图"，在子图表类型中选中"数据点折线图"，然后单击"下一步"按钮，在系统弹出的"图表向导—4 步骤之 2—图表源数据"对话框中单击打开"系列"选项卡，在"分类（X）轴标志"栏中输入公式：＝Sheet1!＄A＄11:＄A＄21，单击"下一步"按钮，在系统弹出的"图表向导—4 步骤之 3—图表选项"对话框中输入图表标题等信息，然后单击"完成"按钮，最后对初步完成的图表进行必要的编辑，得到绘制完成的债券价值与到期期限之间的关系图。

4. 债券价值与利息支付频率及票面年利率之间的关系分析模型

【例 10 - 4】某债券的有关资料如图 10 - 4 初始的已知条件区域所示，要求建立一个该债券价值分别对每年利息支付次数和票面年利率的单因素敏感性分析模型。

【实验步骤】

（1）设计模型的结构，如图 10 - 4 所示。

	A	B	C	D	E	F	G
1	初始的已知条件						
2	债券面值（元）	1000					
3	票面年利率	6%					
4	期限（年）	5					
5	市场利率	8%					
6	每年付息次数（次）	1					
7							
8	债券价值的单变量模拟运算结果						
9	债券价值与每年付息次数之间的关系		每年付息次数（次）				
10			1	2	3	4	5
11	债券价值（元）	920.15	920.15	918.89	918.24	917.8	917.59
12	债券价值与票面年利率之间的关系		票面年利率				
13			2%	4%	6%	8%	10%
14	债券价值（元）	920.15	760.44	840.29	920.15	1000	1079.85

图 10 - 4　债券价值的单变量模拟运算分析模型

（2）分别在单元格 B11 和单元格 B14 中输入公式：＝PV(B5/B6,B4 * B6,－B2 * B3/B6, B－2)。

（3）选取单元格区域 B10:G11,单击"数据"菜单中的"模拟运算表"命令,在系统弹出的"模拟运算表"对话框中,在"输入引用行的单元格"区域中输入 $B$6,如图 10－5 所示,然后单击"确定"按钮。

（4）选取单元格区域 B13:G14,执行"数据"菜单中的"模拟运算表"命令,在系统弹出的"模拟运算表"对话框中,在"输入引用行的单元格"区域中输入 $B$3,如图 10－6 所示,然后单击"确定"按钮。

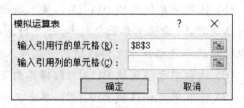

图 10－5　"模拟运算表"对话框的设置之一　　　图 10－6　"模拟运算表"对话框的设置之二

10.2　股票投资分析

10.2.1　股票股价模型

股票的价值通常可以利用股息价值模型进行估计。其基本原理是股票的价值等于未来各期的现金流量按照投资者要求的最低报酬率作为贴现率所计算的现值。根据未来各期股利变化的不同,股息价值模型主要包括以下几种情况。

1. 零增长股的估价公式

零增长股是指各期股利稳定不变、股利增长率为 0 的股票。这种类型股票的估价公式为：

$$V_0 = \frac{D}{k}$$

式中,V_0——股票的现值；

　　D——每期的股利；

　　k——投资者要求的最低投资报酬率。

2. 固定增长股的估价公式

固定增长股是指未来股利以某一固定的比率稳定增长的股票。固定增长股的估价公式为：

$$V_0 = \frac{D_0(1+g)}{k-g} = \frac{D_1}{k-g}(k > g)$$

式中,D_0——现在支付的股利；

　　D_1——预计第 1 年末支付的股利；

　　g——预计的股利增长率；

k——投资者要求的最低投资报酬率；

其他符号的含义如前所述。

某些情况下,股票的股利是从 n 年以后开始固定增长的,因此可首先计算固定增长股在 n 年末的价值,然后连同前 n 年的股利一起贴现到第 0 期,计算出股票的现值。

3. 变率增长股的估价公式

变率增长股是指股利在未来的不同时期按不同的比率增长,一定时期以后股利按固定的增长率稳定增长的股票。以两期增长股为例,其估价公式可表示为：

$$V_0 = \sum_{t=1}^{n} \frac{D_0 (1+g_1)^t}{(1+k)^t} + \frac{D_n(1+g_2)}{k-g_2} \cdot \frac{1}{(1+k)^n}$$

式中, g_1——前 n 期的股利增长率；

g_2——正常时期稳定的股利增长率；

n——超常增长的时期数；

D_n——超常增长期结束时的股利；

其他符号的含义如前所述。

按上述公式计算的结果为股票的内在价值。如果某股票的市场价格高于其内在价值,说明该股票的价格被高估,这样的股票没有投资价值；反之,如果某股票的市场价格低于其内在价值,说明该股票的价格被低估,这样的股票具有投资价值。

4. 定期持有的股票的估价公式

定期持有的股票是指投资者在一定时期内持有然后将其出售并收回资金的股票。这种情况下,股票的估价公式为：

$$V_0 = \sum_{t=1}^{n} \frac{D_t}{(1+k)^t} + \frac{P_n}{(1+k)^n}$$

式中, D_t——第 t 期每股股利；

n——股票的持有期；

P_n——第 n 期末股票的出售价格；

其他符号的含义如前所述。

10.2.2 实验案例

1. 债券价值与利息支付频率及票面年利率之间的关系分析模型

【例 10-5】A 和 B 两种股票的有关资料如图 10-7 中已知条件区域所示。要求建立一个计算两种股票的价值及判断其是否具有投资价值的模型,并进一步对 A 股票的价值与期望报酬率之间的关系、B 股票的价值与股利增长率之间的关系进行单因素敏感性分析。

【实验步骤】

(1)设计模型的结构,如图 10-7 所示。

	A	B	C	D
1		已知条件		
2	A股票		B股票	
3	预计每年的股利（元/股）	1.5	目前的股利（元/股）	2
4	期望报酬率	8%	预计股利增长率	5%
5	股票的价格（元/股）	20	期望报酬率	12%
6			股票的价格（元/股）	28
7				
8		计算结果		
9	股票名称	A股票	B股票	
10	股票的价值（元/股）	18.75	30	
11	是否有投资价值	无	有	
12		单变量模拟运算表		
13	A股票		B股票	
14	期望报酬率	股票价值	股利增长率	股票价值
15	5%	30	1%	18.36
16	6%	25	2%	20.4
17	7%	21.43	3%	22.89
18	8%	18.75	4%	26
19	9%	16.67	5%	30
20	10%	15	6%	35.33
21	11%	13.64	7%	42.8
22	12%	12.5	8%	54
23	13%	11.54	9%	72.67
24	14%	10.71	10%	110
25	15%	10	11%	222

图 10-7　票价值评估与分析模型

（2）在单元格 B10 中输入公式：=B3/B4。

（3）在单元格 B11 中输入公式：=IF(B5<B10,"有","无")。

（4）通过建立和使用自定义函数的方式来计算 B 股票的价值。建立自定义函数的方法是：在"工具"菜单的"宏"子菜单中执行"Visual Basic 编辑器"命令，在系统打开的 Visual Basic 窗口中执行"插入"菜单中的"模块"命令，再单击"插入"菜单中的"过程"命令，则系统会弹出"添加过程"对话框中，然后在"名称"栏中输入"固定增长股价值"，在"类型"区域选中"函数"，如图 10-8 所示。

单击"确定"按钮，然后在 Public Function 和 End Function 之间添加如下的过程代码：

Public Function 固定增长股价值（目前的股利，股利增长率，期望的报酬率）

固定增长股价值＝目前的股利*(1＋股利增长率)/(期望的报酬率－股利增长率)
End Function

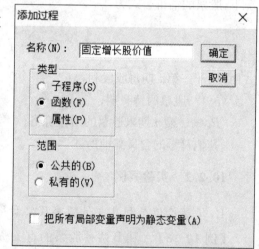

图 10-8　"添加过程"对话框的设置

添加过程代码以后的 Visual Basic 窗口如图 10-9 所示。

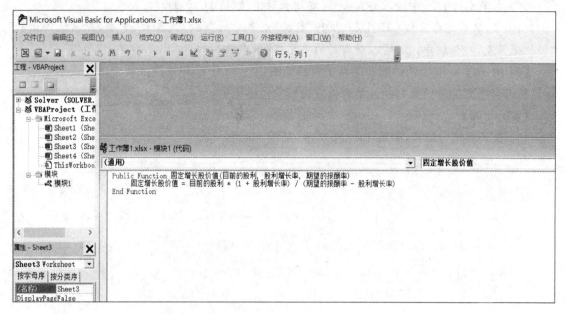

图 10-9 添加过程代码以后的 Visuai Basic 窗口

关闭 Visual Basic 窗口以后,固定增长股价值这个自定义函数就建立完成了。

(5)选取单元格 C10,单击公式编辑栏左边的"插入函数"按钮,在系统弹出的"插入函数"对话框中,选择"用户定义"类别中的"固定增长股价值"自定义函数,然后单击"确定"按钮,在系统弹出的固定增长股价值函数的参数对话框中,在目前的股利栏中输入 D3,在股利增长率栏中输入 D4,在期望的报酬率栏中输入 DS,如图 10-10 所示,然后单击"确定"按钮。也可以不调用固定增长股价值函数的参数对话框,而是直接在单元格 C10 中输入公式:=固定增长股价值(D3,D4,D5)。

图 10-10 固定增长股价值(函数参数]对话框的设置

(6)在单元格 C11 中输入公式:=IF(D6<C10,"有","无")。

(7)在单元格 B15 中输入公式:=B3/A15。

(8)选取单元格区域 A15:B25,执行"数据"菜单中的"模拟运算表"命令,在系统弹出的

"模拟运算表"对话框中,在"输入引用列的单元格"框中输入＄A＄15,然后单击"确定"按钮。

(9) 在单元格 D15 中输入公式:＝固定增长股价值(D3,C15,D5)。

(10) 选取单元格区域 C15:D25,执行"数据"菜单中的"模拟运算表"命令,在系统弹出的"模拟运算表"对话框中,在"输入引用列的单元格"框中输入 SC＄15,然后单击"确定"按钮。

【例 10 - 6】X 和 Y 两种股票的有关资料如图 10 - 11 中已知条件区域所示。要求建立一个计算两种股票的价值及判断其是否具有投资价值的模型。

【实验步骤】

(1) 设计模型的结构,如图 10 - 11 所示。

	A	B	C	D	E	F
1			已知条件			
2		X股票			Y股票	
3	目前的股利（元/股）	2	第1年股利（元/股）			0.50
4	未来5年的股利增长率	20%	第2年股利（元/股）			1.00
5	5年以后的股利增长率	4%	第3年股利（元/股）			1.50
6	期望报酬率	15%	第4年股利（元/股）			2.00
7	目前的市价（元/股）	30%	4年末出售的价格（元/股）			22.00
8			期望报酬率			15%
9			目前的市价（元/股）			25
10						
11			计算结果			
12	年份	1	2	3	4	5
13	X股票的股利（元/股）	2.40	2.88	3.45	4.15	4.98
14	固定增长股的价值（元/值）					47.05
15	X股票的价值（元/股）	34.78	X股票是否有投资价值		有	
16	Y股票的价值（元/股）	19.33	Y股票是否有投资价值		无	
17						

图 10 - 11　股票价值计算与投资价值判断模型

(2) 在单元格 B13 中输入公式＝＄B＄3＊(1＋＄B＄4)^B12,并将其复制到单元格区域 C13:F13。

(3) 在单元 F14 中输入公式＝F13＊(1＋B5)/(B6－B5),也可以在选取单元格 F14 以后,调用在[例 10 - 5]中已经建立好的自定义函数来计算在 5 年末固定增长股的价值。在这种情况下,该单元格中的计算公式:＝例 10 - 5.xls'! 固定增长股价值(F13,B5,B6)。

(4) 在单元格 B15 中输入公式:＝NPV(B6,B13:F13)＋F14/(1＋B6)^F12。

(5) 在合并单元格 C15 中输入公式:＝IF(B7＜B15,"有","无")。

(6) 在单元格 B16 中输入公式:＝NPV(F8,F3:F6)＋F7/(1＋F8)^E12。

(7) 在合并单元格 C16 中输入公式:＝IF(F9＜B16,"有","无")。

2. 股票投资收益率及标准差度量模型的建立

【例 10 - 7】H 股票的有关资料如图 10 - 12 中已知条件区域所示。要求建立一个计算该股票的收益率和标准差的模型。

【实验步骤】

(1) 设计模型的结构,如图 10 - 12 所示。

	A	B	C	D	E	F	G
1		H股票的已知条件				计算结果	
2	当年最后交易日	收盘价（元/股）	当年股利（元/股）		年份	离散收益率	连续复利收益率
3	1994/12/30	11.05	0.1		1994		
4	1995/12/29	7.59			1995	-31.31%	-37.56%
5	1996/12/31	22.85			1996	201.05%	110.21%
6	1997/12/31	38.75	0.58		1997	72.12%	54.30%
7	1998/12/31	16.25			1998	-58.06%	-86.90%
8	1999/12/30	13.18			1999	-18.89%	-20.94%
9	2000/12/29	12.28			2000	-6.83%	-7.07%
10	2001/12/31	7.84			2001	-38.16%	-44.87%
11	2002/12/31	6.73			2002	-14.16%	-15.27%
12	2003/12/31	6.76			2003	0.45%	0.44%
13	2004/12/31	3.54			2004	-47.63%	-64.69%
14	2005/12/30	3.79			2005	7.06%	6.82%
15	2006/12/29	4.22	0.07		2006	13.19%	12.39%
16	2007/12/28	9.63	0.08		2007	106.40%	72.46%
17	2008/12/31	3.22			2008	-62.69%	-98.59%
18					平均值	8.90%	-8.52%
19					标准差	72.60%	58.92%
20					变差系数	8.16	-6.92

图 10 - 12　H股票的投资收益与风险度量模型

（2）在单元格 F4 中输入公式：＝(B4＋C4－B3)/B3。

（3）在单元格 G4 中输入公式：＝LN(B4＋C4)/B3。

（4）选取单元格区域 F4：G4，将其复制到单元格区域 F5：G17。

（5）在单元格 F18 中输入公式：AVERAGE(F4：F17)。

（6）在单元格 F19 中输入公式：＝STDEV(F4：F17)。

（7）在单元格 F20 中输入公式：＝F19/F18。

（8）选取单元格区域 F18：F20，将其复制到单元格区域 G18：G20。

【例 10 - 8】A、B、C、D 四种股票的有关资料如图 10 - 13 中已知条件区域所示。要求建立一个计算这四种股票的期望收益率和标准差的模型。

【实验步骤】

（1）设计模型的结构，如图 10 - 13 所示。

（2）在单元格 B12 中输入公式：＝SUMPRODUCT（＄A＄4：＄A＄8，B4：B8）。

（3）在单元格 B13 中输入公式：＝SQRT(SUMPRODUCT（＄A＄4：＄A＄8，(B4：B8－B12)2))。

	A	B	C	D	E
1		已知条件			
2	概率	预计收益率			
3		A股票	B股票	C股票	D股票
4	0.1	-10%	-35%	7%	20%
5	0.2	2%	0	9%	15%
6	0.4	12%	20%	11%	9%
7	0.2	20%	25%	13%	18%
8	0.1	30%	45%	15%	12%
9					
10		计算结果			
11	股票名称	A股票	B股票	C股票	D股票
12	期望收益率	11.20%	14.00%	11.00%	13.40%
13	标准差	10.63%	20.35%	2.19%	4.13%
14	变差系数	0.95	1.45	0.20	0.31

图 10 - 13　四种股票的投资收益与风险度量模型

（4）在单元格 B14 中输入公式：＝B13/B12。

（5）选取单元格区域 B12：B14，将其复制到单元格区域 C12：E14。

3. 股票的 β 系数计算及特征线绘制模型的建立

【例 10-9】四川长虹股票 2008 年各月最后交易日的收盘价以及上证综合指数 2008 年各月最后交易日的收盘指数的有关资料如图 10-14 中已知条件区域所示。要求建立一个采用不同的方法计算四川长虹股票的 β 系数并绘制特征线的模型。

【实验步骤】

（1）设计模型的结构，如图 10-14 所示。

	A	B	C	D	E	F	G	H	I	J
1		已知条件						计算过程与结果		
2	每月最后交易日	四川长虹收盘价（元/股）	现金股利（元/股）	上证综指收盘指数		四川长虹的股票收益率	上证综指的指数收益率	四川长虹偏差的平方	上证综指偏差的平方	四川长虹偏差*上证综指偏差
3	2007/12/28	8.63		5261.56						
4	2008/1/31	9.4		4383.39		8.92%	-16.69%	0.02501	0.00781	-0.01398
5	2008/2/29	9.04		4348.54		-3.83%	-0.80%	0.00094	0.00498	0.00216
6	2008/3/31	6.69		3472.71		-26.00%	-20.14%	0.03650	0.01510	0.02348
7	2008/4/30	7.11		3693.11		6.28%	6.35%	0.01734	0.02016	0.01870
8	2008/5/30	5.99		3433.35		-15.75%	-7.03%	0.00785	0.00007	-0.00072
9	2008/6/30	5.02		2736.10		-16.19%	-20.31%	0.00865	0.01552	0.01159
10	2008/7/31	5.01	0.07	2775.72		1.20%	1.45%	0.00654	0.00865	0.00752
11	2008/8/29	3.86		2398.37		-22.95%	-13.64%	0.02580	0.00334	0.00928
12	2008/9/26	3.56		2293.78		-7.77%	-4.32%	0.00008	0.00125	-0.00031
13	2008/10/31	2.79		1728.79		-21.63%	-24.64%	0.02172	0.02816	0.02473
14	2008/11/28	3.12		1871.16		11.83%	8.24%	0.03504	0.02588	0.03011
15	2008/12/31	3.22		1820.81		3.21%	-2.69%	0.01019	0.00266	0.00521
16								回归分析的参数估计		
17							计算方法		用公式计算	用函数计算
18							特征线的斜率（β）=		0.8817	0.8817
19							特征线的截距（α）=		0.03%	0.0307%
20							四川长虹股票的标准差=		12.7692%	12.76929%
21							上证综合指数的标准差=		10.5503%	10.55039%
22							四川长虹与上证综指的协方差=		0.9814%	0.9814%
23							四川长虹与上证综指的相关系数=		0.7285	0.7285

图 10-14　股票的 β 系数计算及特征线绘制模型

（2）在单元格 F4 中输入公式：=(B4+B3+C4)/B3。

（3）在单元格 G4 中输入公式：=(D4-D3)/D3。

（4）在单元格 H4 中输入公式：=(F4-AVERAGE($F$4:$F$15))^2。

（5）在单元格 I4 中输入公式：=(G4-AVERAGE($G$4:$G$15))^2。

（6）在单元格 J4 中输入公式：
=(F4-AVERAGE($F$4:$G$$15))*(G4-AVERAGE($G$4:$G$15))。

（7）选取单元格区域 F4:J4，将其复制到单元格区域 F5:J15。

（8）在单元格 I18 中输入公式：=SUM(J4:J15)/SUM(I4:I15)。

（9）在单元格 I19 中输入公式：=AVERAGE(F4:F15)-AVERAGE(G4:15)*I18。

（10）在单元格 I20 中输入公式：=SQRT(AVERAGE(H4:H15))。

（11）在单元格 I21 中输入公式：=SQRT(AVERAGE(I4:115))。

（12）在单元格 I22 中输入公式：=AVERAGE(J4:J15)。

（13）在单元格 I23 中输入公式：=I22(I20*I21)。

（14）在单元格 J18 中输入公式：=SLOPE(F4:F15,G4:15)。

(15) 在单元格 J19 中输入公式：=INTERCEPT(F4:F15,G4:15)。

(16) 在单元格 J20 中输入公式：=STDEVP(F4:F15)。

(17) 在单元格 J21 中输入公式：=STDEVP(G4:G15)。

(18) 在单元格 J22 中输入公式：=COVAR(F4:F15,G4:G15)。

(19) 在单元格 J23 中输入公式=CORREL(F4:F15,G4:G15)。

(20) 选取单元格区域 F4:G15,单击工具栏上的"图表向导"按钮,打开"图表向导—4 步骤之 1—图表类型"对话框,在"图表类型"中选"XY 散点图",在"子图表类型"中选中"散点图"。

(21) 单击"下一步"按钮,在系统弹出的"图表向导—4 步骤之 2—图表源数据"对话框中,单击打开"系列"选项卡。

(22) 在"系列"选项卡对话框中,将"X 值"栏设置为=Sheet1! $G$4：$G$15,将"Y 值"栏设置为=Sheet1! $F$4：$F$15。

(23) 单击"下一步"按钮,打开"图表向—4 步骤之 3—图表选项"对话框,在"图表标题"栏中输入"四川长虹与上证综合指数收益率之间的关系",在"数值(X)轴"栏中输入"上证综合指数收益率",在"数值(Y)轴"栏中输入"四川长虹股票收益率"。

(24) 单击"完成"按钮,得到初步完成的图表,如图 10-15 所示。

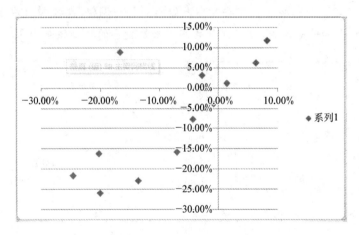

图 10-15 初步完成的图表

(25) 将鼠标指针对准图表中的数据点,单击右键,在弹出的快捷菜单中执行"添加趋势线"命令,打开"设置趋势线格式"对话框,如图 10-16 所示。

(26) 在"类型"选项卡对话框中选保持默认的"线型",然后单击打开"趋势线选项"选项卡中,在"趋势线选项"选项卡中,选中"显示公式"和"显示 R 平方值",如图 10-17 所示。

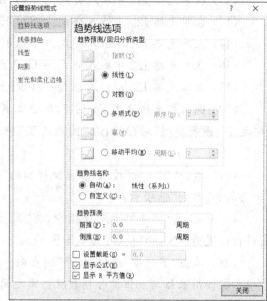

图 10-16 "添加趋势线"之"类型"对话框   图 10-17 "添加趋势线"之"选项"对话框

（27）单击"确定"按钮,再根据需要对图表做出必要的调整,包括删除网格线、删除绘图区的背景颜色、调整坐标轴格式等,最终得到的四川长虹股票的特征线如图 10-18 所示。

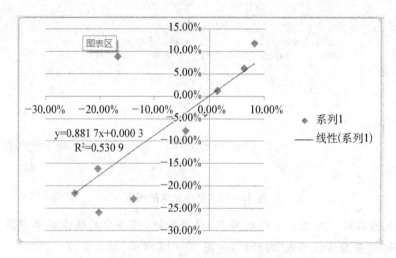

图 10-18 四川长虹股票的特征线

从图 10-18 可以看出,通过绘制散点图以及添加趋势线并显示公式的方式,也可以得股票的 β 系数以及特征线的其他参数。在图 10-18 中,特征线的斜率 0.8817 即为四川长虹股票的 β 系数,这个结果与前面按公式和函数计算的结果完全相同。

10.3　证券组合投资分析

10.3.1　相关知识

1. 证券投资组合的收益

证券投资组合收益率的计算公式为：

$$R_p = \sum_{i=1}^{n} W_i R_i$$

式中，R_p——投资组合的期望收益率；

$\quad\quad W_i$——i 债券在投资组合中所占比重；

$\quad\quad R_i$——i 债券的期望收益率；

$\quad\quad n$——投资组合中证券的种数。

由证券投资组合收益率的计算公式可知：投资组合的收益率是投资组合中各单项证券预期收益率的加权平均数。

2. 证券投资组合的风险

证券投资组合风险可分为非系统风险和系统风险。

1）非系统风险

非系统风险亦称可分散风险，是指通过适当的证券投资组合方式可以规避的个别证券的特有风险。例如，证券投资者可以通过持有股票的多样化来避免持有一种股票的特有风险，形成证券投资组合的加权平均收益率；如果在证券投资组合中持有彼此负相关的股票，还可以在取得投资组合的加权平均收益率的同时，降低风险（即降低取得加权平均收益率的不确定性程度）。因为当持有彼此负相关的多种股票时，就会出现某些股票价格下跌、股息减少，而另一些股票的价格和股息可能上升的情况，这样此落彼涨就可能使风险相互抵消。

2）系统风险

系统风险亦称不可分散风险或市场风险，是指由于证券市场的原因对所有证券投资活动都带来的利益不确定性。这类风险不可能通过投资的多样化来回避或消除。例如，证券投资者进行股票投资，并建立了适当的股票投资组合，但是，当国家某项涉及证券投资的法律和政策发生变化时，就会影响整个证券市场价格。此时，股票市场上所有的股票都出现不同程度的价格变动，对所有证券投资者都存在利益波动的影响。

10.3.2　实验案例

1. 证券投资组合的收益与风险计算模型的建立

【例 10-10】A、B、C、D 四种证券在五种不同的经济状况下的预计收益率及投资比重的有关资料如图 10-19 中已知条件区域所示。要求建立一个计算这四种证券构成的投资组合的期望收益率和标准差的模型。

【实验步骤】

(1) 设计模型的结构,如图 10-19 所示。

	A	B	C	D	E	F	G
1			已知条件				
2	经济状况	发生概率	证券的收益率				
3			A证券	B证券	C证券	D证券	
4	很好	0.10	30%	35%	18%	50%	
5	较好	0.20	25%	15%	15%	35%	
6	一般	0.30	20%	7%	10%	16%	
7	较差	0.25	15%	2%	6%	8%	
8	很差	0.15	10%	-10%	3%	-25%	
9	投资的比重		15.00%	25.00%	40.00%	20.00%	
10							
11			计算结果				
12	证券种类	A证券	B证券	C证券	D证券	投资组合的期望收益率	
13	期望收益率	19.25%	7.60%	9.75%	15.05%		
14	方差	0.3569%	1.4044%	0.2269%	4.5505%	11.70%	
15	标准差	5.9739%	11.8507%	4.7631%	21.3318%	投资组合的方差	
16	标准离差率	0.3103	1.5593	0.4885	1.4174		
17	协方差矩阵	A证券	B证券	C证券	D证券	0.98%	
18	A证券	0.0036	0.0068	0.0028	0.0124	投资组合的标准差	
19	B证券	0.0068	0.0140	0.0053	0.0241		
20	C证券	0.0028	0.0053	0.0023	0.0097	9.88%	
21	D证券	0.0124	0.0241	0.0097	0.0455		

图 10-19　证券投资组合的收益与风险计算模型

(2) 在单元格 C13 中输入公式:=SUMPRODUCT($B$4:$B$8,C4:C8)。

(3) 在单元格 CI4 中输入公式:=SUMPRODUCT($B$4:$B$8,(C4:C8-C13)^2)。

(4) 在单元格 C15 中输入公式:=SQRT(C14)。

(5) 在单元格 C16 中输入公式:=C15/C13。

(6) 选取单元格区域 C13:C16,将其复制到单元格区域 D13:F16。

(7) 在单元格 C18 中输入公式:

=SUMPRODUCT($C$4:$C$8-SC$13,C4:C8-C13,$B$4:$B$8)

(8) 在单元格 C19 中输入公式:

=SUMPRODUCT($D$4:$DS8-$D$13,C4:C8-C13,$B$4:$B$8)

(9) 在单元格 C20 中输入公式:

=SUMPRODUCT($E$4:$E$8-$E$13,C4:C8-C13,$B$4:$B$8)

(10) 在单元格 C21 中输入公式:

=SUMPRODUCT($F$4:$F$8-$F$13,C4:C8-C13,$B$4:$B$8)

(11) 选取单元格区域 C18:C21,将其复制到单元格区域 D18:F21。

(12) 在单元格 G14 中输入公式:=SUMPRODUCT(C13:F13,C9:F9)。

(13) 在单元格 G17 中输入公式:=SUMPRODUCT(MMULT(C9:F9,C18:F21),C9:F9)。

(14) 在单元格 G20 中输入公式:=SQRT(G17)。

2. 证券投资组合的优化决策模型

【例 10 - 11】A、B、C、D 四种证券在五种不同的经济状况下的预计收益率及有关资料以及在两种情况下的投资决策目标如图 10 - 20 中已知条件区域及投资决策的约束条件和目标区域所示。要求建立一个在两种情况下求解最优投资组合的模型。

【实验步骤】

(1) 设计模型的结构,如图 10 - 20 所示。

	A	B	C	D	E	F	G	H	I
1			已知条件				投资决策的约束条件和目标		
2	经济状况	发生概率	证券的收益率				情况1: 投资组合的	投资组合
3			A证券	B证券	C证券	D证券	期望收益率不低于	的风险最
4	很好	0.1	80%	50%	18%	20%		小
5	较好	0.2	50%	30%	10%	15%	10%	
6	一般	30	10%	20%	5%	10%	情况2: 投资组合的	投资组合
7	较差	0.25	-5%	10%	-5%	5%	标准差不高于	的收益最
8	很差	0.15	-30%	-20%	-10%	-15%	15%	高
9								
10			计算结果					
11	证券种类	A证券	B证券	C证券	D证券			
12	期望报酬率	15.25%	16.50%	2.55%	7.00%			
13	方差	10.79%	3.63%	0.75%	1.06%			
14	标准差	32.84%	19.05%	8.64%	10.30%			
15	标准离差率	215.37%	115.43%	338.82%	147.08%			
16	协方差矩阵	A证券	B证券	C证券	D证券			
17	A证券	0.1079	0.0586	0.02471	0.0295			
18	B证券	0.0586	0.0363	0.0155	0.0192			
19	C证券	0.0271	0.0155	0.0075	0.0079			
20	D证券	0.0295	0.0192	0.0079	0.0106			
21			规划求解结果					
22	投资决策的两种情况		可变单元格区域				投资比重	投资组合
23			A证券	B证券	C证券	D证券	合计	期望收益率 标准差
24	投资比重	情况1	0.00%	31.58%	0.00%	68.42%	100.00%	10.00% 12.99%
25		情况2	0.00%	54.53%	0.00%	45.47%	100.00%	12.18% 15.00%

图 10 - 20　证券投资组合的优化决策模型

(2) 在单元格 C12 中输入公式:＝SUMPRODUCT($B$4:$B$8,C4:C8)。

(3) 在单元格 C13 中输入公式:＝SUMPRODUCT($B$4:$B$8(C4:C8−C12)^2)。

(4) 在单元格 C14 中输入公式:＝SQRT(C13)。

(5) 在单元格 C15 中输入公式:＝C14/C12。

(6) 选取单元格区域 C12:C15,将其复制到单元格区域 D12:F15。

(7) 在单元格 C17 中输入公式:
＝SUMPRODUCT($C$4:$CS8−$C$12,C4:C8−C12,$B$4:$B$8)

(8) 在单元格 C18 中输入公式:
＝SUMPRODUCT($D$4:$D$8−$D$12,C4:C8−C12,$B$4:$B$8)

(9) 在单元格 C19 中输入公式:
＝SUMPRODUCT($E$4:$E$8−$E$12,C4:C8−C12,$B$4:$B$8)

(10) 在单元格 C20 中输入公式:
＝SUMPRODUCT($F$4:$F$8−$F$12,C4:C8−C12,$B$4:$B$8)

(11) 选取单元格区域 C17：C20，将其复制到单元格区域 D17：F20。

(12) 在单元格 G24 中输入公式：＝SUM(C24：F24)。

(13) 在单元格 H24 中输入公式：＝SUMPRODUCT($C$12：$F$12,C24：F24)。

(14) 在单元格 I24 中输入公式：

＝SQRT(SUMPRODUCT(MMULT(C24:F24,$C$17：$F$20),C24:F24))

(15) 选取单元格区域 G24：I24，将其复制到单元格区域 G25：I25。

(16) 执行"工具"菜单中的"规划求解"命令，在系统弹出的"规划求解参数"对话框中的"设置目标"栏输入$I$24，在"等于"区域选中"最小值"单选按钮，在"可变单元格"框中输入$C$24：$F$24，然后单击"添加"按钮，依次添加四个约束条件：SC$24：$F$24<=1、$C24F$24>=0、$G$24=1,SH$24>=$G$5，设置完成的"规划求解参数"对话框如图 10-21 所示，然后单击"求解"按钮，最后在系统弹出的"规划求解结果"对话框中，保持默认的状态，再单击"确定"按钮。

(17) 执行"工具"菜单中的"规划求解"命令，在系统弹出的"规划求解"对话框中的"设置目标单元格"栏输入$H$25，在"等于"区域选择"最大值"单选按钮，在"可变单元格"框中输入$C$25：$F$25，然后单击"添加"按钮，依次添加四个约束条件：$C$25：$F$25<=1、$C$25：$F$25>=0、$G$25=1、$I$25<=$G$8，设置完成的"规划求解参数"对话框如图 10-22 所示，然后单击"求解"按钮，最后在系统弹出的"规划求解结果"对话框中，保持默认的状态，再单击"确定"按钮。

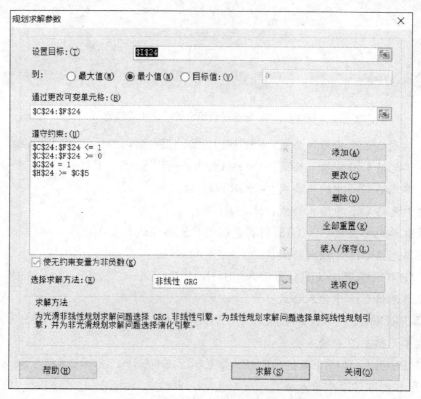

图 10-21 "规划求解参数"对话框的设置(情况 1)

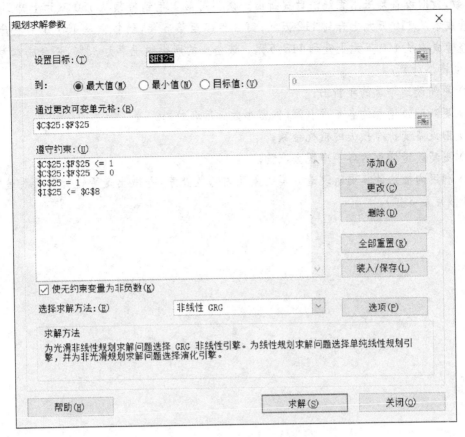

图 10-22 "规划求解参数"对话框的设置（情况 2）

由模型的运行结果可以看出，为了实现证券投资组合的收益率不低于 10% 的目标，应将全部资金的 31.58% 投资于 B 证券，68.42% 投资于 D 证券，这种投资组合风险最低；类似的，为了实现证券投资组合的标准差不高于 15% 的目标，应将全部资金的 54.53% 投资于 B 证券，45.47% 投资于 D 证券，这种投资组合收益率最高。

项目习题

1. 甲企业拟建造一项生产设备，预计建设期为 1 年，所需原始投资 100 万元于建设起点一次投入。该设备预计使用寿命为 4 年，使用期满报废清理时残值 5 万元。该设备折旧方法采用双倍余额递减法，该设备投产后每年增加净利润 30 万元，假定适用的行业基准折现率为 10%。

要求建立模型：① 计算项目计算期内各年的净现金流量；② 计算该项目的净现值、净现值率、获利指数；③ 利用净现值指标评价该投资项目的财务可行性。

2. 某公司原有设备一台，账面折余价值为 11.561 万元，目前出售可获得收入 7.5 万元，预计可使用 10 年，已使用 5 年，预计净残值为 0.75 万元。现在该公司拟购买新设备替换原设备，建设期为 0，新设备购置成本为 40 万元，使用年限为 5 年，预计净残值与使用旧设备的净残值一致,新旧设备均采用直线法计提折旧。该公司第 1 年销售额从 150 万元上升到 160 万元,经营成本从 110 万元上升到 112 万;第 2 年起至第 5 年,销售额从 150 万元上升到 165 万元,经营成本从 110 万元上升到 115 万元。该企业的所得税税率为 33%,资金成本为 10%。要求建立模型计算:

(1) 更新改造增加的年折旧;

(2) 更新改造增加的各年净利润(保留小数点后 3 位);

(3) 旧设备变价净损失的抵税金额;

(4) 更新改造增加的各年净现金流量;

(5) 利用内插法计算更新改造方案的差额内部收益率,并做出是否进行更新改造的决策(保留小数点后 3 位)。

项目十一　营运资金管理决策模型设计

11.1　最佳现金持有量模型设计

11.1.1　相关知识

1. 现金管理概述

1）持有现金的动机

企业置存现金的原因，主要是满足交易性需要、预防性需要和投机性需要。

交易性需要是指满足日常业务的现金支付需要。企业经常得到收入，也经常发生支出，两者不可能同步同量。收入多于支出，形成现金置存；收入少于支出，需要借入现金。企业必须维持适当的现金余额，才能使业务活动正常地进行下去。

预防性需要是指置存现金以防发生意外的支付。企业有时会出现意想不到的开支，现金流量的不确定性越大，预防性现金的数额也就越大；反之，企业现金流量的可预测性强，预防性现金数额则可减小些。此外，预防性现金数额还与企业的借款能力有关，如果企业能够很容易地随时借到短期资金，也可以减少预防性现金的数额，若非如此，则应扩大预防性现金额。

投机性需要是指置存现金用于不寻常的购买机会，比如遇有廉价原材料或其他资产供应的机会，便可用手头现金大量购入；再比如在适当时机购入价格有利的股票和其他有价证券；等等。当然，除了金融和投资公司外，一般来讲，其他企业专为投机性需要而特殊置存现金的不多，遇到不寻常的购买机会，也常设法临时筹集资金。但拥有相当数额的现金，确实为企业突然的大批采购提供了方便。

2）现金管理的有关规定

按照现行规定，国家有关部门对企业使用现金有如下规定：

（1）规定了现金的使用范围。这里的现金，是指人民币现钞，即企业用现钞从事交易，只能在一定范围内进行。该范围包括：支付职工工资、津贴；支付个人劳务报酬；根据国家规定颁发给个人的科学技术、文化艺术、体育等各种奖金；支付各种劳保、福利费用以及国家规定的对个人的其他支出；向个人收购农副产品和其他物资的价款；出差人员必须随身携带的差旅费；结算起点(1 000 元)以下的零星支出；中国人民银行确定需要支付现金的其他支出。

（2）规定了库存现金限额。企业库存现金，由其开户银行根据企业的实际需要核定限额，一般以 3～5 天的零星开支额为限。

（3）不得坐支现金。即企业不得从本单位的人民币现金收入中直接支付交易款。现金收入应于当日终了时送存开户银行。

（4）不得出租、出借银行账户。

（5）不得签发空头支票和远期支票。

（6）不得套用银行信用。

（7）不得保存账外公款，包括不得将公款以个人名义存入银行和保存账外现金等各种形式的账外公款。

2. 现金持有量的成本分析方法

企业持有现金共有三种成本。

（1）机会成本。一般可用投资于证券市场的收益率来衡量。持有现金的机会成本与持有现金的数量呈正比，现金的持有量越大，其机会成本越高。

（2）管理成本。一般来说，现金的管理成本与现金的持有量没有直接的关系，可以看作一种固定成本。

（3）短缺成本。现金的短缺成本是指因缺乏现金，不能应付日常业务开支所需而使企业蒙受损失或为此付出的代价。现金的短缺成本与现金的持有量呈反比，现金的持有量越多，发生短缺而蒙受损失的可能性越小，短缺成本越小，如图 11-1 所示。

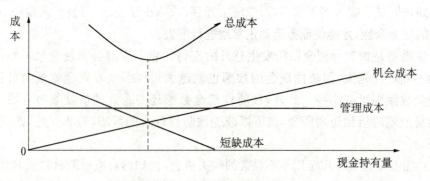

图 11-1 企业持有现金的成本

以上三项成本构成了持有现金的总成本。三项成本之和最小的现金特有量，就是企业的最佳现金持有量。由图 11-1 可知，持有现金的总成本曲线是一条抛物线，抛物线的最低点就是企业持有现金的最低总成本。超过或低于该点的现金持有量都会使现金的总成本上升。企业在确定现金持有量时应尽可能在接近该点的范围内。

11.1.2　实验案例

1. 最佳现金持有量成本分析模型

【例 11－1】假设某公司为确定最佳现金持有量有 5 种方案，机会成本率为 12%，现金余额、短缺成本相关资料如表 11－1 所示。建立模型，运用成本分析法进行最佳现金持有量选择。

表 11－1　五种方案下的现金余额与短缺成本

备选方案	方案 A	方案 B	方案 C	方案 D	方案 E
现金余额(元)	20 000	40 000	60 000	80 000	100 000
短缺成本(元)	12 000	8 000	4 000	2 000	0

【实验步骤】

(1) 根据题意建立如图 11－2 所示的基本数据表格。

	A	B	C	D	E	F
1	基本数据取					
2	备选方案	方案A	方案B	方案C	方案D	方案E
3	现金余额（元）	20000	40000	60000	80000	100000
4	短缺成本（元）	12000	8000	4000	2000	0
5	机会成本率	12%	最佳现金余额确定方法		成本分析模式	

图 11－2　基本数据表格

(2) 选取单元格区域 B11:F11，在 B11 输入数组公式：=B3:F3 * B5；

(3) 选取单元格区域 B12:F12，在 B12 输入数组公式：=B11:F11+B10:F10；

(4) B13=INDEX(B8:F8,MATCH(MIN(B12:F12),B12:F12,0))，得到最优方案；

(5) E13=INDEX(B9:F9,MATCH(MIN(B12:F12),B12:F12,0))，得到最佳现金持有量为 60 000 元。

以上公式运算结果如图 11－3 所示。

	A	B	C	D	E	F
7	计算与决策结果					
8	备选方案	方案A	方案B	方案C	方案D	方案E
9	现金余额（元）	20000	40000	60000	80000	100000
10	短缺成本（元）	12000	8000	4000	2000	0
11	机会成本（元）	2400	4800	7200	9600	12000
12	总成本（元）	14400	12800	11200	11600	12000
13	最优方案	方案C	最佳现金余额（元）		60000	

图 11－3　运算结果

2. 最佳现金持有量存货分析模型

【例 11－2】假设某公司全年现金需要量为 450 000 元，有价证券每次转换成本为 900 元，有价证券年利率为 10%，建立模型运用存货分析法求最佳现金持有量。

【实验步骤】

根据题意建立如图 11-4 所示的基本数据表格。

	A	B	C
1	基本数据区		
2	全年现金需求量（元）	450000	
3	有价证券转换成本（元/次）	900	
4	有价证券年利率	10%	
5	最佳现金余额确定方法	存货模式	

图 11-4 基本数据表格

（一）规划求解法

(1) 在 B10 单元格输入一个大于 0 的数值作为初始值，如输入 100。

(2) B11＝(B2/B10)＊B3＋(B10/2)＊B4

(3) 调用"规划求解"命令，在系统打开的"规划求解参数"对话框中，将目标单元格设置为 ＄B＄11，在"等于"区域选中"最小值"单选按钮。在可变单元格中输入 ＄B＄10，单击"添加"按钮，在约束条件区域中添加约束条件 ＄B＄10≥＝0，如图 11-5 所示。单击"求解"按钮后，在系统弹出的"规划求解结果"对话框中再次单击"确定"按钮，得到最佳现金持有量为 90 000 元，总成本最小值为 90 000 元。结果如图 11-6 所示。

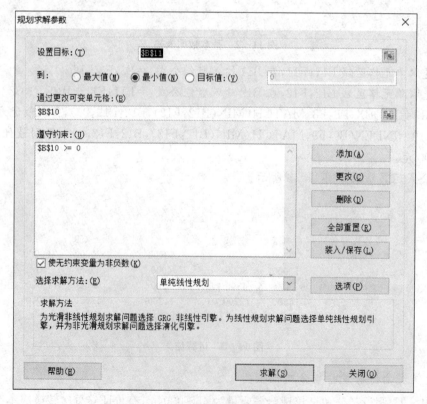

图 11-5 "规划求解参数"对话框

（二）公式计算法

(1) C10＝SQRT(2 * B2 * B3/B4)

(2) C11＝SQRT(2 * B2 * B3/B4)

(3) B12＝B2/C10

(4) B13＝360/B12

运算结果如图 11-6 所示。两种方法运算的结果是一致的。

	A	B	C
7	计算与决策结果		
8 9	计算方法	规划求解结果	利用公式计算
10	最佳现金余额（元）	90000	90000
11	最低的持有现金相关总成本（元）	9000	9000
12	有价证券交易次数（次）	5	
13	有价证券交易间隔期（天）	72	

图 11-6　运算结果

11.2　最佳存货进货批量模型设计

11.2.1　相关知识

1. 存货管理概述

存货是指企业在生产经营过程中为销售或者耗用而储备的物资，包括材料、燃料、低值易耗品、在产品、产成品等。存货是企业必需的，储备存货的原因如下：

（1）防止停工待料。在生产阶段，适量的原材料、在产品是维持生产持续进行的前提和保障。能使生产的各个环节调度更加合理，各生产工序更加协调，联系更为紧密，不至于因原材料、在产品的缺乏而影响生产的衔接。适量的存货能有效地防止停工待料。

（2）降低进货成本。很多情况下，购货达到一定数量时，能享受到较优厚的商业折扣待遇，即价格上能给予优惠。企业采用批量集中进货，可获得较多的商业折扣。同时，通过增加每次进货数量，减少购货次数，可以降低采购费用支出。此外，有一些不寻常的购买机会能以较低的价格购买到企业所需的存货，使得储备的存货大量增加。

（3）增强企业供产销方面的机动性。各种存货的储备，使企业在供产销各方面处于主动地位，能适应市场的变化，获得较好的时机。在通货膨胀时期，适当储存原材料，能使企业获得物价上涨的好处。

2. 存货管理决策模型

企业的存货管理涉及四项内容：决定进货项目、选择供货单位、决定进货时间和决定进货批量。其中，决定进货项目和选择供货单位是销售部门、采购部门和生产部门的职责。财务部门要决定的是进货时间和进货批量。按照存货管理的目的，需要通过合理的进货时间和进货批量，使存货的总成本最低，这个批量叫作经济订货量或经济批量。在确定经济订货量的基础上，确定最适宜的进货时间。

11.2.2 实验案例

1. 经济订货批量基本模型

【例 11-3】杨子公司某存货全年的需求量为 4 000 把,每次订货量为 200 把,单位储存成本为 3 元,每次订货成本为 20 元,要求建立模型运用规划求解法计算使得成本最小时的经济订货量。

【实验步骤】

(1) 根据题意建立如图 11-7 所示的基本数据表格。

(2) 建立计算分析区,并在各单元格输入公式。

B7＝B2/B3

B8＝B5*B7

B9＝B3/2*B4

B10＝B8＋B9

B12＝B10

C12＝B8

D12＝B9

	A	B
1	经济订货量基本模型	
2	全年材料需求	4000
3	每次订货量	200
4	单位储存量	3
5	每次订货成本	20

图 11-7 基本数据表格

(3) 在 A13:A18 分别输入每次订货量,从 100 变化到 600,完成模拟运算表的基本数据输入。

(4) 选中 A12:D18 单元格区域,然后调用"模拟运算表"命令,打开如图 11-8 所示的"模拟运算表"对话框,单击"输入引用列的单元格"后的折叠按钮,选择 \$B\$3 单元格,单击"确定"按钮后,完成模拟运算表的计算,得到 B13:D18 各单元格的数据,如图 11-9 所示。

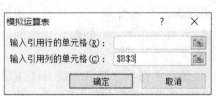

图 11-8 "模拟运算表"对话框

	A	B	C	D
1	计算分析区			
2	订货次数	20		
3	订货成本	400		
4	储存成本	300		
5	总成本	700		
6	每次订货量	总成本	订货成本	储存成本
7		700	400	300
8	100	950	800	150
9	200	700	400	300
10	300	716.67	266.67	450
11	400	800	200	600
12	500	910	160	750
13	600	1033.3	133.33	900

图 11-9 模拟运算表

(5) 选中 A11:D18 单元格区域,执行"插入"选项卡,选择"图表"功能组中"对话框启动器"命令,出现"插入图表"对话框,选择图表类型为"XY 散点图"中的"平滑线散点图"单击"下一步"按钮,进入"数据源数据",单击"数据区域"后折叠按钮,数据区域为 A11:D18,单击"确定"按钮后得到如图 11-10 所示的图表。

(6) 运用规划求解工具求经济订货批量。选中 B10 单元格,调用"规划求解"工具,打开如图 11-11 所示的"规划求解参数"对话框,就能看到"设置目标单元格"为 \$B\$10,在"等于"后区域中选中"最小值"单选按钮,单击"可变单元格"后折叠按钮,选中＄B＄3单元格,单击"添加"按钮,打开"添加约束"对话框完成约束条件设置。如图11－12所示,在"添加约束"对话框中,单击"单元格引用设置"后的折叠按钮,选择＄B＄3单元格,在运算符下选择"＜＝",在约束值下输入数值4 000,单击"确定",完成第一个约束条件的设置;单击"添加"按钮,再次单击"单元格引用设置"后的折叠按钮,选择＄B＄3单元格,在运算符下"int",单击"确定"完成第二个条件的设置;再次单击"单元格引用设置"后的折叠按钮,选择＄B＄3单元格,在运算符下选择"＞＝",在约束值下输入数值1,单击"确定",完成第三个条件的设置,返回"规划求解参数"对话框。

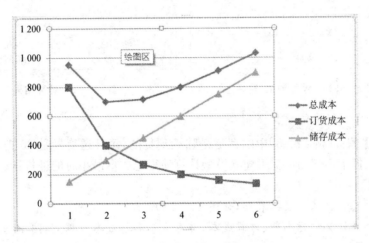

图 11－10　插入图表

图 11－11　"规划求解参数"对话框

(7) 在图 11-11 所示"规划求解参数"对话框中,单击"求解"按钮,得出计算结果,如图 11-13 所示。经济订货批量 B3 为 321 把,总成本 692.82 元。

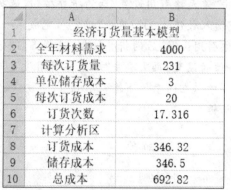

	A	B
1	经济订货量基本模型	
2	全年材料需求	4000
3	每次订货量	231
4	单位储存成本	3
5	每次订货成本	20
6	订货次数	17.316
7	计算分析区	
8	订货成本	346.32
9	储存成本	346.5
10	总成本	692.82

图 11-12 "添加约束"对话框   图 11-13   计算结果

2. 陆续到货下经济订货批量模型

【例 11-4】假设[例 11-3]中的存货是陆续到货的,每日送货量是 20 把,每日耗用量为 10 把,在其他条件下不变的情况下建立模型计算使得总成本最小时的进货量。

【实验步骤】

(1) 根据题意建立基本数据表格,如图 11-14 所示。

(2) 设置公式计算订货次数、订货成本、储存成本和总成本数据,如图 11-15 所示。

B29 = B22/B23

B30 = B27 * B29

B31 = (B23 - B23 * B25/B24) * B26/2

B32 = B30 + B31

	A	B
1	陆续到货下的模型	
2	全年材料需求	4000
3	每次订货量	200
4	每日送货量	20
5	每日耗货量	10
6	单位储存成本	3
7	每次订货成本	20

	A	B
1	计算分析区	
2	订货次数	20
3	订货成本	400
4	储存成本	150
5	总成本	550

图 11-14   基本数据表格   图 11-15   计算各数据

(3) 运用规划求解工具求陆续到货情况下经济订货批量。选中 B33 单元格,调用"规划求解"工具,打开如图 11-16 所示的"规划求解参数"对话框,就能看到"设置目标单元格"为 $B$33,在"等于"后区域中选中"最小值"单选按钮,单击"可变单元格"后折叠按钮,选中 $B$24 单元格,单击"添加"按钮,打开"添加约束"对话框完成约束条件设置。如图 11-17 所示,在"改变约束"对话框中,单击"单元格引用位置"后的折叠按钮,选择 $B$24 单元格,在运算符下选择"<=",在约束值下输入数值 4 000,单击"确定",完成第一个约束条件的设置;单击"添加",再次单击"单元格引用设置"后的折叠按钮,选择 $B$24 单元格,在运算符下选择

"int",单击"确定"完成第二个条件的设置;再次单击"单元格引用设置"后的折叠按钮,选择 $B$24 单元格,在运算符下选择">=",在约束值下输入数值 1,单击"确定"完成第三个条件的设置,返回"规划求解参数"对话框。

(4) 在图 11-16 所示"规划求解参数"对话框中,单击"求解"按钮,得出运算结果,如图 11-18 所示。经济订批量 B24 为 327 把,总成本为 489.9 元。

图 11-16　"规划求解参数"对话框

	A	B
1	陆续到货的情形	
2	全年材料需求	4000
3	每次订货量	327
4	每日送货量	20
5	每日耗用量	10
6	单位储存成本	3
7	每次订货成本	20
8	计算分析区	
9	订货次数	12.23
10	订货成本	244.65
11	储存成本	245.25
12	总成本	489.9

图 11-17　"改变约束"对话框　　　　　　图 11-18　运算结果

11.3 应收账款信用决策模型设计

11.3.1 相关知识

1. 应收账款的信用标准

信用标准是指客户获得企业的商业信用所应具备的条件。信用标准通常用坏账损失率来表示,可允许的坏账损失率越低,表明企业的信用标准越紧。

如果企业的信用标准过紧,将使许多客户因信用品质达不到要求而被拒之门外,其结果尽管有利于降低违约风险、机会成本和收账费用,但也会影响企业的竞争能力的提高和销售收入的扩大。相反,如果企业采用过低的信用标准,一方面会增强企业的竞争力,扩大销售收入;另一方面也会导致应收账款成本的增加。所以信用标准的制定应考虑收益的增加和成本的增加两个方面,综合权衡后再做决定。

企业在设定某一顾客的信用标准时,往往先要评估发生坏账损失率。这可以通过 5C 系统来进行。所谓 5C 系统,是评估顾客信用品质的五个方面,即品质(Character)、能力(Capacity)、资本(Capitl)、抵押(Collateral)和条件(Conditions)。

(1)品质。品质指顾客的信誉,即履行偿债义务的可能性。企业必须设法了解顾客过去的付款记录,看其是否有按期如数付款的一贯做法,以及与其他供货企业的关系是否良好。这一点经常被视为评价顾客信用的首要因素。

(2)能力。能力指顾客的偿债能力,即其流动资产的数量和质量以及与其流动负债的比例。顾客的流动资产越多,其转换为现金支付款项的能力越强。同时,还应注意顾客流动资产的质量,看是否有存货过多、过时或质量下降,影响其变现能力和支付能力的情况。

(3)资本。资本指顾客的财务实力和财务状况,表明顾客可能偿还债务的背景。

(4)抵押。抵押指顾客拒付款项或无力支付款项时能被用作抵押的资产,这对于不知底细或信用状况有争议的顾客尤为重要。一旦收不到这些顾客的款项便以抵押品抵补。如果这些顾客提供足够的抵押,就可以考虑向他们提供相应的信用。

(5)条件。条件指可能影响顾客付款能力的经济环境。比如,万一出现经济不景气,会对顾客的付款产生什么影响,顾客会如何做等,这需要了解顾客在过去困难时期的付款历史。

2. 应收账款的信用条件

现金折扣是企业对顾客在商品价格上所做的扣减。向顾客提供这种价格上的优惠,主要目的在于吸引顾客为享受优惠而提前付款,缩短企业的平均收款期。另外,现金折扣也能招揽一些视折扣为减价出售的顾客前来购货,借此扩大销售量。折扣的表示常采用如 2/10、1/20、$n/30$ 这样一些符号形式。这三种符号的含义为:2/10 表示 10 天内付款,可享受 2% 的价格优惠,即只需支付原价的 98%;1/20 表示 20 天内付款,可享受 1% 的价格优惠,即只需支付原价的 99%;$n/30$ 表示付款的最后期限为 30 天,此时付款无优惠。

企业采用什么程度的现金折扣,要与信用期间结合起来考虑。比如,要求顾客最迟不超过

30 天付款,若希望顾客 20 天、10 天付款,能给予多大折扣? 或者给予 5%、3% 的折扣,能吸引顾客在多少天内付款? 不论是信用期间还是现金折扣,都可能给企业带来收益,但也会增加成本,现金折扣带给企业的好处是吸引顾客为享受优惠而提前付款,缩短企业的平均收款期。使企业增加的成本,则指的是价格折扣损失。当企业给予顾客某种现金折扣时,应当考虑折扣所能带来的抉择决断。

因为现金折扣是与信用期间结合使用的,所以确定折扣程度的方法与程序实际上与前述确定信用期间的方法与程序一致,只不过要把所提供的延期付款时间和折扣综合起来,看各方案的延期与折扣能取得多大的收益增量,再计算各方案带来的成本变化,最终确定最佳方案。

11.3.2　实验案例

1. 应收账款信用标准决策模型

【例 11-5】某公司当前采用的信用标准和备选方案的信用标准相关资料如表 11-2 所示,建立用于选择信用标准方案的模型。

表 11-2　信用标准相关资料

原信用相关标准的有关数据		备选信用标准的有关数据		
预计的坏账损失率标准	8%	备选方案	甲方案	乙方案
信用期限(天)	30	预计的坏账损失率标准	5%	10%
年赊销收入(万元)	3 500	年赊销额增加(万元)	-150	300
销售利润率	20%	增加销售额的平均收款期(天)	40	45
平均实际发生坏账损失率	9%	增加销售额的平均坏账损失率	6%	11%
平均收款期(天)	40	增加销售额引起的管理费用增加(万元)	-2	3
应收账款的机会成本率	8%	变动成本率	55%	一年的计算天数	360

【实验步骤】

(1) 根据题意建立如图 11-19 所示的基本数据表格。

图 11-19　基本数据表格

（2）建立数据计算与决策区，如图 11 - 20 所示。

	A	B	C
11	计算与决策结果（万元）		
12	信用标准变化的影响	甲方案	乙方案
13	对销售利润的影响		
14	对机会成本的影响		
15	对坏账成本的影响		
16	对管理费用的影响		
17	对净收益的综合的影响		
18	决策结论		

图 11 - 20　建立数据计算与决策区

（3）在有关单元格输入公式。

B13＝G5 * $B$6

B14＝(G5/$H$9) * G6 * $E$9 * $B$9

B15＝G5 * G7

B16＝G8

B17＝B13－SUM(B14:B16)

C13＝H5 * $B$6

C14＝(H5/$H$9) * H6 * $E$9 * $B$9

C15＝H5 * H7

C16＝H8

C17＝C13－SUM(C14:C16)

B18＝IF(MAX(B17:C17)＜＝0,"原信用标准",IF(B17＝C17,"甲乙方案均可",IF(C17＞B17),"选乙方案","甲方案")))

以上公式运算结果如图 11 - 21 所示。

	A	B	C
11	计算与决策结果（万元）		
12	信用标准变化的影响	甲方案	乙方案
13	对销售利润的影响	-30.00	60.00
14	对机会成本的影响	-0.73	1.65
15	对坏账成本的影响	-9.00	33.00
16	对管理费用的影响	-2.00	3.00
17	对净收益的综合的影响	-18.27	22.35
18	决策结论	选乙方案	

图 11 - 21　运算结果

2. 应收账款信用条件决策模型

【例 11 - 6】某公司产品单位售价为每件 120 元,单位变动成本为每件 72 元,应收账款机会成本率为 12％,一年按 360 天计算,两个备选方案 A 与 B 的信用条件相关资料如表 11 - 3

所示，建立用于选择信用条件方案的模型。

表 11－3　信用条件相关资料

备选方案	方案 A	方案 B
信用期限(天)	30	45
预计销售量(件)	60 000	70 000
预计坏账损失率	2%	3%
预计收账费用(元)	3 000	5 000

【实验步骤】

(1) 根据题意建立如图 11－22 所示的基本数据表格。

	A	B	C	D	E	F	G	H
1	基本数据区							
2	相关数据		备选方案				方案A	方案B
3	销售单价（元/件）	120	信用期限（天）				0.3	0.45
4	单位变动成本（元/件）	72	预计销售量（件）				60000	70000
5	应收账款的机会成本率	12%	预计坏账损失率				2%	3%
6	一年的计算天数（天）	360	预计收账费用				3000	5000

图 11－22　基本数据表格

(2) 建立信用条件变化对利润、机会成本、现金折扣、坏账损失及增量净收益等财务项目计算的表格，如图 11－23 所示。

	A	B	C
8	计算与决策结果（单位：元）		
9	备选方案	方案A	方案B
10	边际贡献		
11	应收账款机会成本		
12	坏账损失		
13	收账费用		
14	净收益		
15	决策结论		

图 11－23　建立计算表格

(3) 在 B10:C14 单元格输入公式：

B10＝E4＊($B$3－$B$4)

B11＝(E4＊$B$3/$B$6)＊E3＊($B$4/$B$3)＊$B$5

B12＝E4＊$B$3＊E5

B13＝E6

B14＝B10－SUM(B11:B13)

C10＝F4＊($B$3－$B$4)

C11＝(F4＊$B$3/$B$6)＊F3＊($B$4/$B$3)＊$B$5

C12－F4＊$B$3＊F5

C13＝F6

C14＝C10－SUM(C11:C13)

(4) 在 B15 单元格输入建立决策方案选择的公式：

B15＝IF(MAX(B14:C14)＜＝0,"两个方案均不可行",IF(B14＝C14,"两个方案均可行",IF(B14＞C14,"选 A 方案","选 B 方案")))

以上公式运算结果如图 11－24 所示。B 方案的净收益大于 A 方案，所以选择 B 方案的信用条件。

	A	B	C
8	计算与决策结果（单位：元）		
9	备选方案	方案A	方案B
10	边际贡献	2880000	3360000
11	应收账款机会成本	43200	75600
12	坏账损失	144000	252000
13	收账费用	3000	5000
14	净收益	2689800	3027400
15	决策结论	选B方案	

图 11－24　运算结果

3. 应收账款收款政策决策模型

【例 11－7】某企业当前的收账政策和备选的收账政策的相关资料如表 11－4 所示。一年按 360 天计算。

表 11－4　收账政策的相关资料

收账政策方案	当前政策	备选政策
年收账费用（万元）	10	20
平均收账天数（天）	60	30
坏账损失率	3%	2%
赊销额（万元）	420	480
变动成本率	60%	60%
资金成本率	15%	15%

【实验步骤】

(1) 根据题意建立如图 11－25 所示的基本数据表格。

(2) 建立如图 11－26 所示的计算过程表格。

	A	B	C
1	基本数据区		
2	收账政策方案	目前的政策	备选的政策
3	年收账费用（万元）	10	20
4	平均收账天数（天）	60	30
5	坏账损失率	3%	2%
6	赊销额（万元）	420	480
7	变动成本率	60%	60%
8	资金成本率	15%	15%
9	一年的计算天数	360	360

图 11－25　基本数据表格

	A	B	C
1	计算与决策结果（单位：万元）		
2	收账政策方案	目前的政策	备选的政策
3	应收账款平均余额		
4	应收账款的追加投资		
5	应收账款机会成本		
6	坏账损失		
7	年收账费用		
8	总成本		
9	决策结论		

图 11－26　计算过程表格

(3) 在需要计算数据的单元格输入公式：

B13＝B6/B9＊B4

B14＝B13＊B7

B15＝B14＊B8

B16＝B6 ＊ B5

B17＝B3

B18－SUM(B15：B17)

C13＝C6/C9 ＊ C4

C14＝＝C13 ＊ C7

C15＝C14 ＊ C8

C16＝C6 ＊ C5

C17＝C3

C18－SUM(C15：C17)

B19＝IF(C18＞＝B18,"维持目前的收账政策","采用备选的收账政策")

上述公式运算结果如图 11‐27 所示。由计算结果可知,目前收账政策的总成本为 28.9 万元,备选收账政策的总成本为 33.2 万元,所以维持目前的收账政策。

⊿	A	B	C
11	计算与决策结果（万元）		
12	收账政策方案	目前的政策	备选的政策
13	应收账款平均余额	70	40
14	应收账款的追加投资	42.00	24.00
15	应收账款机会成本	6.30	3.60
16	坏账损失	12.60	9.60
17	年收账费用	10.00	20.00
18	总成本	28.90	33.20
19	决策结论	维持目前的收账政策	

图 11‐27　运算结果

11.3.3　MAX 函数

1. 语法

MAX(number1,[number2]…

2. 功能

返回一组值中的最大值。

3. 参数

number1 是必需的,后续数值是可选的。这些是要从中找出最大值的 1～255 个数字参数。参数可以是数字或者是包含数字的名称、数组或引用。

逻辑值和直接键入到参数列表中代表数字的文本被计算在内。如果参数为数组或引用,则只使用该数组或引用中的数字。数组或引用中的空白单元格、逻辑值或文本将被忽略。如果参数不包含数字,函数 MAX 返回 0(零)。如果参数为错误值或为不能转换为数字的文本,将会导致错误。

项目十二　利润预测与分配管理

项目目标

1. 掌握本量利分析模型的构建。
2. 掌握目标利润模型的构建。

12.1　利润预测模型设计

12.1.1　相关知识

利润预测是指在销售预测的基础上，根据各种有关资料，采用适当的方法对企业未来一定时期内的利润做出科学的预计和推测。利润预测的方法主要包括比率预测法、经营杠杆系数预测法、本量利分析预测法。

1. 比率预测法

比率预测法是指根据各种不同的利润率指标来预测利润的方法。通常可首先根据基期的利润和销售收入、成本费用、资金总额等有关指标计算出基期的销售收入利润率、成本费用利润率和资金利润率等利润率指标，再结合预测期的销售收入、成本费用、资金总额来预测利润。有关的计算公式如下：

$$预计销售利润＝预计销售收入×销售收入利润率$$
$$＝预计成本费用×成本费用利润率$$
$$＝预计资金总额×资金利润率$$

2. 经营杠杆系数预测法

经营杠杆系数反映了息税前利润变动率和销售变动率之间的关系。根据基期的有关资料计算出经营杠杆系数，再结合预测期销售额的变动率，即可以预测利润。计算公式如下：

$$经营杠杆系数＝基期销售量×（单价－单位变动成本）÷基期息税前利润$$
$$预测期息税前利润＝基期息税前利润×（1＋经营杠杆系数×销售额变动率）$$
$$预测期税前利润＝预测期息税前利润－预测期债务利息$$

3. 本量利分析预测法

本量利分析预测法是指根据成本、产销量和利润三者之间的关系预测未来一定时期内的目标利润的方法。所谓目标利润是指企业在未来一定时期内必须达到而且经过努力应该能够达到的利润水平，它是企业经营目标的重要组成部分。

在企业的成本费用按性态进行分类的情况下，预测目标利润的计算公式为：

目标利润＝预计销售量×(单位产品售价－单位变动成本)－固定成本

在企业的成本费用按经济用途进行分类的情况下，预测目标利润的计算公式为：

目标利润＝预计销售量×(单位产品售价－单位产品制造成本)－预计期间费用

12.1.2　利润预测模型的建立

【例 12-1】 A、B、C 三家公司利润预测的有关资料如图 12-1 中已知条件区域所示。要求建立一个分别用比率预测法、经营杠杆系数法和本量利分析法预测三家公司利润的模型。

【实验步骤】

(1) 设计模型的结构，如图 12-1 所示。

E20

	A	B	C	D	E	F	G	H
1	已知条件（金额单位：万元）							
2	A公司			B公司		C公司		
3	时期	基期	预测期	基期销售量（件）	600	产品名称	甲产品	乙产品
4	销售收入	150	180	产品单价	2.8	目标销售量（件）	500	600
5	成本费用	80	95	单位变动成本	1.5	目标销售单价	3	4
6	资金总额	280	320	固定经营成本	300	目标单位生产成本	2	3
7	税前利润	30		预测期销售额增长率	20%	预计期的期间费用	450	
8				预测期利息费用	40			
9								
10	计算过程与结果（金额单位：万元）							
11	A公司预计利润			B公司预计利润率				
12	销售收入利润率	20.00%		基期息税前利润	480			
13	成本费用利润率	37.50%		经营杠杆系数	1.625			
14	资金利润率	10.71%		预计息税前利润	636			
15	按销售收入利润率预计的销售利润	36.00		预计税前利润	596			
16	按成本费用利润率预计的销售利润	35.63		C公司预计利润				
17	按资金利润率预计的销售利润	34.29						
18	平均的预计税前利润	35.30		目标税前利润	650			

Sheet1　Sheet2　Sheet3

图 12-1　利润预测模型

(2) 在合并单元格 B12 中输入公式：＝＄B＄7/B4，并将其复制到单元格区域 B13:C14。

(3) 在单元格 B15 中输入公式：＝C4＊B12，并将其复制到单元格区域 B16:C17。

(4) 在单元格 B18 中输入公式：＝AVERAGE(C15:C17)。

(5) 在单元格 E12 中输入公式：＝E3＊(E4－E5)－E6。

(6) 在单元格 E13 中输入公式：＝E3＊(E4－E5)/E12。

(7) 在单元格 E14 中输入公式：＝E12＊(1＋E13＊E7)。

(8) 在单元格 E15 中输入公式：＝E14－E8。

(9) 在单元格 E18 中输入公式：＝SUMPRODUCT(G4:H4.(G5:H5－G6H6))－G7。

模型的运算结果如图 12-1 的计算过程与结果区域所示。

12.2　本量利分析模型设计

12.2.1　保本点的计算模型

1. 单品种情况下保本点的计算模型

在企业仅生产一种产品的情况下，其成本、销售量、利润之间的关系可用下面的公式来描述：

$$R = Q \times (p - v) - F$$

式中，Q——销售量；

p——单价；

v——单位变动成本；

F——固定成本。

保本点又可称为盈亏平衡点，是指企业的利润为 0 的那一点。令上面的公式中的利润为 0，那么可以在已知销售量、单价、单位变动成本、固定成本这四个参数中的任意三个参数的情况下，求出用另外一个参数表示的保本点的数值，即：

$$保本点的销售量 = \frac{F}{p - v}$$

$$保本点的单价 = \frac{F}{Q} + v$$

$$保本点的单位变动成本 = p - \frac{F}{Q}$$

$$保本点的固定成本 = Q \times (p - v)$$

在 Excel 中计算保本点时，可利用单变量求解工具来解决问题。

【例 12 - 2】 某公司只生产和销售一种甲产品，预计的销售量、单价和成本等数据如图 12-4 中已知条件区域所示。要求建立一个分别用销售量、单价、单价变动成本和固定成本表示的保本点的计算模型。

【实验步骤】

（1）设计模型的结构。

	A	B	C	D	E	F	G	H
1		已知条件				计算过程与结果		
2		项目	预测值		保本点的计算		可变单元格	目标函数
3	已知四个参	销售量（件）	7,500.00		保本点的销售量（件）		10,666.67	0
4	数中的三个	单价（元/件）	80.00		保本点的单价（元/件）		92.67	0
5	参数预测值	单位变动成本（元/件）	50.00		保本点的单位变动成本（元/件）		37.33	0
6		固定成本（元）	320,000.00		保本点的固定成本（元）		225,000.00	0

图 12 - 2　单品种生产时保本点的计算模型

（2）在单元格 H3 中输入公式：＝G3＊(C4－C5)－C6。

（3）执行"数据"菜单"模拟分析"中的"单变量求解"命令，在系统弹出的"单变量求解"对话框中，将目标单元格设置为＄H＄3，将目标值设置为 0，将可变单元格设置为＄G＄3，如图 12 - 3 所示，然后单击"确定"按钮，最后在系统弹出的"单变量求解状态"对话框中，再单击"确定"按钮。

（4）在单元格 H4 中输入公式：＝C3＊(G4－C5)－C6。

图 12 - 3　单变量求解

（5）执行"数据工具"菜单"模拟分析"中的"单变量求解"命令，在系统弹出的"单变量求解"对话框中，将目标单元格设置为＄H＄4，将目标值设置为 0，将可变单元格设置为＄G＄4，然后单击"确定"按钮，最后在系统弹出的"单变量求解状态"对话框中，再单击"确定"按钮。

（6）在单元格 H5 中输入公式：＝C3＊(C4－G5)－C6。

（7）执行"数据工具"菜单"模拟分析"中的"单变量求解"命令，在系统弹出的"单变量求解"对话框中，将目标单元格设置为＄H＄5，将目标值设置为0，将可变单元格设置为＄G＄5，然后单击"确定"按钮，最后在系统弹出的"单变量求解状态"对话框中，再单击"确定"按钮。

（8）在单元格 H6 中输入公式：＝C3＊(C4－C5)－G6。

（9）执行"数据工具"菜单"模拟分析"中的"单变量求解"命令，在系统弹出的"单变量求解"对话框中，将目标单元格设置为＄H＄6，将目标值设置为0，将可变单元格设置为＄G＄6，然后单击"确定"按钮，最后在系统弹出的"单变量求解状态"对话框中，再单击"确定"按钮。

模型的运行结果如图 12－2 的计算过程与结果区域所示。

2. 多品种生产情况下保本点的计算模型

在企业生产多种产品的情况下，计算保本点有几种不同的方法，这里只介绍其中的一种方法，即根据综合边际贡献率计算保本点的方法。这种方法的基本原理是，首先根据各种产品的销售额和边际贡献率计算综合边际贡献率，然后再计算综合保本点的销售额及保本点各种产品的销售额。有关的计算公式如下：

综合边际贡献率＝各种产品边际贡献总额÷各种产品销售收入总额

综合保本点的销售额＝固定成本÷综合边际贡献率

保本点某种产品的销售额＝该产品销售收入的比重×综合保本点的销售额

【例 12－3】某公司生产和销售甲、乙、丙三种产品，预计的产销量、单价和成本等数据如图 12－4 中已知条件区域所示。要求建立一个计算综合保本点销售额以及保本点各产品销售额和销售量的模型。

【实验步骤】

（1）设计模型的结构，如图 12－4 所示。

	A	B	C	D	E
1	已知条件				
2	产品名称	甲产品	乙产品	丙产品	
3	预计产销量（件）	6000	7000	8000	
4	单位产品售价（元/件）	20.00	25.00	30.00	
5	单位变动成本（元/件）	12.00	16.00	21.00	
6	固定成本（元）	600,000.00			
7					
8	计算过程与结果				
9	产品名称	甲产品	乙产品	丙产品	合计
10	销售收入（元）	120,000.00	175,000.00	240,000.00	535,000.00
11	各产品销售收入的比重	22.43%	32.71%	44.86%	100.00%
12	变动成本（元）	72,000.00	112,000.00	168,000.00	352,000.00
13	边际贡献（元）	48,000.00	63,000.00	72,000.00	183,000.00
14	边际贡献率	40.00%	36.00%	30.00%	34.21%
15	综合保本点的销售额（元）				1,754,098.36
16	保本点各产品的销售额（元）	393,442.62	573,770.49	786,885.25	
17	保本点各产品的销售量（件）	19,672.13	22,950.82	26,229.51	

图 12－4　多品种生产时保本点的计算模型

(2) 选取单元格区域 B10:D10，输入数组公式：＝B3:D3 * B4:D4。

(3) 在单元格 E10 中输入公式：＝SUM(B10:D10)，并将其复制到单元格区域 E11:E13。

(4) 选取单元格区域 B11:D11，输入数组公式：＝B10:D10/E10。

(5) 选取单元格区域 B12:D12，输入数组公式：＝B3:D3 * B5:D5。

(6) 选取单元格区域 B13:D13，输入数组公式：＝B10:D10－B12:D12。

(7) 选取单元格区域 B14:E14，输入数组公式：＝B13:E13/B10:E10。

(8) 在合并单元格 B15 中输入公式：＝B6/E14。

(9) 选取单元格区域 B16:D16，输入数组公式：＝B15 * B11:D11。

(10) 选取单元格区域 B17:D17，输入数组公式：＝B16:D16/B4:D4。

模型的运行结果如图 12-4 的计算过程与结果区域所示。

12.2.2 利润敏感性分析模型

企业在一定时期内的利润受到销售量、单价、单位变动成本和固定成本四个因素的影响。为了随时分析各种因素的变化对利润指标的影响，可以通过建立利润敏感性分析模型来对利润变化的情况进行动态分析。

【例 12-4】某公司只生产和销售一种产品，其销售量、单价和成本数据的初始预测值如图 12-5 中已知条件区域所示。要求建立一个带有可以选择各因素变动率的滚动条控件按钮的利润单因素和多因素的敏感性分析模型。

【实验步骤】

(1) 设计模型的结构，如图 12-5 所示。

	A	B	C	D	E	F
1	已知条件			各参数预测值的变动情况		
2	项目	基础的预测值	变动后数值	因素变动率	因素变动率选择控件	
3	销售量（件）	8,000.00	8,800.00	10.00%	‹	›
4	产品单价（元/件）	95.00	90.25	-5.00%	‹	›
5	单位变动成本（元/件）	60.00	56.40	-6.00%	‹	›
6	固定成本（元）	60,000.00	58,200.00	-3.00%	‹	›
7						
8	计算过程与结果					
9	按基础的预测值计算的保本点销售量和预计利润					
10	保本点销售量（件）	1,714.29	基础情况的预计利润			220,000.00
11	单因素变动对保本点销售量和利润的影响					
12	项目	因素变动率	变动后的保本点销售量（件）	对利润的影响（金额单位：元）		
13				变动后利润	利润变动额	利润变动率
14	销售量（件）	10.00%	1714	248,000.00	28,000.00	12.73%
15	产品单价（元/件）	-5.00%	1983	182,000.00	-38,000.00	-17.27%
16	单位变动成本（元/件）	-6.00%	1554	248,800.00	28,800.00	13.09%
17	固定成本（元）	-3.00%	1663	221,800.00	1,800.00	0.82%
18	多因素同时变动对保本点销售量和利润的综合影响（元）					
19	变动后的保本点销售量（件）		1,719.35	变动后的利润（元）		239,680.00
20	利润变动额（元）		19,680.00	利润变动率		8.95%

图 12-5　利润敏感性分析模型

(2) 在"开发工具"菜单的"插入"子菜单中执行"窗体"命令，在系统弹出的窗体工具栏上单击滚动条按钮，然后在单元格区域 E3:F3 的位置拖曳出一个销售量的"滚动条"控件；再用鼠标指针对准该滚动条控件,单击右键,在系统弹出的快捷菜单中单击"设置控件格式"命令,系统打开"设置控件格式"对话框的"控制"选项卡,在"当前值"栏中输入50,在"最小值"栏中输入0,在"最大值"栏中输入100,在"步长"栏中输入1,在"页步长"栏中输入5,在"单元格链接"栏中输入B3,如图12-6所示,最后单击"确定"按钮。

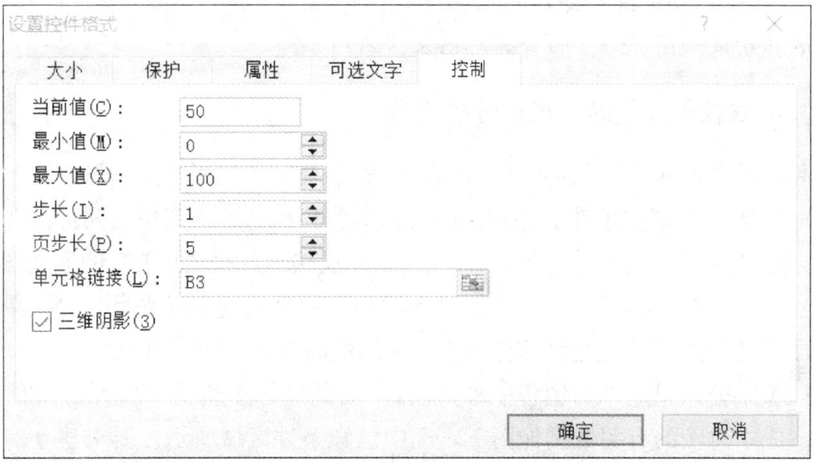

图 12-6　销售量滚动条控件的格式设置

(3) 按照与步骤(2)同样的方法分别建立单价、单位变动成本和固定成本的滚动条控件,并且在这三个滚动条控件的"设置控件格式"对话框的"控制"选项卡中,在"单元格链接"栏中分别输入 E4、E5 和 E6。

(4) 选取单元格区域 D3:D6,输入数组公式:=E3:E6/100-50%,从而在该单元格区域中建立因素变动率与滚动条控件之间的联系,即每次单击某个滚动条两端的某个按钮,则与该滚动条链接的单元格中的数值将变化 1,单元格区域 D3:D6 中相应因素的数值将变化 1%;而每次单击某个滚动条两端之间的某个位置时,与该滚动条链接的单元格中的数值将变化 5,单元格区域 D3:D6 中相应因素的数值将变化 5%;当某个滚动条的滑动按钮处于滚动条的中间位置时,单元格区域 D3:D6 中相应因素的变动数值为 0。

(5) 在单元格 B10 中输入公式:=B6/(B4-B5)。

(6) 在单元格 F10 中输入公式:=B3*(B4-B5)-B6。

(7) 选取单元格区域 B14:B17,输入数组公式:=D3:D6。

(8) 在单元格 C14 中输入公式:=B6/(B4-B5)。

(9) 在单元格 C15 中输入公式:=B6/(C4-B5)。

(10) 在单元格 C16 中输入公式:=B6/(B4-C5)。

(11) 在单元格 C17 中输入公式:=C6/(B4-B5)。

(12) 在单元格 D14 中输入公式:=C3*(B4-B5)-B6。

(13) 在单元格 D15 中输入公式:=B3*(C4-B5)-B6。

(14) 在单元格 D16 中输入公式:=B3*(B4-C5)-B6。

(15) 在单元格 D17 中输入公式:=B3*(B4-B5)-C6。

(16) 选取单元格区域 E14:E17,输入数组公式:=D14:D17-F10。

(17) 选取单元格区域 F14:F17,输入数组公式:＝E14:E17/F10。

(18) 在单元格 C19 中输入公式:＝C6/(C4－C5)。

(19) 在单元格 C20 中输入公式:＝F19－F10。

(20) 在单元格 F19 中输入公式:＝C3＊(C4－C5)－C6。

(21) 在单元格 F20 中输入公式:＝C20/F10。

模型的运算结果如图 12-5 的计算与结果区域所示。

12.2.3　非线性条件下的本量利分析模型

前面对本量利关系的研究是建立在销售收入、成本总额和利润与产销量之间具有线性关系的基础之上的。但是,在现实条件下,销售收入、成本总额和利润与产量之间可能并不具有线性关系,而是非线性关系。在这种情况下,可以通过绘制反映本量利之间关系的散点图来观察因变量和自变量之间的变动趋势,然后通过添加趋势线并显示公式的方式来反映自变量与因变量之间关系的函数式,在此基础之上可计算保本点和利润最高点对应的产销量。

【例 12-5】某公司只生产和销售一种产品,产品的销售单价为 820 元/件,预计在不同的产销量水平下成本总额的有关数据如图 12-7 中已知条件区域所示。要求建立一个计算该公司保本点产销量和最高利润及其对应的产销量的模型。

【实验步骤】

(1) 设计模型的结构,如图 12-7 所示。

	A	B	C	D	E	F	G	H
1	已知条件			计算过程与结果				
2	产销量（件）	成本总额（元）		产销量（件）	销售收入（元）	利润（元）	保本点销售量的计算	
3	0	150,000.00		0	0.00	-150,000.00	扭亏为盈时	
4	200	178,450.00		200	164,000.00	-14,450.00	保本产销量（件）	目标函数
5	400	248,500.00		400	328,000.00	79,500.00	226.00	0.00
6	600	360,150.00		600	492,000.00	131,850.00	由盈转亏时	
7	800	513,400.00		800	656,000.00	142,600.00	保本产销量（件）	目标函数
8	1000	708,250.00		1000	820,000.00	111,750.00	1,278.00	0.00
9	1200	944,700.00		1200	984,000.00	39,300.00	利润最高点的确定	
10	1400	1,222,750.00		1400	1,148,000.00	-74,750.00	最高的利润	利润最高点的产销量
11	1600	1,542,400.00		1600	1,312,000.00	-230,400.00		
12	1800	1,903,650.00		1800	1,476,000.00	-427,650.00	（元）	（件）
13	2000	2,306,500.00		2000	1,640,000.00	-666,500.00	143,814.00	752.00
14	产品单价（元/件）	820.00						

图 12-7　非线性本量利分析模型

(2) 选取单元格区域 D3:D13,输入数组公式:＝A3:A13。

(3) 选取单元格区域 E3:E13,输入数组公式:＝B14＊D3:D13。

(4) 选取单元格区域 F3:F13,输入数组公式:＝E3:E13－B3:B13。

(5) 选取单元格区域 D2:F13,单击工具栏上的"插入",单击"图表",系统弹出"插入图表"对话框,在图表类型中选中"XY(散点图)",在子图表类型中选中"带平滑线的散点图",如图 12-8 所示,单击"确定"按钮。

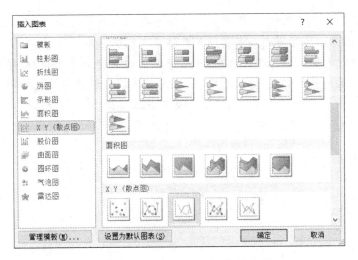

图 12－8　"图表类型"对话框的设置

（6）将鼠标指针放在图表空白处,单击右键,在系统弹出的快捷菜单中执行"选择数据"命令,弹出"选择数据源"对话框,如图 12－9 所示;在"系列"栏的下方单击"添加"按钮,弹出"编辑数据系列"对话框,然后在"系列名称"栏中输入"成本总额(元)",在"X 轴系列值"栏中输入公式:＝Sheet1！$D$3：$D$13,在"Y 轴系列值"栏中输入公式:＝Sheet1！$B$3：$B$13,如图 12-10 所示,单击"确定"。

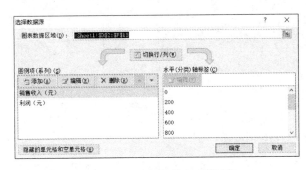

图 12－9　"选择数据源"对话框　　　　**图 12－10　编辑数据**

（7）单击工具栏的"布局",在"标签"功能中输入图表标题等有关信息,单击"完成"按钮,即得到绘制完成的图表,根据需要对图表进行必要的编辑,所得到的图表如图 12-11 所示。

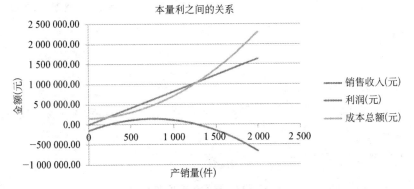

图 12－11　绘制完成的图表

(8) 由图 12 - 11 可以看出,销售收入与产销量之间具有线性关系,而成本总额与产销量之间具有非线性关系。为了得到成本总额与产销量之间的函数关系表达式,将鼠标指针对准图表中的"成本总额数据"系列,单击右键,在系统弹出的快捷菜单中执行"添加趋势线"命令,在系统弹出的"设置趋势线格式"对话框中,根据成本总额曲线的形状选择与其变动趋势比较符合的"多项式",并且在"顺序"栏中选择 2,选择"成本总额(元)"系列,然后选中"显示公式"复选框和"显示 R 平方值"复选框,如图 12 - 12 所示。

图 12 - 12　趋势线的设置

(9) 关闭"设置趋势线格式"对话框,即可在绘制完成的图表上得到成本总额与产销量之间的函数关系,即 $y=0.52x^2+38.25x+150\,000$,同时得到 R 平方值为 1,如图 12 - 13 所示。

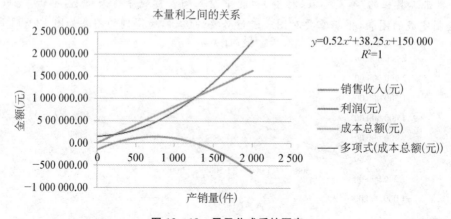

图 12 - 13　显示公式后的图表

(10) 在单元格 H5 中输入公式：＝0.52＊G5^2＋38.25＊G5＋150000－B14＊G5。

(11) 执行"数据"菜单中的"规划求解"命令，在系统打开的"规划求解参数"对话框中，将目标单元格设置为＄H＄5，将目标值设置为 0，将可变单元格设置为＄G＄5，添加约束条件＄G＄5＜＝500，如图 12－14 所示。这里之所以添加这个约束条件，是因为在绘制完成的图表中可以观察到扭亏为盈时的保本点销售量小于 500 件。设置好约束条件以后，单击"求解"按钮，然后在系统弹出的"规划求解结果"对话框中单击"确定"按钮，即可在单元格 G5 中得到规划求解的结果。

图 12－14 "规划求解参数"对话框的设置之一

(12) 在单元格 H8 中输入公式：＝B14＊G8－(0.52＊G8^2＋38.25＊G8＋150 000)。

(13) 执行"数据"菜单中的"规划求解"命令，在系统打开的"规划求解参数"对话框中，将目标单元格设置为＄H＄8，将目标值设置为 0，将可变单元格设置为＄G＄8，并添加约束条件＄G＄8＞＝1 000，如图 12-15 所示。这里之所以添加约束条件，是因为在绘制完成的图表中可以观察到由盈转亏时的保本点销售量大于 1 000 件。设置好约束条件以后，单击"求解"按钮，然后在系统弹出的"规划求解结果"对话框中单击"确定"按钮，即可在单元格 G8 中得到规划求解的结果。

(14) 在单元格 G13 中输入公式：＝B14＊H13－(0.52＊H13^2＋38.25＊H13＋150 000)。

图 12-15 "规划求解参数"对话框的设置之二

（15）执行"数据"菜单中"规划求解"命令，在系统打开的"规划求解参数"对话框中，将目标单元格设置为＄G＄13，在"到"区域选中"最大值"，将可变单元格设置为＄H＄13，并添加约束条件＄H＄13＞＝0，如图 12-16 所示。这里之所以添加这个约束条件，是因为产销量应该是非负的数值。设置好约束条件以后，单击"求解"按钮，然后在系统弹出的"规划求解结果"对话框中单击"确定"按钮，即可在单元格 H13 中得到规划求解的结果。

图 12-16 "规划求解参数"对话框的设置之三

规划求解小窍门：

(1) 在 Excel 2010 窗口，单击左上角的"文件"按钮，在打开的菜单中点击"选项"命令。

(2) 打开"Excel 选项"对话框，在左侧列表选择"加载项"。

(3) 单击打开右侧的"管理"下拉菜单，选择"Excel 加载项"，点击"转到"。

(4) 打开"加载宏"对话框，在"可用加载宏"对话框中勾选"规划求解加载项"，单击"确定"按钮。

(5) 在功能区切换到"数据"选项卡，"规划求解"就在"分析"组中。

(6) 点击"规划求解"按钮，打开"规划求解参数"对话框，在这里面就可以进行相关系数的设置。

12.3　目标利润模型设计

12.3.1　保利点、保利量和保利额

保利点是指在单价和成本水平确定的情况下，使企业达到目标利润的销量或销售额，它包括保利量和保利额两项指标。其计算公式如下：

$$保利量＝（固定成本＋目标利润）÷单位贡献边际$$
$$保利额＝（固定成本＋目标利润）÷贡献边际率$$
$$＝保利量×单价$$

12.3.2　目标利润模型

【例 12 - 6】某公司销售甲产品单价为 800 元/件，单位变动成本为 600 元/件，年固定成本为 500 000 元，2016 年实现利润 400 000 元。假设企业计划 2017 年将利润增加 50%，那么，2017 年需要销售多少件甲产品？

【实验步骤】

(1) 从问题中提取相关数据，并将其输入到表格中，如图 12 - 17 所示。

	A	B	C	D
1	单价	单位变动成本	固定成本	2017年目标利润
2	800.00	500.00	500,000.00	
3		2016年		2017年
4	利润	400,000.00	利润	
5	保利量		保利量	
6	保利额		保利额	

图 12 - 17　创建"保利模型"工作表并输入数据

(2) 在 B5 单元格中输入公式：＝(B4＋C2)/(A2－B2)，按 Enter 键计算 2016 年的保利量，如图 12 - 18 所示。

	A	B	C	D
1	单价	单位变动成本	固定成本	2017年目标利润
2	800.00	500.00	500,000.00	
3		2016年		2017年
4	利润	400,000.00	利润	
5	保利量	3,000.00	保利量	
6	保利额		保利额	

图 12-18 计算 2016 年的保利量

（3）在 B6 单元格中输入公式：＝B5＊A2，按 Enter 键计算 2016 年的保利额，如图 12-19 所示。

	A	B	C	D
1	单价	单位变动成本	固定成本	2017年目标利润
2	800.00	500.00	500,000.00	
3		2016年		2017年
4	利润	400,000.00	利润	
5	保利量	3,000.00	保利量	
6	保利额	2,400,000.00	保利额	

图 12-19 计算 2016 年的保利额

（4）在 D2 单元格中输入公式：＝B4＊(1＋50％)，按 Enter 键计算 2017 年的目标利润，如图 12-20 所示。

	A	B	C	D
1	单价	单位变动成本	固定成本	2017年目标利润
2	800.00	500.00	500,000.00	600,000.00
3		2016年		2017年
4	利润	400,000.00	利润	
5	保利量	3,000.00	保利量	
6	保利额	2,400,000.00	保利额	

图 12-20 计算 2017 年的目标利润

（5）下面利用单边求解计算 2017 年的保利量。单边求解的可变单元格必须是数值，故假设 2017 年的保利量与 2016 年一样，在 D5 单元格中输入"3 000"，在 D6 单元格中输入公式：＝D5＊A2。

（6）由公式"保利量＝(固定成本＋目标利润)÷单位贡献边际"推演"目标利润＝保利量×单位贡献边际－固定成本＝保利量×(单价－单位变动成本)－固定成本"，因此在 D4 单元格中输入公式：＝D5＊(A2－B2)－C2，并按 Enter 确认，如图 12-21 所示。

	A	B	C	D
1	单价	单位变动成本	固定成本	2017年目标利润
2	800.00	500.00	500,000.00	600,000.00
3		2016年		2017年
4	利润	400,000.00	利润	400,000.00
5	保利量	3,000.00	保利量	3,000.00
6	保利额	2,400,000.00	保利额	2,400,000.00

图 12-21 计算出 2017 年的利润

(7) 在"数据"选项卡的"数据工具"组中单击"模拟分析"按钮旁边的"下三角"按钮,从弹出的菜单中选择"单变量求解"命令。

(8) 弹出"单变量求解"对话框,在"目标单元格"文本框中输入"$D$4",在"目标值"文本框中输入 2017 年的目标利润"600 000",在"可变单元格"文本框中输入"$D$5",再单击"确定"按钮,如图 12‐22 所示。

(9) 弹出"单变量求解状态"对话框,查看设置的目标单元格、目标值和可变单元格是否正确,确认无误后单击"确定"按钮,如图 12‐23 所示。

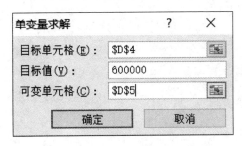

图 12‐22　"单变量求解"对话框

图 12‐23　"单变量求解状态"对话框

(10) 返回到工作表,即可发现可变单元格 D5 中的数据已变成单变量求解的结果,如图 12‐24 所示。

	A	B	C	D
1	单价	单位变动成本	固定成本	2017年目标利润
2	800.00	500.00	500,000.00	600,000.00
3		2016年		2017年
4	利润	400,000.00	利润	600,000.00
5	保利量	3,000.00	保利量	3,666.67
6	保利额	2,400,000.00	保利额	2,933,333.33

图 12‐24　查看单变量求解结果

项目习题

1. 假设某企业 A 产品的单位售价为 100 元,单位变动成本为 65 元,固定成本 4 500 元,预计该产品销售量为 1 500 件,可实现利润 48 000 元。试建立模型来分析单位售价、单位变动成本、固定成本与销售量变化对利润的影响,变化范围设为±50%。

(1) 根据题意建立基本数据表格。

(2) 设计单位售价、单位变动成本、固定成本与销售量的"滚动条"控件。

2. 某公司销售 A 产品单价为 850 元/件,单位变动成本为 500 元/件,年固定成本为 550 000 元,2016 年实现利润 500 000 元。假设企业计划 2017 年将利润提高 50%,那么,2017 年需要销售多少件 A 产品?

项目十三 企业价值评估模型设计

项目目标

1. 掌握现金流量折现模型的构建。
2. 掌握经济利润评估模型的构建。
3. 能够运用电子表格实现相对价值法模型的构建。

13.1 现金流量折现法

13.1.1 现金流量折现法

现金流量折现法是通过预测公司将来的现金流量并按照一定的贴现率计算公司的现值，从而确定股票发行价格的定价方法。投资股票为投资者带来的收益主要包括股利收入和最后出售的差价收入。

13.1.2 利用现金流量折现法评估企业价值模型的建立

【例13-1】以图13-1、图13-2中为甲公司建立的预计财务报告模型为基础，建立一个计算该公司的自由现金流量并进一步评估该公司的价值和公司的股权价值的模型。建立模型过程中的假定条件包括：已知该公司加权平均的资本成本率为15%；公司的货币资金与交易性金融资产第1年年初的余额可以被看作是一种盈利，既可以留下也可以交付给股东，因此与随后年度中的自由现金流量无关，不影响公司的未来经营能力。

	A	B	C	D	E	F	G	H	I	J	K
1				已知条件（金额单位：万元）							
2	甲公司有关的比率指标		甲公司基期的利润表（2008年）				甲公司基期的资产负债表（2008年末）			目标长期负债权益比	
3	销售增长率	10.00%	销售收入			3,000.00	货币资金与交易性金融资产		100.00	年份	负债/权益
4	其他流动资产/销售收入	18.00%	减：销售成本			-1,650.00	流动资产		540.00	2012	0.43
5	流动负债/销售收入	10.00%	负债的利息费用			-80.00	固定资产原值		2,000.00	2013	0.50
6	固定资产净值/销售收入	60.00%	加：货币资金与交易性金融资产的利息收入			6.00	减：累计折旧		-200.00	2014	0.60
7	销售成本/销售收入	55.00%	减：年折旧			-180.00	固定资产净值		1,800.00	2015	0.50
8	固定资产年折旧率	10.00%	其他变动性期间费用			-150.00	资产总计		2,440.00	2016	0.40
9	长期负债的利息率	8.00%	其他固定性期间费用			-35.00	流动负债（无息）		300.00	2017	0.30
10	货币资金与交易性金融资产的利息率	6.00%	**税前利润**			911.00	长期负债		640.00		
11	其他变动性期间费用/销售收入	5.00%	减：所得税			-228.00	股本		1,000.00		
12	所得税税率	25.00%	**税后净利**			683.00	累计未分配利润		500.00		
13	股利支付率	30.00%	减：支付股利			-205.00	**负债和股东权益总计**		2,440.00		
14			**未分配利润**			478.00	调节变量：长期负债/权益				

图13-1 甲公司基期的财务报表及其他已知条件

16	甲公司的预计利润表（金额单位：万元）					
17	年	0	1	2	3	4	5
18	销售收入	3,000.00	3,300.00	3,630.00	3,993.00	4,392.00	4,832.00
19	减：销售成本	-1,650.00	-1,815.00	-1,997.00	-2,196.00	-2,416.00	-2,657.00
20	负债的利息费用	-80.00	-68.00	-98.00	-114.00	-115.00	-116.00
21	加：货币资金与交易性金融资产的利息收入	6.00	31.00	66.00	87.00	109.00	134.00
22	减：年折旧	-180.00	-220.00	-263.00	-313.00	-370.00	-435.00
23	其他变动性期间费用	-150.00	-165.00	-182.00	-200.00	-220.00	-242.00
24	其他固定性期间费用	-35.00	-35.00	-35.00	-35.00	-35.00	-35.00
25	税前利润	911.00	1,028.00	1,122.00	1,222.00	1,347.00	1,487.00
26	减：所得税	-228.00	-257.00	-280.00	-306.00	-337.00	-372.00
27	税后净利	683.00	771.00	841.00	917.00	1,010.00	1,115.00
28	减：支付股利	-205.00	-231.00	-252.00	-275.00	-303.00	-335.00
29	未分配利润	478.00	540.00	589.00	642.00	707.00	781.00
30	甲公司的预计资产负债表（金额单位：万元）					
31	年	0	1	2	3	4	5
32	货币资本与交易性金融资产	100.00	935.00	1,266.00	1,625.00	2,021.00	2,458.00
33	其他流动资产	540.00	594.00	653.00	719.00	791.00	870.00
34	固定资产原值	2,000.00	2,400.00	2,861.00	3,391.00	4,001.00	4,699.00
35	减：累计折旧	-200.00	-420.00	-683.00	-996.00	-1,365.00	-1,800.00
36	固定资产净值	1,800.00	1,980.00	2,178.00	2,396.00	2,635.00	2,899.00
37	资产总计	2,440.00	3,509.00	4,098.00	4,740.00	5,447.00	6,227.00
38	流动负债（无息）	300.00	330.00	363.00	399.00	439.00	483.00
39	长期负债	640.00	1,060.00	1,401.00	1,447.00	1,431.00	1,326.00
40	股本	1,000.00	1,080.00	706.00	623.00	599.00	661.00
41	累计未分配利润	500.00	1,040.00	1,629.00	2,270.00	2,977.00	3,758.00
42	负债和股东权益统计	2,440.00	3,509.00	4,098.00	4,740.00	5,447.00	6,227.00
43	目标长期负债/权益	0.43	0.50	0.60	0.50	0.40	0.30

图 13-2 甲公司的预计财务报表模型

【实验步骤】

（1）打开"预计财务报表模型.xls"工作簿，在单元格区域 A45:G62 设计模型的结构，如图 13-3 所示。

45	公司价值评估（金额单位：万元）					
46	已知的加权平均资本成本率	25.00%	销售及股利增长率		10.00%	
47	甲公司自由现金流量的计算（金额单位：万元）					
48	年	0	1	2	3	4	5
49	税后净利		771.00	841.00	917.00	1,010.00	1,115.00
50	加：年折旧		220.00	263.00	313.00	370.00	435.00
51	减：其他流动资产增加额		-54.00	-59.00	-65.00	-72.00	-79.00
52	加：流动负债增加额		30.00	33.00	36.00	40.00	44.00
53	减：固定资产原值增加额		-400.00	-461.00	-530.00	-609.00	-699.00
54	加：新增的债务税后利息		51.00	74.00	85.00	86.00	83.00
55	减：货币资金与交易性金融资产的税后利息		-23.00	-50.00	-65.00	-82.00	-101.00
56	自由现金流量		595.00	641.00	690.00	743.00	798.00
57	预测期自由现金流量的现值		476.00	410.00	353.00	304.00	262.00
58	后续期现金流量在第5和第10期的价值	1,918.00					5,854.00
59	公司的价值	3,724.00					
60	加：第1年初货币资金和交易性金融资产余额	100.00					
61	减：第1年初的长期负债	-640.00					
62	公司的股权价值	3,184.00					

图 13-3 甲公司自由现金流量的计算及价值评估

（2）在单元格 B46 中输入已知的加权平均资本成本率 25%。

（3）在单元格 E46 中输入公式：＝B3。

（4）在单元格 C49 中输入公式：＝C27。

（5）在单元格 C50 中输入公式：＝－C22。

（6）在单元格 C51 中输入公式：＝－(C33－B33)。

（7）在单元格 C52 中输入公式：＝C38－B38。

（8）在单元格 C53 中输入公式：＝－(C34－B34)。

（9）在单元格 C54 中输入公式：＝－(1－$B$12)*C20。

（10）在单元格 C55 中输入公式：＝－(1－$B$12)*C21。

（11）在单元格 C56 中输入公式：＝SUM(C49:C55)。

（12）在单元格 C57 中输入公式：＝C56/(1＋$B$46)^C48。

（13）选取单元格区域 C49:C57,将其复制到单元格区域 D49:G57。

（14）在单元格 G58 中输入公式：＝G56/(1＋$B$46)^G48。

（15）在单元格 B58 中输入公式：＝G58/(1＋B46)^G48。

（16）在单元格 B59 中输入公式：＝SUM(C57:G57,B58)。

（17）在单元格 B60 中输入公式：＝B32。

（18）在单元格 B61 中输入公式：＝－B39。

（19）在单元格 B62 中输入公式：＝SUM(B59:B61)。

13.2　经济利润评估法

13.2.1　经济利润法

经济利润法的基本原理：

经济利润＝税后净利润－股权费用

＝息前税后经营利润－全部资本费用

＝期初投资资本×期初投资资本回报率－期初投资资本×加权平均成本率

＝(税后净利＋税后利息费用)÷期初投资资本

投资资本＝营业资产＋非营业资产

营业资产＝营业流动资产＋营业长期资产

＝(流动资产－无息流动负债)＋(长期资产净值－无息长期负债)

企业实体价值＝预测期期初投资资本＋预计未来各年的经济利润现值

13.2.2　利用经济利润法评估企业价值模型的建立

【例 13-2】甲公司以 2017 年为基期编制的未来 5 年预计财务报表的主要数据如图 13-4 中已知条件区域所示,假定该公司的财务费用全部为利息费用。要求建立一个计算该公司未来 5 年中各年的经济利润并计算目前的公司价值和股权价值的模型。

(1) 设计模型的结构,如图 13-4 所示。

	A	B	C	D	E	F	G	H
1	已知条件(金额单位:万元)							
2	年	0	1	2	3	4	5	5年后的 永久增长 率
3	销售增长率		20.00%	15.00%	10.00%	8.00%	6.00%	
4	销售收入	1,000.00	1,200.00	1,380.00	1,518.00	1,639.44	1,737.81	
5	减:销售成本	450.00	540.00	621.00	683.10	737.75	782.01	5%
6	营业和管理费用	150.00	180.00	207.00	227.70	245.92	260.67	所得税 税率
7	财务费用	60.00	72.00	82.80	91.08	98.37	104.27	
8	利润总额	340.00	408.00	469.20	516.12	557.41	590.86	25%
9	减:所得税	85.00	102.00	117.30	129.03	139.35	147.71	加权平 均资本成 本率
10	净利润	255.00	306.00	351.90	387.09	418.06	443.14	
11	期末短期借款	200.00	240.00	276.00	303.60	327.89	347.56	
12	期末长期借款	500.00	600.00	690.00	759.00	819.72	868.91	10%
13	期末负债合计	700.00	840.00	966.00	1,062.60	1,147.61	1,216.47	
14	期末股东权益	800.00	960.00	1,104.00	1,214.40	1,311.55	1,390.25	
15	期末负债和股东权益	1,500.00	1,800.00	2,070.00	2,277.00	2,459.16	2,606.72	
16								
17	公司价值的计算过程与结果(金额单位:万元)							
18	经济利润的计算							
19	年		0	1	2	3	4	5
20	净利润		306.00	351.90	387.09	418.06	443.14	
21	加:税后利息费用		54.00	62.10	68.31	73.77	78.20	
22	息前税后营业利润		360.00	414.00	455.40	491.83	521.34	
23	投资资本(年初)		1,500.00	1,800.00	2,070.00	2,277.00	2,459.16	
24	投资资本回报率		24.00%	23.00%	22.00%	21.60%	21.20%	
25	经济利润		210.00	234.00	248.40	264.13	275.43	
26	预测其经济利润的现值		191.00	193.00	187.00	180.00	171.00	
27	后续期价值	3,591.39					5,783.97	
28	经济利润的现值合计	4,513.74						
29	期初投资资本	1,500.00						
30	公司的价值	6,013.74						
31	减:负债的价值	700.00						
32	股权价值	5,313.74						

图 13-4　甲公司经济利润的计算及价值评估模型

(2) 在单元格 C20 中输入公式:=C10。

(3) 在单元格 C21 中输入公式:=C7*(1-$H$8)。

(4) 在单元格 C22 中输入公式:=C20+C21。

(5) 在单元格 C23 中输入公式:=B15。

(6) 在单元格 C24 中输入公式:=C22/C23。

(7) 在单元格 C25 中输入公式:=C23*(C24-$H$12)。

(8) 在单元格 C26 中输入公式:=C23*(C24-$H$12)。

(9) 选取单元格区域 C20:C26,将其复制到单元格区域 D20:G26。

(10) 在单元格 G27 中输入公式:=G25*(1+H5)/(H13-H5)。

(11) 在单元格 B27 中输入公式:=G27/(1+H12)˄G19。

(12) 在单元格 B28 中输入公式:=SUM(C26:G26,B27)。

(13) 在单元格 B29 中输入公式:=B15。

(14) 在单元格 B30 中输入公式:=B29+B28。

(15) 在单元格 B31 中输入公式:=B13。

（16）在单元格 B32 中输入公式：＝B30－B31。

13.3 相对价值法

13.3.1 相对价值法的概念

相对价值法又称乘数估值法，指的是现在在证券市场上经常使用到的市盈率法、市净率法、市销率法等比较简单通用的比较方法。它是利用类似企业的市场价来确定目标企业价值的一种评估方法。这种方法是假设存在一个支配企业市场价值的主要变量，而市场价值与该变量的比值对各企业而言是类似的、可比较的。由此可以在市场上选择一个或几个跟目标企业类似的企业，在分析比较的基础上，修正、调整目标企业的市场价值，最后确定被评估企业的市场价值。实践中被用作计算企业相对价值模型的有市盈率、市净率、收入乘数等比率模型，最常用的相对价值法包括市盈率法和市净率法两种。

13.3.2 利用相对价值法评估公司价值模型的建立

【例 13－3】 甲、乙、丙三家公司及其可比企业 2017 年的有关数据如图 13－5 中已知条件区域所示。要求建立一个分别利用市盈率模型、市净率模型和收入乘数模型对甲、乙、丙公司的股权价值进行评估并判断三家公司的股票市价状态的模型。

【实验步骤】

（1）设计模型的结构，如图 13－5 所示。

（2）选取单元格区域 B21：G21，输入数组公式：＝D4：I4/D5：I5。

（3）在单元格 B22 中输入公式：＝AVERAGE(B21：F21)。

（4）在单元格 B23 中输入公式：＝AVERAGE(D6：H6)。

（5）在单元格 D22 中输入公式：＝B22/(B23＊100)。

（6）在单元格 D23 中输入公式：＝D22＊I6＊100＊I5。

（7）在合并单元格 E23 中输入公式：＝IF(I4＞D23,"市价被高估",IF(I4＜D23,"市价低高估","市价反映真实价值"))。

（8）选取单元格区域 B26：G26，输入数组公式：＝D9：I9/D10：I10。

（9）选取单元格区域 B27：G27，输入数组公式：＝D11：I11/D10：I10。

（10）在单元格 B28 中输入公式：＝AVERAGE(B26：F26)。

（11）在单元格 B29 中输入公式：＝AVERAGE(B27：F27)。

（12）在单元格 D28 中输入公式：＝B28/(B29＊100)。

（13）在单元格 D29 中输入公式：＝D28＊G27＊100＊110。

（14）在合并单元格 E29 中输入公式：＝IF(I9＞D29,"市价被高估",IF(I9＜D29,"市价低高估","市价反映真实价值"))。

（15）选取单元格区域 B32：G32，输入数组公式：＝D14：I14/D15：I15。

（16）选取单元格区域 B33：G33，输入数组公式：＝D16：I16/D15：I15。

（17）在单元格 B34 中输入公式：＝AVERAGE(B32：F32)。

（18）在单元格 B35 中输入公式：＝AVERAGE(B33：F33)。

	A	B	C	D	E	F	G	H	I
1				已知条件					
2	目标公司的有关资料		甲公司及可比企业的有关资料						
3	公司名称	甲公司	企业名称	A	B	C	D	E	甲公司
4	所属的行业	机械行业	每股市价（元/股）	12.00	25.00	30.00	13.00	15.00	28.00
5	适用的价值评估模型	市盈率模型	每股净利（元/股）	0.60	0.55	0.70	0.75	0.50	0.65
6			预计增长率	12.00%	18.00%	20.00%	8.00%	10.00%	15.00%
7	目标公司的有关资料		乙公司及可比企业的有关资料						
8	公司名称	乙公司	企业名称	AA	BB	CC	DD	EE	乙公司
9	所属的行业	冶金行业	每股市价（元/股）	18.00	22.00	29.00	15.00	11.00	16.00
10	适用的价值评估模型	市净率模型	每股净资产（元/股）	2.60	2.90	3.20	2.60	3.80	3.60
11			每股净利（元/股）	0.70	1.00	1.20	0.60	0.50	0.80
12	目标公司的有关资料		丙公司及可比企业的有关资料						
13	公司名称	丙公司	企业名称	AAA	BBB	CCC	DDD	EEE	丙公司
14	所属的行业	服务业	每股市价（元/股）	16.00	25.00	12.00	18.00	22.00	20.00
15	适用的价值评估模型	收入乘数模型	每股收入（元/股）	15.00	20.00	10.00	22.00	16.00	15.00
16			每股净利（元/股）	0.80	1.20	0.50	0.90	1.50	0.85
17									
18			计算过程与结果						
19			甲公司的股权价值评估						
20	企业名称	A	B	C	D	E	甲公司		
21	市盈率	20.00	45.50	42.90	17.30	30.00	43.10		
22	可比企业平均市盈率	31.10	修正的平均市盈率	2.29	甲公司股价状态判断				
23	可比企业平均预期增长率	14.00%	X公司每股价值（元/股）	22.32	市价被高估				
24			乙公司的股权价值评估						
25	企业名称	AA	BB	CC	DD	EE	乙公司		
26	市净率	6.92	7.59	9.06	6.00	2.89	4.44		
27	股东权益净利率	26.92%	34.48%	37.50%	24.00%	13.16%	22.22%		
28	可比企业平均市净率	6.50	修正的平均市净率	0.24	乙公司股价状态判断				
29	可比企业平均股东权益净利率	27.21%	乙公司每股价值（元/股）	19.09	市价被低估				
30			丙公司的股权价值评估						
31	企业名称	AAA	BBB	CCC	DDD	EEE	丙公司		
32	收入乘数	1.07	1.25	1.20	0.82	1.38	1.33		
33	销售净利率	5.33%	6.00%	5.00%	4.09%	9.38%	5.67%		
34	可比企业平均收入乘数	1.10	修正的平均收入乘数	0.19	丙公司股价状态判断				
35	可比企业平均销售净利率	5.96%	丙公司每股价值（元/股）	16.29	市价被高估				

图 13-5　利用相对价值法评估公司的价值模型

（19）在单元格 D34 中输入公式：＝B34/（B35＊100）。

（20）在单元格 D35 中输入公式：＝D34＊G33＊100＊I15。

（21）在合并单元格 E35 中输入公式：＝IF(I14>D35,"市价被高估",IF(I14<D35,"市价低高估","市价反映真实价值"))。

项目习题

甲、乙、丙三家公司及其可比企业 2017 年的有关数据如下图的已知条件区域所示。要求建立一个分别利用市盈率模型、市净率模型和收入乘数模型对甲、乙、丙公司的股权价值进行评估并判断三家公司的股票市价状态的模型。

	A	B	C	D	E	F	G	H	I
1				已知条件					
2	目标公司的有关资料		甲公司及可比企业的有关资料						
3	公司名称	甲公司	企业名称	A	B	C	D	E	甲公司
4	所属的行业	机械行业	每股市价（元/股）	18.00	22.00	13.00	25.00	31.00	26.00
5	适用的价值评估	市盈率模	每股净利（元/股）	0.65	0.50	0.75	0.80	0.55	0.60
6	模型	型	预计增长率	9%	16%	18%	12%	15%	13%
7	目标公司的有关资料		乙公司及可比企业的有关资料						
8	公司名称	乙公司	企业名称	AA	BB	CC	DD	EE	乙公司
9	所属的行业	冶金行业	每股市价（元/股）	16.00	28.00	10.00	19.00	13.00	15.00
10	适用的价值评估	市净率模	每股净资产（元/股）	2.40	3.50	2.60	2.90	2.20	3.20
11	模型	型	每股净利（元/股）	0.80	1.10	1.30	0.70	0.60	1.00
12	目标公司的有关资料		丙公司及可比企业的有关资料						
13	公司名称	丙公司	企业名称	AAA	BBB	CCC	DDD	EEE	丙公司
14	所属的行业	服务业	每股市价（元/股）	18.00	23.00	14.00	16.00	22.00	19.00
15	适用的价值评估	收入乘数	每股收入（元/股）	17.00	18.00	12.00	20.00	16.00	14.00
16	模型	模型	每股净利（元/股）	0.80	1.00	0.50	0.70	1.50	0.75

参考文献

［1］ 中国注册会计师协会. 财务成本管理［M］. 北京:经济科学出版社,2017.

［2］ 财政部会计资格评价中心. 财务管理［M］. 北京:中国财政经济出版社,2015.

［3］ 王斌. 财务管理［M］. 北京:中央广播电视大出版社,2012.

［4］ 张先治,陈友邦. 财务分析［M］. 大连:东北财经大学出版社,2007

［5］ 陈启盛,王锦蕾. 企业财务管理实务［M］. 北京:中国纺织出版社,2006.

［6］ 王化成. 财务管理教学案例［M］. 北京:中国人民大学出版社,2012

［7］ 韩良智. Excel 在财务管理与分析中的应用［M］. 第二版. 北京:中国水利水电出版社,2012.

［8］ 杜茂康. Excel 与数据处理［M］. 北京:电子工业出版社,2008.

［9］ 昊辉,任晨煜. Excel 在财务会计与管理会计中的应用［M］. 北京:清华大学出版社,2005.

［10］ 王全录,张建. 会计数据处理［M］. 北京:化学工业出版社,2008.

［11］ 赵俊卉,岳境,马红光. Excel 在财务软件中的应用［M］. 北京:清华大学出版社,2007.

图书在版编目(CIP)数据

Excel 在财务与会计中的应用 / 纪峰,王黎,钱英
主编. —南京:南京大学出版社,2019.7
ISBN 978-7-305-21936-8

Ⅰ. ①E… Ⅱ. ①纪… ②王… ③钱… Ⅲ. ①表处理
软件-应用-财务会计 Ⅳ. ①F234.4-39

中国版本图书馆 CIP 数据核字(2019)第 071930 号

出版发行 南京大学出版社
社 址 南京市汉口路 22 号 邮 编 210093
出 版 人 金鑫荣
书 名 **Excel 在财务与会计中的应用**
主 编 纪 峰 王 黎 钱 英
责任编辑 周 娟 武 坦 编辑热线 025-83592315
照 排 南京理工大学资产经营有限公司
印 刷 常州市武进第三印刷有限公司
开 本 787×1092 1/16 印张 18 字数 472 千
版 次 2019 年 7 月第 1 版 2019 年 7 月第 1 次印刷
ISBN 978-7-305-21936-8
定 价 46.00 元

网 址:http://www.njupco.com
官方微博:http://weibo.com/njupco
官方微信号:njuyuexue
销售咨询热线:(025)83594756